深化经济体制改革研究丛书

主编：张卓元　吴敬琏　厉以宁

中国收入分配及其政策思考

魏众　王震　邓曲恒等◇著

SPM
南方出版传媒
广东经济出版社
—广州—

图书在版编目（CIP）数据

中国收入分配及其政策思考/魏众，王震，邓曲恒等著. —广州：广东经济出版社，2015.10（2016.10重印）
（深化经济体制改革研究丛书）
ISBN 978－7－5454－4281－6

Ⅰ.①中… Ⅱ.①魏…②王…③邓… Ⅲ.国民收入分配－研究－中国 Ⅳ.①F124.7

中国版本图书馆CIP数据核字（2015）第269293号

出 版 人：姚丹林
责任编辑：萧广华
责任技编：许伟斌
封面设计：彩奇风

出版发行	广东经济出版社（广州市环市东路水荫路11号11～12楼）
经销	全国新华书店
印刷	佛山市浩文彩色印刷有限公司（南海狮山科技工业园A区兴旺路）
开本	787毫米×1092毫米 1/16
印张	16.5
字数	323 000字
版次	2015年10月第1版
印次	2016年10月第2次
印数	2 001～5 000册
书号	ISBN 978－7－5454－4281－6
定价	38.00元

如发现印装质量问题，影响阅读，请与承印厂联系调换。
发行部地址：广州市环市东路水荫路11号11楼
电话：（020）38306055 37601950 邮政编码：510075
邮购地址：广州市环市东路水荫路11号11楼
电话：（020）37601950 营销网址：**http://www.gebook.com**
广东经济出版社新浪官方微博：**http://e.weibo.com/gebook**
广东经济出版社常年法律顾问：何剑桥律师

从农村改革起步到以经济体制改革为重点的全面深化改革

（代序言）

张卓元

中国从1978年开始实行改革开放，采取的是渐进式改革，摸着石头过河，从农村改革起步，到2012年党的十八大后发展为以经济体制改革为重点的全面深化改革，30多年来，一直为中国经济起飞和经济社会科学发展不断提供强大动力。

一、全面深化改革是30多年渐进式改革逻辑发展必然结果

渐进式改革的显著特点是先着重推进经济改革，以振兴经济，为改变国家贫穷落后面貌并逐步迈向工业化和现代化提供坚实的物质基础。采取渐进式改革，不搞快速转轨、一步到位，可以减轻社会震荡，在保持社会稳定前提下调整经济关系和上层建筑一些环节，以适应社会生产力的发展，稳步前进。改革为什么从农村起步？就是因为20世纪70年代末中国物资供应特别是农产品供应紧张，主要农产品凭票供应，上亿农民吃饱穿暖的问题还没有很好解决，农民要求改变“一大二公”传统体制的要求特别迫切。农村实行家庭联产承包责任制以及接着逐步放开农产品价格后，农民开始有了生产经营的自主权，大大解放了社会生产力，农业生产迅速增长。1978—1985年，农林牧渔业总产值年平均增长率达7.1%，大大高于一般年均2%～3%的增速。

市场取向改革的初步成果增强了广大干部和群众改革的信心和期望，增强了商品意识和等价交换的意识。1984年，党的十二届三中全会作出了《关于经济体制改革的决定》，确认社会主义经济是公有制基础上的有计划的商品经济，提出进一步贯彻执行对内搞活经济对外实行开放的方针，加快以城市为重点的整个经济体制改革的步伐，还提出，全面开展经济体制改革的中心环节是增强企业活力。从此，中国进入以城市为重点的全面开展经济体制改革的阶段。需要指出的

是，中国在体制内对公有制经济特别是国有经济进行改革、引入市场机制的同时，在体制外允许和鼓励个体私营等非公有制经济发展，并逐渐成为中国经济迅速崛起的一个重要生力军。这是公认的中国渐进式经济体制改革的一个成功案例。

市场取向改革的推进和随之而来的经济的快速增长和市场的日趋繁荣，使市场化改革日益深入人心。1992 年，在邓小平关于“计划不等于社会主义、市场不等于资本主义、计划和市场都是经济手段”的思想指引下，党的十四大确立了社会主义市场经济体制的改革目标。从此中国开创了在一个大国把社会主义和市场经济相结合的伟大征程。中国经济迅速起飞，社会各项事业全面发展。到 20 世纪末中国已初步建立起社会主义市场经济体制，开始实现了从计划经济体制向社会主义市场经济体制的转型。

2001 年年底，中国加入世贸组织，对外开放进入了崭新的阶段，中国经济加快融入全球化的进程。加入世贸组织扩大对外开放，不仅大大促进了外向型经济发展，目前我国已成为世界第一外贸大国，而且有力地推动了市场化改革的深化，促进我国各项经济活动必须遵循市场经济一般规则行事。

进入新世纪后，随着社会主义市场经济体制的逐步完善和经济的持续高速增长，除经济体制改革外，政治、文化、社会、生态文明体制的改革也日显重要和迫切。2012 年，党的十八大顺势提出全面深化改革的任务，2013 年党的十八届三中全会进一步提出全面推进经济、政治、文化、社会和生态文明体制五位一体的改革任务。这标志着中国的改革开放进入了一个崭新的阶段。首先，改革的目标更高更全面。过去主要提经济体制改革目标即建立和完善社会主义市场经济体制，政治、文化、社会等体制改革主要围绕建立和完善社会主义市场经济体制而展开，而十八届三中全会决定确定全面深化改革的总目标是完善和发展中国特色社会主义制度，推进国家治理体系和治理能力现代化。其次，全面深化改革是经济、政治、文化、社会和生态文明体制五位一体的改革，虽然经济体制改革是全面深化改革的重点，但现在毕竟是要全面推进五位一体的改革。再次，提出全面深化改革是经济体制改革深化逻辑的必然结果。实际上中国的经济体制改革从一开始就不是单兵突进的，在经济体制改革过程中，为配合和适应经济体制改革，一直在逐步推进政治、文化、社会和生态文明体制改革并取得明显成效。每次党代表大会的报告除了着重论述经济体制改革外，都会分别论述政治、文化、社会等方面的改革。1997 年党的十五大报告提出了依法治国的方略。2004 年党的十六届四中全会通过了《关于加强党的执政能力建设的决定》。2005 年党的十六届五中全会建议提出了加快行政管理体制改革，是全面深化改革和提高对外开放水平的关键。2011 年，党的十七届六中全会通过了《中共中央关于深化文化体制改革推动社会主义文化大发展大繁荣若干重大问题的决定》。2007 年，党的十七大报告第一次把加快推进以改善民生为重点的社会建设独立为一个大部分，同经济、政治、文化建设并列。而党的十八大报告又进一步把大力推进生态文明建设独立设一部分，形成“五位一体”总体布局。

二、发展要求改革，改革推动发展

改革的目的是为了解放和发展社会生产力，促进经济增长和社会进步，提高人民的生活水平与质量。一方面，改革是在经济社会碰到严重困难或者受到严重瓶颈制约时人们寻找出路的重要抉择，比如20世纪70年代后期由于“文革”使我国国民经济濒临崩溃，改革成为中国经济社会摆脱困境的关键抉择。又如前三四年，由于经过改革开放30多年经济社会的飞速发展，积累了不少矛盾和问题，加上由于2008年国际金融危机的影响，经济社会的可持续发展受到严重挑战，为了更好地到2020年全面建成小康社会，跳出“中等收入陷阱”顺利进入高收入国家行列并走向现代化，2012年党的十八大提出了全面深化改革的任务，以便继续释放改革红利，找到新的经济社会发展的动力源泉。另一方面，改革由于能够扫除妨碍经济社会发展的体制弊端，从而能有力地推动经济社会发展。中国改革开放后经济的飞速增长充分说明了这一点。1978—2014年，中国GDP年均增长近10%，即使是在国际金融危机后的2012年、2013年、2014年，GDP的增速也达7%以上。由于经济的长期高速增长，2010年起，中国已超越日本成为世界第二大经济体。2014年，中国人均GDP已达7000美元以上，稳步进入中上等收入国家行列。中国经济崛起，从贫穷落后的弱国一跃成为在全世界各方面有重要影响的大国，让全世界人民都赞叹不已，被称为“中国的奇迹”。

三、扎实推进全面深化改革，促进中国经济顺利进入新常态

目前，中国经济正在进入新常态。何谓新常态？按照习近平总书记2014年11月9日在亚太经合组织工商领导人峰会演讲时说的，“中国经济呈现出新常态，有几个主要特点。一是从高速增长转为中高速增长。二是经济结构不断优化升级，第三产业、消费需求逐步成为主体，城乡区域差距逐步缩小，居民收入占比上升，发展成果惠及更广大民众。三是从要素驱动、投资驱动转向创新驱动。新常态将给中国带来新的发展机遇。”可见，中国经济进入新常态意味着经济活动向着重追求质量和效益转型。而要做到这一点，需要有几年的努力。在这过程中，必须不断深化经济体制改革和其他方面改革，为经济转型提供不竭的动力。在这个意义上，可以说，中国经济能否顺利进入新常态，实现持续健康发展，主

要取决于我们能否顺利推进已经进入深水区的经济改革和其他改革。因此，从多方面多角度研究经济体制改革问题，提出中肯的可行的改革建议，对于中国经济进入新常态、全面建成小康社会以及进一步基本实现现代化，具有重要意义。

全面深化改革是改革的攻坚战，不仅要统一思想，使大家充分认识到重新启动各方面改革的重要性、紧迫性；要有好的顶层设计，十八届三中全会 60 条改革项目、336 个改革举措就是一个很好的顶层设计；而且要克服既得利益群体的阻挠和干扰，形成既得利益群体是渐进式改革不可避免的结果。为了更好地冲破思想观念的束缚、突破利益固化的藩篱，中央全面深化改革领导小组强有力的领导和推动是非常重要和必不可少的。全面深化改革不仅要以经济体制改革为重点，还要选择好着力点和突破口，我认为，目前，应着力推进政府改革或政府职能转变改革，因为要使市场在资源配置中起决定性作用和更好地发挥政府作用，首先要解决政府对社会经济活动干预过多和监管不到位问题，深化国企改革、财税改革、金融改革、收入分配改革、教育改革等等，也有待于政府改革的深化和到位。

中国现阶段仍然处于工业化、信息化、新型城镇化和农业现代化相互促进时期，发展潜力巨大。我们坚信，在全面深化改革推动下，中国将越来越在创新驱动下不断提高经济活动的质量和效益，使今后十年八年保持 7% 左右的中高速增长；与此同时，中国特色社会主义的各项制度逐步成熟和定型，人民群众将更好地、更切实地享受到经济社会发展的成果！

2015 年 3 月

序言　浅议社会主义公平观的构建

第一节　社会主义核心价值体系中的平等和正义

党的十八大报告对社会主义核心价值体系建设提出了新部署新要求，强调“要深入开展社会主义核心价值体系学习教育，用社会主义核心价值体系引领社会思潮、凝聚社会共识”，“倡导富强、民主、文明、和谐，倡导自由、平等、公正、法治，倡导爱国、敬业、诚信、友善，积极培育社会主义核心价值观”。其中，富强、民主、文明、和谐，自由、平等、公正、法治，爱国、敬业、诚信、友善这十二个词被称为社会主义核心价值观。

在这个核心价值观中，富强、民主、文明、和谐体现了社会主义核心价值观在发展目标上的规定，是立足国家层面提出的要求；自由、平等、公正、法治体现了社会主义核心价值观在价值导向上的规定，是立足社会层面提出的要求；爱国、敬业、诚信、友善体现了社会主义核心价值观在道德准则上的规定，是立足公民个人层面提出的要求。这三个层次的理念相互联系、相互贯通，实现了政治理想、社会导向、行为准则的统一，实现了国家、集体、个人在价值目标上的统一，兼顾了国家、社会、个人三者的价值愿望和追求。

社会层面的自由、平等、公正、法治在某种程度上还体现了普世的理念。自由彰显人的个性，平等呼唤公民尊严，公正提供社会良知，法治保障正当权益。其中的自由和法治是对立统一的一对概念，而平等和正义是相辅相成的一对概念。在当前，如何将这四个概念讲清楚是理论工作者义不容辞的责任。

平等和正义都是来自西方的政治哲学理念，也由于它属于欧美核心价值观的一部分而在我国深藏闺中。此次在党的十八大报告中将这样一些理念纳入社会主义核心价值观，应该说体现了我们的理论自信。

在中国当前收入差距较大、各种思潮并举的情况下，及时地提出平等和正义这样一些核心价值观，有助于正本清源，统一思想。而在社会主义核心价值体系中，平等和正义理念一起构筑了社会主义公平观的基础。在社会主义公平观的构建过程中，我们应结合中国传统社会公平观以及当前我国存在的社会公平各种思潮，在马克思主义指导下，将中国现实与文化传承有机结合起来，进而将其纳入中国特色社会主义理论体系。

第二节　中国当代多元的社会公平观

历时数千年的中国文化对社会公平观有着显著的影响，而在当前，马克思主义社会公平观和西方社会公平观也在影响着我们的社会，从而对城乡居民的社会认同产生影响。这种影响不仅表现在观念层面，而且也表现在收入的初次分配和再分配层面上。多元的社会公平观的存在是经济体制改革的结果，如何在此基础之上建立一个社会主义特色的社会公平观则是需要进一步讨论的问题。

（一）中国传统社会公平观

尽管符合社会公正的收入分配秩序通常是为社会公众以及政策制定者所共同追求的，但作为价值判断标准的社会公正却是因人而异的，并且即使相同个人在不同环境下的社会公正诉求内容也可能是有差异的。我们将首先从中国传统和西方观念两个方面来讨论国内社会公正观念的基本影响因素。

中国传统的社会公正标准大体上可以通过三个字来概括：“义”“均”和“仁”，但对这三个字的具体含义的解释却可能存有差异。历代学者的“义利之辨”不仅阐释了对“义”的不同理解，也包含着对“利”的正当性的界定。“均”通常是社会底层为争取自身生存空间①而力加倡导的舆论氛围和理想信念，而社会知识精英为维持社会稳定和既有的社会秩序也会对“均”的含义进行不同的阐发，其目的在于说服统治者应当进行一定程度的利益分享，也以其诠释的“均”的含义安抚并警示社会底层。“仁”则是社会精英对社会底层应有的态度。当然，这种“仁”是以社会底层承认既有的统治秩序为前提的。

传统的社会公正观大体上包括以下几个方面的内容：获取财富途径的正当性比财富多寡本身更加重要；社会差距的程度不应威胁到社会底层的基本生存以使得既有的社会秩序得以维系；在承认既有统治秩序的前提下，对社会底层的关爱构成社会精英的基本道义性责任。

中国传统社会中，甚少对收入决定机制的探讨，遑论公正机制的建立。作为一个重本抑末的社会，中国十分重视农业生产的作用，但同时也不得不承认，财富要“以末致之，以本守之”。即相对承认了“末”对于收入的重要决定作用，尽管如此，封建统治者仍在意识形态上否定“末”的地位。反而，受到主流意识

① 事实上，每次农民起义都是在生存空间被严重剥夺的情况下以“均”为号召的。尽管他们的理解都带有着绝对平均主义的偏颇与狭隘，从而使得这种理解只能成为永远也无法企及的理想，但值得注意的是，当社会底层的生存机会被严重剥夺或受到严重威胁时，这种永远也成不了现实的理念却总会具有强大的社会感召力。

形态的影响，对于农业生产经营机制的探讨相对要多一些。总体而言，从传统经济思想中寻找公平收入决定机制的努力似乎是不可能的了。

一般认为，收入再分配阶段，正是对收入差距进行调节的重要阶段。这一阶段的主要目的是对通过初次分配已经形成的收入分配格局进行调节。在欧美发达地区，收入再分配对收入调节的力度是比较大的。但作为一个发展中国家，国内的收入再分配功能仍处在相对较为弱小的阶段。

在相当长的时期，国内的财政体制一直以促进经济增长为主要目标，而不是提供公共服务或实现转移支付，从中央财政预算中大量的固定资产投资支出就可以看到这一情形。财政体制向公共服务的转型是20世纪90年代中期以后的事情。这是因为，通过多年的经济增长，国内的财政状况有了相当程度的好转，为财政体制转型提供了良好的基础，另外，市场经济的发展弱化了政府在财政支援经济增长方面的作用。应当说，财政体制的这一转型目前还在进行之中，其对收入分配的影响，也在不断增强。但即便如此，目前的收入再分配功能仍不够强大。为此，一个适度收入差距的调节机制仍有待建立。

同样找寻中国的传统，我们会发现，中国古代对收入再分配领域有一定的认识，如《道德经》中有“天之道损有余而补不足”，而孔子的论述则更接近适度调节机制的叙述：“使富者足以示其贵而不至于骄，贫者足以养生而不至于忧，以此为度而调均之。”《礼记》中对大同社会的著名描述则像是一种早期的社会保障制度设计：“使老有所终，壮有所用，幼有所长，鳏寡孤独废疾者皆有所养。”这些早期的朴素思想对于中国文化至今仍产生着相当深远的影响，对于我们讨论适度收入分配的调节机制也具有一定的启发意义。

（二）马克思主义公平观

马克思、恩格斯社会主义公平观最基本的内容可以理解为：消灭私有制，消灭阶级，最终实现人类解放。恩格斯在《反杜林论》中指出，无产阶级公平思想的实质内容“是消灭阶级的要求。任何超出这个范围的平等要求，都必然要流于荒谬”。马克思在《哥达纲领批判》中进一步说过：“随着阶级差别的消灭，一切由这些差别产生的社会的和政治的不平等也自行消失。”马克思主义公平观全部的内容均是建立在这一理论基础上的，马克思主义社会公平观的全部思想原则也都是由这一基本观点的逻辑延伸而形成的。它不仅是无产阶级的奋斗目标，是社会主义公平观的最基本内容，也是马克思和恩格斯的唯物主义公平观与资产阶级公平观的最大区别。

但马克思和恩格斯认识到，公平的实现要依据客观的经济基础，它是不以人的主观意志为转移的历史发展过程。因此，对于公平的要求既不能脱离实际，更不能过于理想化，一蹴而就。即使到了共产主义社会，共产主义社会的公平也有一个发展的过程，它分为两个阶段，每个阶段的公平要求也是不同的。马克思在《哥达纲领批判》一文中指出，共产主义社会的公平分为两个阶段：在共产主义社会第一阶段，阶级差别已经不存在，具有平等社会地位的劳动者在进行个人消费资料分配时，只能以“劳动”为同一尺度进行公平的分配，即“各尽所能，按劳分配”。按劳分配原则所体现的“平等的权利按照原则仍然是资产阶级的法权”。马克思从唯物辩证法的视角，用一分为二的观点来分析“按劳分配”的原则，在社会主义条件下的公平依然只是一种形式上的公平，而非事实上的公平，因此，“按劳分配”原则是既公平又不公平的。实际上这种非事实上的公平，也是按劳分配始终无法解决的难题。第二个阶段是共产主义达到的“各尽所能，按需分配”公平，这一公平属于形式上不公平事实上公平的公平。因此，只有到了共产主义高级阶段，才是真正实现了马克思在《哥达纲领批判》中所描述的理想的共产主义社会。这表明，从社会主义形式上的公平达到共产主义事实上的最高原则的公平，是一个漫长的历史发展过程，体现了共产主义社会公平实现的阶段性。

1949 年以后，马克思主义成为国内意识形态的主流，同样地，在收入分配领域，按劳分配成为国内此后几十年收入分配的主要指导思想。但事实上，按劳分配原则也并没有真正地实行，最终它屈从于中国传统的平均主义思想，而平均主义大锅饭成为 20 世纪 50—70 年代收入分配的真正指导思想。

经济体制改革以后，按劳分配原则的适用性受到质疑，尽管一个发展了的收入分配原则已经可以解释部分改革中出现的新兴事物，如承认科技是一种劳动，从而认可了知识作为一种劳动参与分配的权利，此外，如将个体经营者收入划定为劳动收入，从而使之符合按劳分配原则，等等。但私营经济的出现和社会主义市场经济的确立都给继续坚持按劳分配原则提出了挑战，一个因雇佣劳动带来的收益如何匹配按劳分配原则成为一个巨大的理论问题。因此，从 20 世纪末开始，按照生产要素的贡献进行分配的讨论开始出现，并渐渐为主流意识形态所接受，且渐渐形成了以按劳分配为主体、多种分配形式并存的收入分配指导方针。但如何保证按劳分配为主体，以及如何处理按劳分配和多种分配形式之间的关系，目前的理论研讨尚欠深入。

（三）欧美社会公平观

在经济开放的同时，社会公正观念及相应的价值评判标准也逐步受到西方文化的影响。在传入国内的西方观念中，社会公正可以归结为两个方面：自由平等权利和基本能力（如教育、营养、健康等）的保障。自由平等权利的保障意味着人的自由、权利不应当受到侵犯与剥夺，而基本能力的保障则意味着人的能力应当具有平等的发展机会。同时，罗尔斯也将最大限度地改善最底层的境遇视为社会公正的基本要素之一。与中国传统所不同的是，在西方公正观念下，不再过分强调结果的均等性，而是强调基本权利的保障和机会的均等性。

欧美的公平观在收入初次分配和再分配方面都有较为成熟的理论体系。简单来说，在初次分配过程中，秉承按贡献分配的原则，它一方面强调付出与获得之间的对称，另一方面则凸显个体依靠自身成就获得回报，如按照生产要素的贡献进行分配。在再分配过程中，则基于社会调剂规则，即立足于社会的整体利益，对于初次分配之后的社会利益格局进行一些必要的调整，使广大社会成员普遍地不断得到发展所带来的收益，进而使社会的质量不断地有所提升。

第三节 关于形成社会主义公平观的几点思考

关于社会主义公平观的构建，本人有这样一些粗浅的认识：

（一）多元社会公平观造成思想混乱

国内当前的社会公正观念是复杂的，也是多元的。这不仅表现在社会转型中的获利者、精英群体更为强调以机会均等为核心的西方公正观念的正当性，而转型中的受损者、底层人群可能更加偏爱传统公正观念中对弱势人群所具有的人性关怀。甚至对于相同个人，在不同状态下，也会持有不同的公正观念。当自己是竞争、转型中的赢家时，会更加认同西方公正观念；当自己在竞争中受挫时，则更容易转向传统的公正观念。

这种公正观念标准的多元性并不能增强国内居民对当前收入分配格局公正性的认同，相反，现有的一些针对收入分配公正性的调查结论表明，社会公众对国内当前收入分配公正性的认同感不容乐观。唐钧等人的一项调查询问了“哪三种人最容易获得高收入”和“哪三种人最应该获得高收入”的问题，在给出的9类候选人群中，前一个问题回答比率最高的三类人群为“当官的人”“有文化有学历的人”“有资产的人”，而后一个问题回答比率最高的三类人群为“有文化有学历的人”“有技术专长的人”“吃苦耐劳的人”。从这两个问题的回答中可以看出，现实中获得高收入的人群与多数公众的认可之间存在一定的差异性，这也反映出，现实的收入决定机制与人们所认可的收入形成基础之间不相一致，这种差异显然将导致居民对收入差距的社会公正性的质疑乃至否定。

（二）强化按劳分配的主体地位

当前实行按劳分配为主体、多种分配形式并存的分配思想。既然提按劳分配为主体，那么就需要注意按劳分配这个主体和其他分配方式之间的关系。特别是，在按照要素进行分配的时候，如何处理好劳动要素和资本要素之间的比例关系，是值得我们关注的。鉴于国内国民生产总值中劳动占比持续下降，强化按劳分配为主体的思想可以正本清源，进而有助于劳动在国民生产总值中占比的提高。

（三）通过认真的实证研究厘清各种分配形式之间的关系

目前的收入分配指导方针已经确立，但在一些具体的问题上仍存在相当多的理论空白，特别在实证层面上。社会公平观的最终落脚点之一就是收入分配，而在收入分配领域，按劳分配和各种分配形式的关系不仅应从理论的层面给予阐述，更应该从实证的层面进行深入细致的研究。这种研究对于测定各种生产要素的合理分配比例，进而各种分配形式的关系有着非常重要的意义。

笔者以为，社会主义公平观的建立有助于建设社会主义民主政治建设，有助于推进和完善社会保障体系，也有助于缩小收入差距实现分配正义。而这一公平观应符合这样几个基本原则：（1）对于随机和先天的决定因素，需要阻断其传递性和扩大趋势；（2）对于制度性因素，需要做出制度调整；（3）对于纯粹的市场因素，在初次分配阶段不应施加过多的干预。

除以上各种因素以外，一些收入决定因素仍处于难以界定的区域，较为典型的是社会网络对收入的影响。它的存在既可能使富者更富，出现马太效应，对于一些弱势群体也有着显著的帮助，如对于农村外出劳动力在城镇获得工作和非正规保障方面的作用，等等。这类问题也应当在理论上给出合理的解释。

在中国的漫长发展过程中，中国居民的社会公平观分别受到了中国传统社会公平观、马克思主义社会公平观和西方社会公平观的影响。未能形成一个什么是社会公平的共识，每个不同利益集团都在使用着最有利于自己的社会公平观以保护个人或者集团的利益。一个能得到全国人民认可的社会公平观的建立仍任重道远，以上三种传统中，单独的哪一个都不可能成为目前的共识，而一个综合以上各种传统的社会公平观共识才是可期待的。如何进一步深入研究和探讨与社会公平相关的理论问题，是哲学社会科学相关领域研究者的责任所系，并可能会成为未来繁荣哲学社会科学研究的一个突破口。

本书分为三个部分，共十一章。第一部分为宏观分配格局部分，包括前三章，主要阐述“一同步一提高”以及多渠道增加居民财产性收入问题。第二部分为居民收入分配部分，包括第四至第七章，主要阐述居民收入差距、收入再分配政策、工资制度和规范收入秩序、社会救助制度等问题。第三部分是与收入分配相关的社会保障问题，共计四章。首先，我们把住房保障问题单独提出来作为一个未来的政策方向考虑，之后是养老和医疗保险相关内容。

目　　录

第一章　中国宏观分配格局概述

中国国家统计局从 1992 年开始编制资金流量表，共编有两个资金流量表，一个称为资金流量表（实物交易），一个称为资金流量表（金融交易）。而对于宏观分配格局的研究一般主要用到的是前一个表。在 2005 年左右，中国国民经济统计制度进行了一些调整，造成了国民经济核算前后衔接的问题，直接利用统计局调整前和调整后的数据进行对比分析显然是危险的，其结论也靠不住。最近几年，国家统计局对资金流量表也同样进行了重新核定，调整了 2000 年以后的资金流量表。与 1992—1999 年资金流量表相比，新的资金流量表内容更丰富，可分析的内容也更多。但和国民经济核算的情况类似，2000 年以后的资金流量表与此前的资金流量表一样存在无法衔接的问题。为使读者能够理解的角度起见，本书关于资金流量表的分析会分两个时段来分析：1992—1999 年和 2000—2011 年，从目前的资料看，这两个时段内部的相关数据还是前后衔接的。而一个统一的资金流量分析将有待于国家统计局对 2000 年之前的数据资料进行回溯和调整后才能进行。

第一节　收入分配的起始状态：各部门增加值

一般讨论宏观分配流程，起点都是各部门增加值。宏观收入分配的流程大致是这样的：各部门增加值通过初次分配过程形成初次分配总收入，之后再通过再分配过程形成可支配收入。作为收入分配初始状态的各部门增加值见下表：

表 1.1　收入分配的起始状态：各部门增加值　　（单位：10 亿元①）

年度	各部门增加值总和	政府	企业	非金融机构	金融机构	住户部门
1992	26924	3037	15814	14508	1306	8072
1993	35334	3523	22158	20489	1670	9652

① 本文以下表格中，所有表格中的金额单位均为 10 亿元。

续表

年度	各部门增加值总和	政府	企业	非金融机构	金融机构	住户部门
1994	48198	4228	30021	27786	2235	13949
1995	60794	4778	38994	36195	2799	17022
1996	71177	5176	44763	41552	3212	21237
1997	78973	5821	49486	45879	3607	23667
1998	84402	6789	51642	47944	3698	25971
1999	89677	7351	54251	50435	3816	28074
2000	99215	7809	59489	55403	4087	31916
2001	109655	9111	67045	62692	4353	33500
2002	120333	11389	74580	69967	4613	34364
2003	135823	12348	83669	78679	4989	39806
2004	159878	14480	100721	95328	5393	44677
2005	184937	17113	116212	110125	6087	51612
2006	216314	19916	136310	128211	8099	60088
2007	265810	24304	168376	156038	12338	73130
2008	314045	29689	200814	185950	14863	83543
2009	340903	33231	215160	197393	17768	92511
2010	401513	36156	253087	232106	20981	112270
2011	473104	40363	299799	274841	24958	132941

表 1.2　收入分配的起始状态：各部门增加值的结构

年度	政府	企业	非金融机构	金融机构	住户部门	合计
1992	11. 28	58. 74	53. 89	4. 85	29. 98	100. 00
1993	9. 97	62. 71	57. 99	4. 73	27. 32	100. 00
1994	8. 77	62. 29	57. 65	4. 64	28. 94	100. 00
1995	7. 86	64. 14	59. 54	4. 60	28. 00	100. 00
1996	7. 27	62. 89	58. 38	4. 51	29. 84	100. 00
1997	7. 37	62. 66	58. 09	4. 57	29. 97	100. 00

续表

年度	政府	企业	非金融机构	金融机构	住户部门	合计
1998	8.04	61.19	56.80	4.38	30.77	100.00
1999	8.20	60.50	56.24	4.26	31.31	100.00
2000	7.87	59.96	55.84	4.12	32.17	100.00
2001	8.31	61.14	57.17	3.97	30.55	100.00
2002	9.46	61.98	58.14	3.83	28.56	100.00
2003	9.09	61.60	57.93	3.67	29.31	100.00
2004	9.06	63.00	59.63	3.37	27.94	100.00
2005	9.25	62.84	59.55	3.29	27.91	100.00
2006	9.21	63.01	59.27	3.74	27.78	100.00
2007	9.14	63.34	58.70	4.64	27.51	100.00
2008	9.45	63.94	59.21	4.73	26.60	100.00
2009	9.75	63.11	57.90	5.21	27.14	100.00
2010	9.00	63.03	57.81	5.23	27.96	100.00
2011	8.53	63.37	58.09	5.28	28.10	100.00

从各部门增加值结构看，除最初制定资金流量表的1992年以外，各部门增加值占GDP比重基本保持平稳，1993—1999年之间，政府部门增加值在7%~10%之间，企业部门基本上在60%~63%之间，住户部门在27.5%~31.5%之间。2000年以后，各部门增加值占比的浮动区间和此前差不太多，唯一不同且应给予关注的是，2000—2008年期间，住户部门增加值占比出现了较为持续的下降趋势。但增加值部分的亮点在于，2009年以来，居民部门的增加值占比开始了一定比例的回升，尽管回升的速度还赶不上当初下降的速度，且回升的幅度也未达到当初的高点，但毕竟这是在两个同步提出之后出现的新趋势，值得关注。

第二节　初次分配收入格局

以增加值为起点，初次分配中，通过劳动者报酬、生产税净额以及财产收入的分配，各部门完成初次分配的流程，并形成初次分配收入。在这一过程中，政府部门获得的主要收入来源是生产税净额，主要来自企业部门，少部分来自住户部门；而住户部门的主要收入来源是劳动者报酬，分别来自企业部门和政府部门，其中以前者为主。通过初次分配，住户部门和政府部门的初次分配收入比其增加值都有较大程度的提高，而企业部门的增加值通过劳动者报酬支付和生产税支付有较大幅度的减少。在这方面世界各国的情况都差不多，不同的是变动程度大小的差异。我国各部门初次分配收入的情况见下表。

表 1.3　各部门初次分配收入　（单位：亿元）

年度	初次分配总收入	政府	企业	非金融机构	金融机构	住户部门
1992	26937	4462	4680	4023	656	17795
1993	35260	6098	7087	6219	868	22075
1994	48109	8217	8551	7744	807	31341
1995	59810	9103	11683	10530	1152	39025
1996	68143	11660	11854	10754	1100	44629
1997	78061	13334	13189	12438	751	51538
1998	83024	14729	13445	12893	552	54850
1999	88479	15171	15755	14846	909	57553
2000	98001	12865	19324	18530	794	65811
2001	108068	13697	23122	21618	1505	71249
2002	119096	16600	25694	23666	2028	76802
2003	134977	18388	30077	27132	2945	86512
2004	159454	21913	40051	36979	3072	97490
2005	183617	26074	45026	41532	3494	112517
2006	215904	31373	53416	48193	5224	131115
2007	266422	39267	68350	61525	6824	158805
2008	316030	46549	84086	74609	9477	185395
2009	340320	49606	84170	73275	10894	206544
2010	399760	59927	97968	83386	14582	241865
2011	468562	72067	112213	94854	17359	284283

由于中国经济快速增长，而在此期间并没有进行非常剧烈的利益调整，从而使每年的新增利益①大多能做到在国家企业和个人之间进行分配。以名义值计

① 此处指名义值。

算，无论是1992—1999年还是2000—2011年，政府、企业和住户部门每年的初次分配收入均高于上一年度。不多的例外发生在1996—1998年的金融机构，那很可能是因为受到国企改制和亚洲金融危机的双重影响而造成金融机构的收入损失。但由于非金融机构在此期间的良好表现，整个企业部门没受到明显的影响。

表1.4 初次分配格局结构

年度	政府	企业	非金融机构	金融机构	住户部门	合计
1992	16.57	17.37	14.94	2.44	66.06	100.00
1993	17.29	20.10	17.64	2.46	62.61	100.00
1994	17.08	17.77	16.10	1.68	65.15	100.00
1995	15.22	19.53	17.61	1.93	65.25	100.00
1996	17.11	17.40	15.78	1.61	65.49	100.00
1997	17.08	16.90	15.93	0.96	66.02	100.00
1998	17.74	16.19	15.53	0.66	66.06	100.00
1999	17.15	17.81	16.78	1.03	65.05	100.00
2000	13.13	19.72	18.91	0.81	67.15	100.00
2001	12.67	21.40	20.00	1.39	65.93	100.00
2002	13.94	21.57	19.87	1.70	64.49	100.00
2003	13.62	22.28	20.10	2.18	64.09	100.00
2004	13.74	25.12	23.19	1.93	61.14	100.00
2005	14.20	24.52	22.62	1.90	61.28	100.00
2006	14.53	24.74	22.32	2.42	60.73	100.00
2007	14.74	25.65	23.09	2.56	59.61	100.00
2008	14.73	26.61	23.61	3.00	58.66	100.00
2009	14.58	24.73	21.53	3.20	60.69	100.00
2010	14.99	24.51	20.86	3.65	60.50	100.00
2011	15.38	23.95	20.24	3.70	60.67	100.00

首先来静态地考察一下每年初次分配收入格局情况。1992—1999年，政府部门初次分配比重总体保持平稳。其中只有1992年和1995年比较低一些。1992年的情况可能有两方面的原因：一方面是由于1992年编制资金流量表的第一年，

情况比较特殊；另一个原因可能是受到南方谈话效应的影响。而 1995 年政府部门份额的明显下降，很可能是因为分税制的冲击所致。企业的份额大多在16% ~18%之间，只有 1993 年和 1995 年两年期份额达到了 20%左右。但政府部门的企业部门的份额变化大多不同步，所以在此期间，住户部门的份额除 1993 年外，保持了相对稳定，其份额大致在 65% ~66%之间。

而 2000—2011 年，政府部门的份额基本呈现出不断扩张的趋势，企业部门的份额在 2008 年以前也出现了不断扩张的趋势，但在 2009 年起，企业部门的份额开始下降。尽管在 2000—2008 年间政府和企业部门这种份额的扩张并不是连续的，但两者共同作用的结果就是住户部门初次分配份额出现了不断下滑的趋势。在 2009 年，居民部门的份额出现了较为明显的反弹，之后两年，这种反弹趋于稳定，但居民部门的份额究竟会保持稳定，抑或是上升还是下降，都还有待考察。

因为 1999 年以前的资金流量表是未调整的表格，而 2000 年及以后的资金流量表是调整后的，所以我们特别留意了 2000 年与 1999 年的对比情况。如果说在增加值一项，1999 年和 2000 年的数据及其各部门结构还大致衔接的话，那么初次分配收入格局则能够明显地看出两个年度数据有着很大的差距，2000 年与 1999 年相比，政府初次分配收入的份额下降了 4 个百分点，而相应地，企业部门和居民部门各增加了约 1.9 个百分点和 2.1 个百分点。而这个剧烈的变动，主要原因应是两个序列数据不对应导致的。

表 1.5　各部门初次分配总收入名义增长率比较

年度	政府	企业	住户部门
1992			
1993	+	+	-
1994	-	-	+
1995	-	+	+
1996	+	-	+
1997	-	-	+
1998	+	-	+
1999	-	+	-
2000			
2001	-	+	-
2002	+	+	-

续表

年度	政府	企业	住户部门
2003	−	+	−
2004	+	+	−
2005	+	−	+
2006	+	+	−
2007	+	+	−
2008	−	+	−
2009	−	−	+
2010	+	−	−
2011	+	−	+

为检验各部门初次分配增长与总体的比较，我们制作了上表。当该年度某部门名义增长率超过总体时，以加号表示，当低于总体时以减号表示。不难发现，在1993—1999年间①，政府部门增长率有4年超过总体，3年低于总体；企业部门也一样；但在多数年份两者作用方向相反。而居民部门在这7年间，有5年增长率超过总体，只有2年低于总体，其中一年是该阶段的最后一年——1999年。比较明显的是在1994—1998年间，住户部门的初次分配收入增长速度呈现出超GDP增长的态势，但由于1993年住户部门的增长率下跌比较多，而其他各年份住户部门的增长率比总体高出又不太多，结果1998年度住户部门初次分配收入占比与1992年大致持平。

但2000—2011年各部门初次分配的情况与上一阶段的情况有了很大的不同。在此期间，政府部门初次分配收入只有4年增长率低于总体，而且仔细看来每年低得并不多，企业部门也只有4年的增长速度低于总体，且其中3次发生在最后3年。两者共同作用的结果就是：住户部门的初次分配收入在2000—2008年的绝大多数年份都低于总体的增速，从而造成2000—2008年间住户部门初次分配收入占比基本处于持续的下降趋势之中。2009年以后，主要是企业部门的份额下降，从而造就了居民部门初次分配收入份额出现了“增—减—增”的新趋势，这种趋势是在中央开始重视居民收入份额的情况下出现的，但居民部门初次分配收入占比的这种趋势是否持续还有待进一步观察。

初次分配是中国分配流程中变动较大的一个阶段。在这个阶段，企业部门从占据增加值较大部分大幅度缩减为初次分配收入占GDP比重在20%左右，而住

① 因为分别以1992年和2000年为基期。

户部门占比则从占增加值30%左右迅速增加到占增加值60%以上。政府部门占比也大致提高了50%以上。我们之所以如此重视初次分配收入阶段的变化，是因为在现阶段，我国初次分配格局基本决定了宏观分配的最终格局。

第三节　可支配收入分配格局

中国经济的再分配流程是通过经常性转移这一过程实现的，具体说来主要是通过社会保险缴费和支付、社会福利收入和支出、社会补助收入和支出以及其他转移性收入和支出进行的。在上述经常转移过程结束后，各部门的可支配收入得以形成，再分配格局也浮出水面。

表1.6　各部门可支配总收入

年度	可支配总收入	政府	企业	非金融机构	金融机构	住户部门
1992	27001	5389	3159	2847	312	18453
1993	35328	6943	5557	5030	528	22827
1994	48224	8927	7005	6418	587	32292
1995	59930	9916	9723	8840	882	40292
1996	70320	12570	9625	8672	953	48125
1997	78487	14363	10282	9660	622	53842
1998	83379	15120	11216	10775	441	57043
1999	88888	16089	13067	12229	838	59733
2000	98523	14314	17670	17153	518	66539
2001	108771	16324	20582	19327	1254	71865
2002	120170	19506	23241	21314	1928	77423
2003	136421	21947	27206	24339	2867	87268
2004	161349	26518	36322	33247	3076	98509
2005	185572	32574	40089	36988	3101	112910
2006	218142	39725	46991	42687	4303	131426
2007	269243	51192	59492	54208	5285	158559
2008	319027	60544	72557	65451	7106	185926
2009	342482	62603	72577	64171	8406	207302
2010	402514	74116	85276	72069	13207	243122
2011	470145	90203	94170	78990	15179	285773

和初次分配的情况类似，每年的新增利益①大多能做到在国家企业和个人之间进行分配。同样以名义值计算，无论是1992—1999年间还是2000—2011年间，政府、企业和住户部门每年的初次分配收入名义值大多高于上一年度，只有1996年的企业部门可支配收入出现了名义值低于上一年度的情况。同样的疑问出现在2000年政府部门可支配收入方面，在这一年的资金流量表中，政府可支配收入的名义值比上一年度有一个非常明显的回落，这估计同样是因为1999年以前和2000年以后资金流量表编制原则的差异所致。

表1.7 再分配格局

年度	政府	企业	非金融机构	金融机构	住户部门	合计
1992	19.96	11.70	10.55	1.16	68.34	100.00
1993	19.65	15.73	14.24	1.49	64.62	100.00
1994	18.51	14.53	13.31	1.22	66.96	100.00
1995	16.55	16.22	14.75	1.47	67.23	100.00
1996	17.88	13.69	12.33	1.36	68.44	100.00
1997	18.30	13.10	12.31	0.79	68.60	100.00
1998	18.13	13.45	12.92	0.53	68.41	100.00
1999	18.10	14.70	13.76	0.94	67.20	100.00
2000	14.53	17.94	17.41	0.53	67.54	100.00
2001	15.01	18.92	17.77	1.15	66.07	100.00
2002	16.23	19.34	17.74	1.60	64.43	100.00
2003	16.09	19.94	17.84	2.10	63.97	100.00
2004	16.43	22.51	20.61	1.91	61.05	100.00
2005	17.55	21.60	19.93	1.67	60.84	100.00
2006	18.21	21.54	19.57	1.97	60.25	100.00
2007	19.01	22.10	20.13	1.96	58.89	100.00
2008	18.98	22.74	20.52	2.23	58.28	100.00
2009	18.28	21.19	18.74	2.45	60.53	100.00
2010	18.41	21.19	17.90	3.28	60.40	100.00
2011	19.19	20.03	16.80	3.23	60.78	100.00

① 此处指GDP名义值的增加值。

从表 1.7 的再分配格局里可以看到一些意想不到的情况。同样分两个阶段讨论：1992—1999 年，政府可支配收入占比呈现先下降再上升之后保持基本稳定的趋势，即 1992—1995 年下降，1996—1997 年上升，之后在 1998 年和 1999 年这一份额基本保持不变。企业部门可支配收入占比则在 1992—1996 年这最初的几年间呈现一年增一年减的规律，1997 年份额下降到这一阶段的最小值，之后在 1998 年和 1999 年出现了明显的回升。因为政府部门和企业部门的变化趋势存在一定的相互抵消作用，所以 1992—1999 年，除 1993 年外，住户部门的可支配收入占比相对稳定。

但 2000—2011 年，除 2009 年以外，各部门可支配收入占比的变动趋势有了明显的不同。政府部门可支配收入的份额从 2000 年的 14.53% 几乎一路攀升至 2007 年的 19.01%，7 年间上升了将近 4.5 个百分点。随后的 2008 年，这一份额也只是略有下降，2009 年这一趋势看起来似乎得到了较为显著的终结，但 2010 年和 2011 年政府部门的再分配收入份额再度上升，且 2011 年达到了 1994 年以来的最高点。企业部门的可支配收入占比则从 2000 年的大约 18% 一路攀升至 2004 年的 22.51%，在经历了 2005—2006 年的调整之后，在 2008 年再度回升了 22.74%。2009 年这一份额再度调整下降。受到政府和企业这两个强大利益集团的影响，住户部门可支配收入的份额在 2000—2008 年间出现了一路下滑，住户部门的份额从 2000 年的 67.54% 迅速降低到 2008 年的大约 58.3%，8 年间份额下降了 9 个百分点。好在 2009 年以后，居民部门再分配收入占比重新回到 60% 以上，并维持了 3 年，但这一趋势是否可以持续还有待观察。

表 1.8　再分配过程中利益的重新调整

年度	政府	企业	非金融机构	金融机构	住户部门
1992	3.4	-5.7	-4.4	-1.3	2.3
1993	2.4	-4.4	-3.4	-1.0	2.0
1994	1.4	-3.2	-2.8	-0.5	1.8
1995	1.3	-3.3	-2.9	-0.5	2.0
1996	0.8	-3.7	-3.4	-0.3	2.9
1997	1.2	-3.8	-3.6	-0.2	2.6
1998	0.4	-2.7	-2.6	-0.1	2.3
1999	1.0	-3.1	-3.0	-0.1	2.2
2000	1.4	-1.8	-1.5	-0.3	0.4
2001	2.3	-2.5	-2.2	-0.2	0.1
2002	2.3	-2.2	-2.1	-0.1	-0.1

续表

年度	政府	企业	非金融机构	金融机构	住户部门
2003	2.5	-2.3	-2.3	-0.1	-0.1
2004	2.7	-2.6	-2.6	0.0	-0.1
2005	3.4	-2.9	-2.7	-0.2	-0.4
2006	3.7	-3.2	-2.8	-0.4	-0.5
2007	4.3	-3.6	-3.0	-0.6	-0.7
2008	4.2	-3.9	-3.1	-0.8	-0.4
2009	3.7	-3.5	-2.8	-0.7	-0.2
2010	3.4	-3.3	-3.0	-0.4	-0.1
2011	3.8	-3.9	-3.4	-0.5	0.1

表1.8是使用再分配流程的各主体可支配收入份额减去初次分配流程中各主体初次分配份额获得的，从而可以清楚地看出再分配流程中利益分配的情况。首先，各主体再分配之后的可支配收入份额变动幅度不算很大。换言之，在当前的分配制度下，中国宏观分配格局基本上是由初次分配格局决定的。具体说来，企业部门，无论是金融机构还是非金融机构，可支配收入份额比初次分配收入份额都有所降低。但分析一下政府和住户部门的分配份额变化则格外有意思：再分配过程中，政府扩大了自己的份额，我们不知道是否其他国家也是这样的情况，但中国自编制资金流量表以来的数据均是这样的情况，无论资金流量表是否进行了调整。而且在2000年以后，政府部门通过再分配过程不断而且更大程度地扩大了自己在主体分配格局中的份额。而住户部门再分配流程中的份额变动在1992—1999年间和2000—2011年间呈现出完全不同的趋势。1992—1999年间，住户部门通过再分配增加了自己在国民收入分配中的份额，而2000—2010年间，除最初的2000年和2001年，住户部门在再分配流程中成了受损者，且其份额总体呈现出缓慢下降的趋势。唯一的例外发生在2011年，在该年度，住户部门再分配收入在再分配过程中得到了微小的增加。

再分配过程分为公共转移和私人转移两部分，其中私人转移发生在住户部门内部，在主体收入分配格局中不显示，因而在资金流量表的主体分配格局上显示出来的就是由政府主导的公共转移过程。在这一过程中，政府通过自身的主导地位攫取了较高的利益分配，而在2002—2010年间，政府部门在再分配过程中的利益分割份额过大，从而一定程度上侵占了住户部门的份额。即便在2011年，显而易见地，政府部门通过再分配获得的利益增长也是居民部门所无法比拟的。

第二章　国家集体和个人之间的分配关系

第一节　政府部门收入形成

（一）政府部门初次分配流程分析

政府部门的初次分配收入最大的一项来自生产税。在我国，尽管政府部门也上缴少量的生产税，但总体上，生产税来自企业部门和居民部门，且以企业部门为主。在我国，生产税收入大约相当于政府部门初次分配的 90%。另外一项初次分配的主要来源是本部门的增加值。而在初次分配过程中，政府部门最大的一项支出是劳动者报酬支付，通常略低于当年政府部门的增加值。另外就是财产收入分配，其最终平衡也会影响到政府部门的初次分配收入。

首先让我们来看一下政府部门的生产税平衡的情况。政府部门的生产税收入是该部门初次分配期间最大的收入来源，政府部门自身上缴少量的收入税，约占该部门最终形成收入税净额的 1% ~2% （见表 2.1）。需要特别注意的是，比起 1999 年的生产税收入乃至生产税净额，2000 年的生产税净额有了明显的降低。所以，关于生产税净额的分析也应分两个时段进行。1992—1999 年，生产税净额占初次分配比重基本上处于上升状态，而 2000—2011 年和 2000—2003 年间总体呈上升趋势，而 2004 年以后，生产税净额比重开始下降，这很可能是由于税制结构的调整，即适当降低了间接税负而提高了直接税负所导致的。

表 2.1　政府部门生产税平衡

年度	生产税收入	生产税支出	生产税净额
1992	3907	52	3855
1993	5519	59	5460
1994	7494	69	7425
1995	8501	76	8425
1996	10698	82	10616

续表

年度	生产税收入	生产税支出	生产税净额
1997	12308	87	12221
1998	13848	94	13754
1999	14600	102	14498
2000	11975	106	11869
2001	12968	121	12847
2002	14762	151	14611
2003	17516	168	17348
2004	20609	350	20259
2005	23686	418	23267
2006	27657	486	27171
2007	35305	594	34710
2008	39556	498	39058
2009	41963	210	41753
2010	52673	257	52416
2011	62271	301	61970

政府部门的财产收支大体平衡，占初次分配最终形成的权重也不算很高，但财产收入的细项比较多，透露出来的信息也非常丰富，所以在这里也做一些分析。从表中不难看出，1992—1999 年，在旧有的资金流量表编制中，政府部门的财产收支全部来自利息收支，而 2000 年以后，政府财产收支包括的项目更多，信息也更加丰富。所以，可以大致判断，在 2000 年以前，不是政府没有其他财产收入，而只是没有将它们收录进资金流量表。但 1999 年以前政府部门其他的财产性收入可能也的确不是很多。

1992—1999 年，由利息收支表示的政府财产收支均为支出超过收入，造成初次分配中，政府在财产收支一项上为负，而从资金流量表来看，财产收支在 20 世纪 90 年代一直起着降低政府初次分配份额的作用。但事实上，如果只观察利息收支的话，我们会发现在 2000 年以后，政府部门的利息收支方面继续保持赤字。

表 2.2　政府部门财产收支平衡

年度	财产收入	利息收入	红利收入	土地租金收入	其他财产收入	财产性支出	利息支出	其他财产性支出	净财产收入	净利息收入	净红利收入	净土地租金收入	净其他财产收入
1992	80	80	0	0	0	201	201	0	-122	-122	0	0	0
1993	124	124	0	0	0	297	297	0	-173	-173	0	0	0
1994	189	189	0	0	0	455	455	0	-265	-265	0	0	0
1995	159	159	0	0	0	532	532	0	-373	-373	0	0	0
1996	175	175	0	0	0	659	659	0	-484	-484	0	0	0
1997	146	146	0	0	0	576	576	0	-430	-430	0	0	0
1998	250	250	0	0	0	721	721	0	-471	-471	0	0	0
1999	170	170	0	0	0	697	697	0	-527	-527	0	0	0
2000	500	370	21	84	26	875	828	47	-375	-458	21	84	-21
2001	754	379	263	93	19	962	922	40	-208	-544	263	93	-20
2002	1183	415	619	111	39	871	835	35	312	-420	619	111	3
2003	848	563	78	126	81	1246	1202	0	-399	-639	78	126	81
2004	1053	725	100	175	53	1111	1053	59	-58	-328	100	175	-5
2005	1496	924	192	306	74	1332	1255	77	164	-331	192	306	-3
2006	2837	1463	330	580	464	1898	1796	102	939	-333	330	580	362
2007	3438	1654	271	966	548	2545	2380	165	893	-727	271	966	383
2008	5546	1893	1599	1337	717	3854	3587	267	1692	-1694	1599	1337	450
2009	6253	1707	2065	1734	748	4131	3814	317	2122	-2107	2065	1734	430
2010	7140	2202	1466	2429	1044	5000	4622	378	2140	-2420	1466	2429	665
2011	10923	4135	2391	3076	1321	6789	6156	633	4134	-2021	2391	3076	688

2000 年以后新的资金流量表中，政府财产收入项目下，红利收入、土地租金收入和其他财产收入也纳入统计，对政府部门最终的财产收支平衡产生了很大的影响。本文主要讨论红利收入和土地租金收入。政府的红利收入是政府部门持有国有股获得的红利收入，既包括了资本市场上市公司的分红所得，也包括国有股减持的收益。从表中看到，政府部门红利收入并不平稳，主要应当是受政策影响所致。2000—2002 年，红利收入上升，之后 2003 年红利收入出现了剧烈的下

降，以后缓慢回升，但到2007年之前仍未回升到之前2002年的高点。但在2008年和2009年，政府红利收入出现了一个巨额的反弹，一下子到了千亿元以上的规模。无论是2001—2002年，还是2008—2011年，这种非正常的波动主要是由于国有股减持造成了政府红利的大幅上升。另外，也有国有资产增值的因素。

土地租金收入是政府部门财产收入里另外一个重要的新增项目，土地租金收入主要来自政府通过土地使用权转让给个人和企业部门获得的土地出让金，然后根据土地使用年限分摊计算为每年的土地租金收入。而我们这可以通过下一年租金收入减去上年度土地租金收入，然后乘以一定的系数来倒推政府当年土地出让金的规模。以2009年为例，2009年新增土地租金为397亿元，而我们知道这一年政府土地出让金规模为15900亿元，两者相乘可以得到出让金与土地租金的系数大约为40。如果资金流量表关于土地租金收入统计是可靠的，这我们可以使用类似的方法推算出2001年以来历年政府的土地出让金数量①。无论推算数据是否足够准确，土地租金收入所表达的趋势是肯定的，一个是2005年开始土地出让金规模出现井喷，之后又经历了一个快速增长时期。这种情形，一方面造就了政府部门的第四财政——土地财政，并大大加深了政府对土地财政的依赖性；另一方面，促成了2005年开始的房地产市场发展中的过热问题，进而发展为今天的房地产泡沫。

红利收入和土地租金收入两个无支出项的政府收入加入，彻底改变了2000年之前政府财产收入为负的情形。如果说红利收入还有波动性的话，那么政府获得的土地租金收入自2000年以来一直经历着快速增长，2004年以前政府获得的土地租金收入还比较有限，对平衡政府财产收支只起到了有限的作用，但自从2005年土地租金收入大幅度增加以后，政府财产性收入项一下子由负转正②。与此同时，政府通过采取国有股大量上市，和国有股减持重新启动等措施，特别是2008年开始政府开始向央企收缴部分红利收入，从而即便在股市转为熊市以后仍获得了红利收入的超常增长。简单地总结一下我们会发现，政府部门初次分配中财产收入平衡主要是这样的：利息收不抵支，但中央政府主要通过中央直属国有企业上缴利润和国有股分红，地方政府主要通过土地出让平衡了政府财产收入。而土地出让的租金收入在进入资金流量表以来一直保持着快速的增长，这固然让地方政府因而有了更多的财产性收入，但另一方面也是我国房地产泡沫形成的一个重要推手。

---

① 这种估算方法在对2007年和2008年的估计上可能有较大偏差。

② 2002年受到国有股减持的影响，政府红利收入发生非常规增长，该年度政府部门财产收支为正。

表 2.3　政府部门初次分配形成　（单位：亿元）

年度	增加值	劳动者报酬支出	生产税净额	净财产收入	初次分配总收入
1993	3037	2308	3855	-122	4462
1994	3523	2713	5460	-173	6098
1995	4228	3171	7425	-265	8217
1996	4778	3726	8425	-373	9103
1997	5176	3648	10616	-484	11660
1998	5821	4278	12221	-430	13334
1999	6789	5343	13754	-471	14729
2000	7351	6152	14498	-527	15171
2001	7809	6438	11869	-375	12865
2002	9111	8053	12847	-208	13697
2003	11389	9713	14611	312	16600
2004	12348	10910	17348	-399	18388
2005	14480	12768	20259	-58	21913
2006	17113	14471	23267	164	26074
2007	19916	16652	27171	939	31373
2008	24304	20641	34710	893	39267
2009	29689	23890	39058	1692	46549
2010	36156	30785	52416	2140	59927
2011	40363	34400	61970	4134	72067

表 2.3 给出了政府部门初次分配形成。受到生产税数据不连续的拖累，政府部门的初次分配收入也出现了不连续的情况：2000 年政府部门的初次分配总收入比 1999 年明显下降，但目前既未找到生产税收入下降的证据，也没有政府初次分配收入下降的报道。所以本文的分析也分两个阶段：1992—1999 年和 2000—2011 年。在 1992—1999 年，生产税净额占政府初次分配收入的比重从将近 87% 稳步提升至 1999 年的 95.6%①。政府部门劳动者报酬占该部门初次分配收入的比重则是升升降降，特别是 20 世纪 90 年代前期总体呈下滑趋势，在 1996

① 1996 年比 1995 年有明显的下降，是唯一的例外。

年和1997年达到了最低点。这可以解释90年代前期政府工作人员为什么会大量“下海”。到了1998年和1999年政府部门劳动者报酬占初次分配收入比重明显回升。2000—2011年，除起始的2000年和2009年以外，政府部门的劳动者报酬占初次分配比重总体呈现出相对下降的趋势。

其实，作为政府部门分配起点的增加值数据看起来是比较连续的，而且劳动者报酬也比较连续。所以，如果将劳动者报酬与增加值的比率作为劳动者报酬占比在2000年前后对比的指标可能更合适。结果我们发现，尽管两个阶段分别看到的趋势和用初次分配收入比差不多，但2000年以后劳动者报酬和增加值比率平均为84.9%，比1992—1999年的该比值（76.5%）有较为明显的增加。这种增加，从好的方面说是2000年以来，在劳动者报酬占比下降的大趋势下，政府部门为扭转这一趋势做出了自己的努力；但从不好的方面说，则是在企业部门劳动者报酬占比下降的大趋势下，政府部门雇员的收入水平相对地显著上升了。政府雇员收入增加，而且相对企业部门雇员的收入增长更快，从而导致了前些年不断升温的“公务员考试热”。

政府部门的初次分配收入很大程度上取决于生产税净额的变动。所以，在1992—1999年间和2000—2011年间，其变动趋势和生产税变动趋势基本一致，而且正因为如此，政府部门在初次分配阶段收入比作为宏观分配起始点的本部门增加值有了显著的增加。值得一提的是，因为生产税数据以及政府部门的初次分配收入数据不连续，而政府部门增加值数据比较连续，造成初次分配收入相对于增加值的变动情况也不连续：1992—1999年的第一阶段中，除开始两年外，政府部门初次分配收入基本上达到该部门增加值的2倍以上；而在2000年以后的第二阶段中，政府部门初次分配收入基本上只相当于该部门增加值的1.5～1.7倍。这使得研究者很难对研究政府部门在初次分配格局中的份额做出连续的判断。

（二）政府部门再分配流程分析

政府部门的再分配流程就是经常转移的过程。在这一过程中，政府部门的收支由4部分组成：收入税净额、社会保险缴款收支和社会保险福利支出、社会补助支出、其他转移收支。我们首先来分析社会保险的相应收支状况。从表2.4可以看出，社会保险缴款收入与支出和社会保险福利支出应该是放在一起的相互平衡关系。主要的证据有二：一个是1992—1999年的资金流量表并没有社会保险福利开支项目，该项目是对2000年以后的资金流量表进行调整的时候加进去的。另一个是因为从数据来看，2000年的社会保险缴款支出远低于1999年，而且多年都保持较低的水平，但如果将社会保险福利开支加入，则与2000年以前的数据有较好的连续性。从两者之差得到的社会保险净收入来看，除个别年份外，社会保险每年都有盈余。而且在2000年以后，随着社保资金规模的增加，社保剩余资金数量也越来越大。但从2009年开始，我国社会保险缴款人开始较多地进入社会保险的提取阶段，因而社会保险收支平衡开始有所减少。在中国即将到来的老龄化面前，社会保险平衡缩减的趋势可能对未来的养老金制度改革产生直接影响，这或许会进一步对养老保险基金的保值增值提出更为紧迫的要求。

表2.4 政府部门社会保险缴款和社会保险福利平衡

年度	社会保险缴款	社会保险支出	社会保险福利支出	社会保险净收入
1992	366	322	0	44
1993	508	473	0	35
1994	717	666	0	51
1995	971	858	0	112
1996	1207	1055	0	152
1997	1453	1312	0	142
1998	1563	1575	0	-12
1999	2052	1988	0	64
2000	2645	323	2386	-64
2001	3102	361	2748	-7
2002	4049	565	3472	12
2003	4883	558	4016	309
2004	5780	613	4627	540
2005	6975	668	5401	906
2006	8643	960	6477	1205
2007	10812	1219	7888	1706
2008	13696	1561	9925	2210
2009	16116	1695	12303	2118
2010	20585	3245	16207	1132
2011	27218	5416	20364	1437

政府部门的其他转移性收支本来应该是一项无足轻重的项目，因为根据定义，政府部门其他转移性收入应包括政府财产保险赔款支出，非常住者对我国政

府的援助和捐赠，而其他转移性支出则指我国政府对非常住者的援助和捐赠。1992—1999年间，由于大部分时间我国仍处于低收入国家的状态，所以非常住者对我国的捐助和援助大于我国对外的捐助和援助是可以理解的，但到了2000年以后，随着中国经济地位的上升，一方面我国接受的外援和捐赠数量增速放缓，另一方面我国向国际组织缴纳的会费以及对其他第三世界国家的赠款等有所增加，所以很难理解政府其他转移收入的大幅度提高，那么，余下的唯一可能解释是政府部门获得的财产险赔款有了大幅度提高。

表2.5 其他转移性收支平衡

年度	其他转移性收入	其他转移性支出	其他转移性净收入
1992	257	2	255
1993	295	6	290
1994	378	15	363
1995	328	3	325
1996	353	7	346
1997	549	148	401
1998	544	453	91
1999	81	454	-372
2000	351	8	344
2001	413	17	395
2002	488	13	475
2003	540	12	527
2004	642	20	622
2005	931	108	824
2006	1185	118	1067
2007	1688	164	1524
2008	2131	183	1949
2009	1919	390	1529
2010	2262	874	1388
2011	2285	965	1319

政府部门的经常转移收入和经常转移支出之差额加上政府初次分配收入构成了政府的可支配收入。无论是1992—1999年还是2000—2011年，中国的政府部

门通过再分配的过程扩大了自己在收入分配主体格局中的份额，政府可支配收入规模均高于初次分配收入。也就是说，中国的再分配过程总体上是一个有利于政府部门的再分配过程，这一点在这十几年间从未改变过。

再分别来看一下转移性收入和支出。1992—1999 年，政府的事权不多，转移性支出绝对数量不多，占比不高，与此同时，政府部门的经常转移收入绝对数量和占比也都不算很大。但相对而言，政府部门经常性转移支出增长得更快一些，从而在 20 世纪 90 年代，政府部门收入在再分配过程中的扩张速度出现了收敛的趋势，1992 年政府可支配收入相当于初次分配收入的 1.21 倍，而 1999 年这一比值降低到 1.06 倍。但在 2000—2011 年，政府在社会事务方面的事权明显加大，无论是经常性转移收入还是支出的速度都远超上一阶段，其中扩张速度最快的是政府部门经常转移收入，在 1992—1999 年间政府部门的转移性收入名义值增长了 113% 倍，而 2000—2011 年间政府部门的转移性收入名义值增长了 1023%。与此同时，政府初次分配收入在这两个阶段分别增长了 340% 和 630%，但相应的政府转移性支出的扩张却没那么快。2000 年政府部门可支配收入相当于初次分配的 1.1 倍，而在政府再分配扩张比较严重的 2007 年和 2008 年，政府可支配收入相当于初次分配收入的 1.3 倍。这样一来，在这一阶段政府通过再分配过程不仅扩大了自己在主体分配格局中的份额，而且通过在历年获得更高的转移性收入占比，进一步强化了政府部门再分配过程中的收益。而我们知道，在再分配阶段的主题分配格局变化中，政府起着绝对的主导作用，而政府的主导作用在 2000 年以后表现为政府在再分配阶段收入规模的扩张。

表 2.6　政府部门可支配收入形成

年度	初次分配收入	经常转移收入	经常转移支出	可支配总收入
1992	4462	1670	743	5389
1993	6098	1721	875	6943
1994	8217	1807	1097	8927
1995	9103	2183	1370	9916
1996	11660	2564	1654	12570
1997	13334	3194	2165	14363
1998	14729	3302	2911	15120
1999	15171	3557	2639	16089
2000	12865	5115	3666	14314
2001	13697	6877	4251	16324

续表

年度	初次分配收入	经常转移收入	经常转移支出	可支配总收入
2002	16600	8080	5174	19506
2003	18388	9618	6059	21947
2004	21913	11831	7226	26518
2005	26074	14856	8356	32574
2006	31373	18644	10292	39725
2007	39267	24465	12540	51192
2008	46549	30725	16730	60544
2009	49606	33521	20524	62603
2010	59927	40527	26337	74116
2011	72067	52326	34190	90203

从再分配过程政府部门可支配收入形成的结构来看，在多数年份下，政府部门再分配过程中的收入增加和收入税净额密切相关。我们试着用政府转移净收入和收入税净额占比做了一下简单的相关分析，结果其相关系数达到了 0.977。如果看一下表格的其他几列数据也能获得这样的印象。在多数年份下，社会保险平衡的结果为一个正数，而其他转移性收入的平衡也是一个正数，两者之和大约恰好和政府部门的社会补助支出相互抵消，从而令可支配收入在很大程度上依赖于收入税净额的大小。社会保险净收入和其他转移性净收入在 2000—2008 年间有一个较为显著的扩大过程，因而在社会救助收入占比持续但小幅地提高以后仍然能基本达到这三个项目之间的相互抵消效果。但在 2009 年以后，社会保险净收入和其他转移性净收入占比有一个突然的下降，而同时社会救助支出出现了较为明显的提高。因而自 2009 年起，这三个项目之间的相互抵消关系基本不存在，而收入税净额占比也显著地大于再分配过程中政府收入的增加。

在 2000—2011 年间，不仅收入税净额的绝对值不断上升，就是其占初次分配收入的比重也出现了迅猛的上升，从 2000 年的 16.5% 快速上升至 2008 年的 32.0%，8 年的时间里这一比重几乎翻了一番，之后尽管曾经有回落，但又迅速回到 2011 年 31.7% 的水平。1992—1999 年社会救助支出在多数年份份额保持相对稳定，在新世纪之初也保持了份额的基本稳定，但到了 2008 年和 2009 年的时候，社会救助支出出现了跳跃式的增长，之后的 2010 年和 2011 年，社会救助支出的占比也维持在 10% 以上的水平。这在一定程度上遏制了政府可支配收入的快速扩张过程。

表 2.7　政府部门再分配收入形成的结构分析（单位 %，当年初次分配收入为 100%）

年度	收入税净额	社会保险净收入	社会补助支出	其他转移性净收入	可支配总收入
1992	22.9	1.0	-8.8	5.7	120.8
1993	14.7	0.6	-6.2	4.7	113.9
1994	8.7	0.6	-5.1	4.4	108.6
1995	9.7	1.2	-5.6	3.6	108.9
1996	8.6	1.3	-5.1	3.0	107.8
1997	8.9	1.1	-5.3	3.0	107.7
1998	8.1	-0.1	-6.0	0.6	102.7
1999	9.4	0.4	-1.3	-2.5	106.1
2000	16.5	-0.5	-7.4	2.7	111.3
2001	24.6	0.0	-8.2	2.9	119.2
2002	21.3	0.1	-6.8	2.9	117.5
2003	22.8	1.7	-8.0	2.9	119.4
2004	24.7	2.5	-9.0	2.8	121.0
2005	26.7	3.5	-8.4	3.2	124.9
2006	28.1	3.8	-8.7	3.4	126.6
2007	30.5	4.3	-8.3	3.9	130.4
2008	32.0	4.7	-10.9	4.2	130.1
2009	31.2	4.3	-12.4	3.1	126.2
2010	29.5	1.9	-10.0	2.3	123.7
2011	31.7	2.0	-10.3	1.8	125.2

中国政府部门的再分配过程是收入份额的另一次扩张过程，而因为社会保险、社会救助和其他转移性收入之间的较为稳定的平衡关系，政府部门的收入税既是可支配收入形成的主力军，又总体上和社会救助规模的扩大表现得不很相关。2000 年以后的政府部门收入税规模的扩张，应当是住户部门可支配收入份额下降的一个重要原因。

第二节 企业部门收入形成

（一）企业部门的初次分配过程

企业部门的初次分配过程的起点是一个占据国民收入60%强的企业部门增加值，在这一阶段企业部门向雇员支出劳动者报酬，向政府部门缴纳生产税，由于企业部门内部相互筹资和相互投资的情况存在，特别是金融部门在企业部门之中，这造成企业部门内部既产生财产收入也产生财产支出。此外，一些企业进行土地和房地产开发，需要向政府缴纳土地出让金①，其数额也会计算在财产支出中。

首先来看企业财产性收入。企业财产性收入由利息收入、红利收入和其他财产性收入构成。在1999年以前的多数年份中，红利收入从绝对值到占比都非常低，而2000年以后无论是绝对值还是占比都有了较大的提高。这里面有三方面的因素：一方面在20世纪90年代是中国资本市场的初创时期，资本市场还非常不完善，大量的财产性收入都来自金融机构的利息收入，外加少部分非金融机构之间的相互借贷。另一方面，这可能是统计方面的原因，即对于企业部门红利收入的统计存在较大的遗漏，从而严重低估了企业部门的红利收入。第三个原因是企业部门的海外投资在20世纪90年代规模不大，而且在当时也可能失于统计。2000年以后，资金流量表中对企业部门的红利收入统计有了明显的改善。尽管利息收入仍是企业部门财产收入的最主要来源，但红利收入占财产收入的比重有了较为显著的提高，企业部门的财产性收入来源从而具有了多元化的特征。但2010年和2011年的红利收入有了一个很大的调整，这使得对红利收入的判断出现了很大的不同，我们估计这主要是红利收入的划分标准发生了变化所致。

表2.8 企业部门财产收入构成

年度	财产收入	利息收入	红利收入	其他财产收入
1992	3311	3309	1	1
1993	4733	4730	2	2
1994	7036	7027	6	2
1995	6840	6830	8	3
1996	8256	8240	10	6

① 土地出让金随后以一定的系数折算为每年的土地租金收入。

续表

年度	财产收入	利息收入	红利收入	其他财产收入
1997	7476	6995	473	9
1998	9375	9343	22	10
1999	7673	7583	80	10
2000	8341	7271	1054	16
2001	7884	7053	807	24
2002	8334	7037	1277	20
2003	9826	8112	1683	32
2004	11484	9231	2249	4
2005	14464	10795	3657	12
2006	22255	17441	4787	27
2007	29239	22381	6778	80
2008	39238	31780	7379	80
2009	37873	30647	7170	56
2010	46013	44010	1944	59
2011	64605	62381	2162	62

企业部门的财产支出由利息、红利、土地租金和其他财产支出构成。红利支出因为有资本市场上市公司公报，所以统计起来相对容易。红利支出的规模从1992年的微不足道发展到1996年的千亿元规模也确实反映了中国基本市场快速发展的状况。由于有资本市场信息披露制度，所以红利支出的数据看起来比较连续。正如我们在上一节中谈到的，土地租金支出在1999年以前显然是失于统计，当时的土地租金收入规模也确实比较少，影响也确实不大。

从企业财产支出构成来看，利息支出已经从最初的一枝独秀状态渐渐变为以利息支出为主的状态。随着资本市场的发展，企业部门的红利支出规模也越来越大，在2009年达到了万亿元的规模，与此同时，房地产市场改革以及将房地产定位为国民经济支柱产业都给了建筑和房地产企业以更大的机会，也造成了企业土地租金支出在2005年以后的快速增长。而保险等金融行业的发展则大大扩充了其他财产支出的数额和权重①。应该说，企业部门的财产支出比财产性收入的

① 根据统计局的编制方法，企业部门的其他财产支出主要由保险业的保险赔款进行折算构成。

构成更为多元化。

表 2.9 企业部门财产支出构成

年度	财产支出	利息支出	红利支出	土地租金支出	其他财产支出
1992	4360	4352	4	0	4
1993	6423	6395	23	0	5
1994	9614	9544	65	0	4
1995	10405	9530	870	0	5
1996	12471	11422	1016	0	34
1997	11325	9821	1454	0	50
1998	13849	12385	1434	0	30
1999	11335	10053	1233	0	49
2000	11090	8587	2376	81	46
2001	11137	8166	2831	89	50
2002	11901	8286	3450	105	60
2003	12532	9427	2869	116	120
2004	14614	11124	3229	165	97
2005	19339	13043	5734	292	270
2006	28994	21265	6159	560	1009
2007	36989	26245	7580	941	2222
2008	47520	36168	8248	1313	1791
2009	48930	34139	11099	1707	1985
2010	59002	40249	13981	2402	2370
2011	84769	61562	17596	3033	2579

企业部门的初次分配过程是一个企业部门收入缩减的过程，企业部门的劳动者报酬和生产性支出为负，即便是财产收入平衡也为负。只有前面一再强调过的2000年和1999年对比问题在本表格中有所体现：调整后资金流量表中企业部门2000年生产税支出比未调整的1999年生产税支出要低，财产收入稍高，而财产支出稍低。但总体来说，因为企业部门初次分配收入对生产税支出的依赖程度低于政府部门，所以从企业部门的初次分配收入方面看不出明显的2000年效应。

表 2.10　企业部门初次分配总收入形成

年度	增加值	劳动者报酬支出	生产税支出	财产收入	财产支出	净财产收入	初次分配总收入
1992	15814	6651	3434	3311	4360	-1050	4680
1993	22158	8513	4869	4733	6423	-1690	7087
1994	30021	12185	6707	7036	9614	-2578	8551
1995	38994	16125	7622	6840	10405	-3564	11683
1996	44763	19163	9532	8256	12471	-4215	11854
1997	49486	21329	11120	7476	11325	-3848	13189
1998	51642	21135	12587	9375	13849	-4474	13445
1999	54251	21771	13064	7673	11335	-3661	15755
2000	59489	26707	10710	8341	11090	-2749	19324
2001	67045	28822	11848	7884	11137	-3252	23122
2002	74580	31788	13529	8334	11901	-3568	25694
2003	83669	35087	15799	9826	12532	-2706	30077
2004	100721	38483	19057	11484	14614	-3130	40051
2005	116212	44333	21977	14464	19339	-4876	45026
2006	136310	50405	25750	22255	28994	-6739	53416
2007	168376	60339	31937	29239	36989	-7750	68350
2008	200814	71455	36992	39238	47520	-8281	84086
2009	215160	78783	41150	37873	48930	-11057	84170
2010	253087	90729	51401	46013	59002	-12989	97968
2011	299799	106673	60750	64605	84769	-20165	112213

由于企业部门的初次分配过程中是增加值不断减少为初次分配收入的过程，所以企业部门的初次分配收入构成我们采取以企业部门增加值为 100% 的做法，从而将企业部门初次分配收入看作企业部门增加值缩减后的一个部分，具体数据见表 2.11。

1992—1999 年，劳动者报酬支出占企业部门增加值的比重一直在小幅波动，前期除 1992—1993 年以外，企业部门劳动者报酬比重在 1994—1997 年间有一个不断上升的趋势。但1998—1999年这一比重有一个明显的下滑。1992—1997年间，企业部门的生产税支出占比除1995年以外大致保持稳定，但1998年和1999年该比重有一个明显的提升。总体而言，在这个阶段企业部门的劳动者报酬占比和生产税支出占比基本上处于此消彼长的状态中，似乎印证企业部门在这一阶段的策略是：如果生产税上升，则降低劳动者报酬比重，而如果生产税税负下降，则会适当增加劳动者报酬的比重。此期间企业部门的净财产支出也一直有一些波动，因而在1992—1999年企业部门初次分配收入占比没有趋势性的变化，总体在相当于增加值的26% ~30%区间内波动①。

2000年以后，情况发生了很大的变化。首先看劳动者报酬占比一项，几乎是一路下滑，从2000年的将近45%降至2008年的35.6%，短短8年间，劳动者报酬占比出现了非常明显的下降。2009年劳动者报酬占比有了一定的提高，但随后的2010年和2011年，企业劳动者报酬占比再度回落。但在这期间，企业支付的生产税支出占比并没有明显的变化②，净财产收入占比也没有明显的变化。因而企业部门的劳动者报酬支出占比和该部门的初次分配收入占比形成了明显的反比关系，即伴随着企业部门劳动者报酬占比的一路走低，企业部门初次分配收入占比几乎是一路走高。从2000年相当于部门增加值的32.5%一路提高到2008年的41.9%，与劳动者报酬走低的趋势恰好形成鲜明的对比。

表2.11 企业部门初次分配收入构成

年度	劳动者报酬支出	生产税支出	净财产支出	初次分配总收入
1992	42.1	21.7	6.6	29.6
1993	38.4	22	7.6	32
1994	40.6	22.3	8.6	28.5
1995	41.4	19.5	9.1	30
1996	42.8	21.3	9.4	26.5
1997	43.1	22.5	7.8	26.7
1998	40.9	24.4	8.7	26
1999	40.1	24.1	6.7	29
2000	44.9	18	4.6	32.5

① 1993年例外。

② 2000年以后企业缴纳生产税比重低于20世纪90年代，但因怀疑数据不连续，故未讨论。

续表

年度	劳动者报酬支出	生产税支出	净财产支出	初次分配总收入
2001	43	17.7	4.9	34.5
2002	42.6	18.1	4.8	34.5
2003	41.9	18.9	3.2	35.9
2004	38.2	18.9	3.1	39.8
2005	38.1	18.9	4.2	38.7
2006	37	18.9	4.9	39.2
2007	35.8	19	4.6	40.6
2008	35.6	18.4	4.1	41.9
2009	36.6	19.1	5.1	39.1
2010	35.8	20.3	5.1	38.7
2011	35.6	20.3	6.7	37.4

（二）企业部门再分配流程

企业部门的可支配收入就是在该部门初次分配基础上的经常转移过程，其收入来源主要是通过其他转移收入获得，该收入主要来自非人寿保险的赔偿额，其支出方式主要由三：上缴收入税、发放社会补助和其他转移支出。

因为经常转移收入全部来自其他转移收入，而企业部门的经常转移支出却有三项，所以其最终形成的转移性净收入为负就几乎是必然的。对应其他转移收入，我们可以有两个视角的转移性净收入的考察：经常转移净收入和其他经常转移净收入（见表2.12）。

从下表首先可以看到，无论是经常转移收入（或其他经常转移收入，因其是企业部门经常转移收入的唯一来源），还是经常转移支出和其他转移支出在1992—1999年间和2000—2011年间都是不连续的。其中，根据资金流量表，1992—1999年度其他转移支出处于不断扩张的态势，无论其数额还是增长速度均远高于（其他）经常转移收入，造成无论经常转移净收入还是其他转移净收入也都呈现为一个较大的负数，且其规模迅速扩大。但在2000年以后调整后的资金流量表中，其他经常转移收入和支出大体持平，其他转移净收入因而也变成了一个规模不大的负值，但此时经常转移净收入仍是一个比较大的负值。但我们估计其他经常转移支出上这种巨大的差异显然不是保险赔款折算值所导致的，要么是2000年以后的对其他转移支出的统计标准改变，要么是1999年以前的企业非人寿保险赔偿额估算有比较大的问题。后者发生的可能性看起来更大一些。

表 2.12 企业部门净转移收入形成

年度	经常转移收入	经常转移支出	其他转移支出	经常转移净收入	其他转移净收入
1992	234	1754	738	-1520	-504
1993	374	1904	1035	-1530	-660
1994	450	1996	1356	-1546	-906
1995	450	2410	1657	-1960	-1207
1996	532	2761	1949	-2229	-1417
1997	673	3580	2649	-2907	-1975
1998	608	2838	1982	-2229	-1373
1999	593	3281	2272	-2689	-1679
2000	423	2078	618	-1654	-195
2001	587	3128	760	-2541	-173
2002	837	3290	959	-2453	-122
2003	1034	3906	1128	-2871	-93
2004	1326	5055	1383	-3729	-57
2005	1518	6456	1602	-4938	-84
2006	1778	8204	1843	-6426	-65
2007	2188	11046	2266	-8857	-78
2008	2857	14386	3210	-11529	-353
2009	3239	14832	3295	-11593	-56
2010	3907	16600	3631	-12693	151
2011	4381	22424	5509	-18043	-1273

注：其他净转移支出 = 其他转移性收入 - 其他转移性支出 - 社会救助支出。

从企业部门再分配收入形成过程来看，无论是 1992—1999 年还是 2000 年以后，企业社会补助支出占比一直不高，而且在 1999 年以前的时期，其占比也还在逐渐下降，这与社会救助制度的变革有关，政府在社会救助事务中起着越来越重要的作用。但这一时期，受其他转移净支出较大的影响（约相当于企业初次分配收入的 10%），企业可支配收入大致相当于该部门初次分配收入的 80% 左右。

唯一的例外是 1992 年，该年度收入税支出占比有些异常。

在 2000 年以后，其他转移净支出占比很小，而企业社会补助支出占比更是接近于 0，于是这一阶段企业再分配收入的高低完全取决于收入税支出占比的高低。在 2000—2005 年间，企业的收入税负相对保持稳定，此时企业可支配收入和初次分配收入的比值也稳定在 90% 左右，而 2006 年以后随着企业收入税负的增加，企业可支配收入相对于初次分配的比值下降。即相对于初次分配格局，企业在再分配格局中的份额有所下降。

考察一下 1999 年以前和 2000 年以后的相关数据，我们发现，如有 1992—1999 年数据的其他转移性支出，从而其他转移净支出确实存在问题，而应当类似 2000 年以后的情况时，企业部门再分配收入份额应非常接近于 2000 年以后企业可支配收入在总体分配格局中的数值。

表 2.13　企业部门再分配收入形成的结构分析（单位 %，当年初次分配收入为 100%）

年度	收入税支出	社会补助支出	其他转移净支出	可支配总收入
1992	21.7	1.2	9.6	67.5
1993	12.3	1.0	8.4	78.4
1994	7.5	1.0	9.6	81.9
1995	6.4	1.1	9.2	83.2
1996	6.8	0.7	11.3	81.2
1997	7.1	0.7	14.3	78.0
1998	6.4	0.7	9.5	83.4
1999	6.4	0.4	10.3	82.9
2000	7.6	0.2	0.8	91.4
2001	10.2	0.2	0.6	89.0
2002	9.1	0.2	0.3	90.5
2003	9.2	0.2	0.2	90.5
2004	9.2	0.1	0.0	90.7
2005	10.8	0.1	0.0	89.0
2006	11.9	0.1	0.0	88.0
2007	12.8	0.1	0.0	87.0
2008	13.3	0.1	0.3	86.3
2009	13.7	0.1	-0.1	86.2
2010	13.1	0.1	-0.3	87.0
2011	14.9	0.1	1.0	83.9

企业部门的初次分配和再分配过程是一个收入份额不断缩减的过程，其中最主要的缩减发生在初次分配阶段。企业部门在1992—1999年间，生产税负在多数年份保持相对稳定，仅在1995年和1996年有一个下降，但劳动者份额在这两年并没有显著的影响，当1998年和1999年企业生产税负有一个较为突然的上升，这两年劳动者报酬比重应声而落。在这期间收入税负在多数年份也保持稳定，在该阶段企业部门劳动者报酬的比重也未出现趋势性的上升或下降。2000年以后，生产税负依然保持相对稳定，只在2001—2003年有一个微弱的上升，但收入税负在2003年以后开始上升，两者的叠加造成了2000年以后企业总税负的不断上升，而与此同时，企业的劳动者报酬出现了趋势性的下降。从这种情况判断，企业对劳动者报酬支出的决策在相当程度上取决于企业总体税负的情况。当企业总体税负保持稳定的时候，企业劳动者报酬比重也会保持相对稳定，但当企业总体税负上升的时候，企业劳动者报酬比重会出现相应的下降。当企业总体税负下降的时候，劳动者报酬占比的回升速度变化却往往没有下降那么反应迅速。

表2.14 企业部门劳动者报酬支付和企业总体税负

年度	劳动者报酬占比	生产税负	收入税负	企业税负
1992	42.1	21.7	6.4	28.1
1993	38.4	22.0	3.9	25.9
1994	40.6	22.3	2.1	24.5
1995	41.4	19.5	1.9	21.5
1996	42.8	21.3	1.8	23.1
1997	43.1	22.5	1.9	24.4
1998	40.9	24.4	1.7	26.0
1999	40.1	24.1	1.9	25.9
2000	44.9	18.0	2.5	20.5
2001	43.0	17.7	3.5	21.2
2002	42.6	18.1	3.1	21.3
2003	41.9	18.9	3.3	22.2
2004	38.2	18.9	3.6	22.6
2005	38.1	18.9	4.2	23.1

续表

年度	劳动者报酬占比	生产税负	收入税负	企业税负
2006	37.0	18.9	4.7	23.6
2007	35.8	19.0	5.2	24.2
2008	35.6	18.4	5.6	24.0
2009	36.6	19.1	5.4	24.5
2010	35.8	20.3	5.1	25.4
2011	35.6	20.3	5.6	25.9

第三节　居民部门收入形成

（一）住户部门初次分配过程分析

住户部门的初次分配同样分为来源（收入）和使用（支出）两方面，住户部门初次分配的收入主要包括劳动者报酬和财产收入，其支出主要包括对住户部门的劳动者报酬支付、住户部门中生产性部门的生产税支付以及财产支出。住户部门初次分配阶段收入比该部门增加值有显著的增加，收入增加的主要来源是劳动者报酬。而劳动者报酬占比较低的问题正是宏观分配格局中一个非常重要的问题，因此本文将在这一部分中首先讨论劳动者报酬占比问题。

住户部门的劳动者报酬获得在1992—1999年间保持相对稳定，其占GDP比重大多在53%左右。而从住户部门劳动者报酬支出占全部劳动者报酬的比重来看，也比较稳定，基本上保持在39%左右，只是在1998年和1999年有一个小幅度的变动。在2000—2011年间，劳动者报酬占GDP比重只是在最初几年保持相对稳定，在2004年以后，劳动者报酬占比开始下降，在2008年达到最低点，劳动者报酬份额占比从53%下降至47%。而住户部门劳动者报酬占全部劳动者报酬的比重也保持了相对的稳定，这一阶段的劳动者报酬占总体的比重基本上保持在36%左右。住户部门劳动者报酬占总体劳动者报酬比重的稳定意味着住户部门从其他部门获得劳动者报酬在劳动者报酬中的比重也基本保持了稳定。

表 2.15 居民部门净劳动者报酬形成

年度	劳动者报酬	劳动者报酬支出	净劳动者报酬	住户部门劳动报酬占比	劳动者报酬占 GDP 比重
1992	14697	5737	8959	39.0	54.4
1993	18173	6948	11226	38.2	51.4
1994	25206	9850	15356	39.1	52.3
1995	32087	12236	19851	38.1	53.5
1996	37086	14275	22811	38.5	52.7
1997	41870	16250	25620	38.8	53.3
1998	44320	17851	26469	40.3	53.2
1999	47135	19243	27891	40.8	53.0
2000	52243	19137	33106	36.6	53.0
2001	57530	20701	36829	36.0	52.9
2002	64502	23023	41478	35.7	53.7
2003	71736	25726	46010	35.9	52.6
2004	80951	29647	51303	36.6	50.2
2005	93148	34220	58928	36.7	50.2
2006	106369	39154	67215	36.8	48.8
2007	127919	46609	81310	36.4	47.5
2008	150512	54723	95789	36.4	47.2
2009	166958	60187	106771	36.0	48.7
2010	190869	68531	122339	35.9	47.4
2011	222424	80385	142038	36.1	47.3

住户部门的财产性收入是另外一个被热烈讨论的理论问题，它涉及收入分配制度改革中提到的“千方百计扩大居民财产性收入”的提法。那么，我们先来看一看居民的财产性收入都包括什么。从表 2.16 可以看出，居民的财产性收入也要分成两个阶段来讨论。1992—1999 年居民财产性收入几乎全部来自利息收入，其原因可参见上一节企业部门的财产性收入讨论部分，但我们认为当时最主要的原因是资本市场刚刚起步，居民投资渠道太少所致。但在 2000 年即便是居民的利息收入都比 1999 年出现了一个将近 40% 的减幅。而我们知道作为居民财产收入主要来源的利息收入，除了利息调整以外，另一个可能就在于银行存款的

大幅度降低。但目前未见到这方面的报道。这里还需要做出说明的是，20 世纪 90 年代中期较高的利息收入是特定条件下导致的：因为受到严重通货膨胀预期的影响，在 20 世纪 90 年代中期，银行存款曾经出现过利息率非常高的保值储蓄。

2000—2011 年住户部门的财产收入结构有所变化，随着中国资本市场的逐步完善以及居民拥有更多的投资渠道，住户部门的财产性收入来源更趋多元化。住户部门的净红利收入在一定程度上反映了居民在资本市场投资的回报，住户部门的净红利收入在这期间获得了稳步的增长。而净其他财产收入中既包括了保险业的发展壮大，但更多地可能说明了一个黑色或者灰色金融市场的存在。特别是 2005 年以后，这个让人说不清道不明的住户部门的其他财产性收入获得了惊人的发展，其在净财产性收入中的重要性迅速超越了净红利收入而跃居次席。

表 2.16　净财产收入数额

年度	净财产收入	净利息收入	净红利收入	净土地租金	净其他收入
1992	1185	1181	2	0	2
1993	1788	1777	8	0	3
1994	2754	2727	25	0	2
1995	2954	2921	31	0	2
1996	3665	3601	36	0	28
1997	3352	3256	54	0	41
1998	3577	3497	59	0	20
1999	3021	2883	99	0	39
2000	1949	1774	127	-3	51
2001	1919	1657	219	-4	47
2002	2041	1669	341	-6	37
2003	2245	1955	249	-10	52
2004	2711	2221	403	-10	98
2005	3267	2579	441	-14	261
2006	5232	4157	474	-19	620
2007	7138	4591	812	-24	1760
2008	8130	6161	732	-24	1262
2009	7864	5599	793	-27	1499
2010	8271	5587	1065	-27	1645
2011	10524	7626	1111	-42	1829

但无论是1992—1999年间还是2000—2011年间，住户部门的财产收入主体一直都是利息收入，即便在2011年，住户部门的净利息收入还是占到了净财产收入的70%以上。所以，居民财产性收入严重依赖利息收入的局面没有根本性的改变。而由于银行居民存款利率的变化，居民的净利息收入增长速度甚至远低于GDP增长速度，从而住户部门的净财产收入也大多低于GDP增长速度。所以，到2009年为止，未看到居民财产性收入比重扩大的前景。2009年住户部门财产性收入出现了在2001年以来绝对数额的负增长，其主因就在于银行存款利率的大幅度降低，导致2009年利息收入比上一年度出现较大的负增长，从中可见即便在资本市场逐步完善、投资渠道相对多元的时代，银行利率对财产收入仍然具有非常大的影响力。

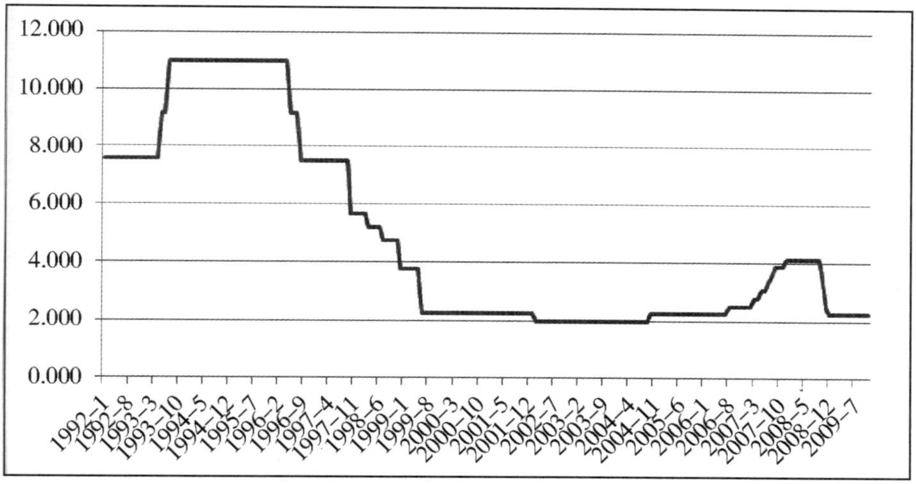

图2.1 1992—2009年银行居民存款基准利率变化表

根据资金流量表的相关数据，我们将住户部门净财产收入占住户部门初次分配收入的比重和占该部门的可支配收入比重计算出来（见表2.17）。如果1992—1999年资金流量表对住户部门财产收入和支出的统计没有特别严重问题的话，那么我们完全可以做出这样的结论：20世纪90年代住户部门的财产性收入占比高于2000年以后，这同样是因为较高的银行存款利率和较低的银行存款利率导致的。在2000年以后，只有2007年和2008年住户部门净财产收入占初次分配和可支配收入的比重较高，而这显然和2007—2008年较高的银行基准利率有关。

中国经济的另外一个谜团是关于居民消费率过低而储蓄率过高的问题。从表2.17中可以看到，在2000—2011年间，无论利率如何变化，居民储蓄率一路走高，而与此同时，居民净财产收入占比有时上升有时下降。这看起来是一个非常难解的问题，其实，仔细观察一下就可以发现，尽管居民财产收入主要来自净利息收入，但居民储蓄并不一定以如此高的比重投入在银行存款上。居民储蓄的相当一部分投入了资本市场，但中国资本市场的低红利回报率是著名的，所以居民在股市的投资，如果以红利收入计算，其回报率肯定低于银行利息。此外，随着中国住房改革的推进，一方面，居民为未来的房屋购置需求而不计成本地进行储蓄；另一方面，居民储蓄中相当一部分已经直接转化为购买房屋的支出。只是，根据国民经济核算的原则被记录为居民储蓄。即从包括投资和消费的内需角度讲，可能居民的银行储蓄率以及固定资产等方向的投资率未必如数据显示的那么高。

综上所述，中国居民的财产性收入的主要来源是利息收入，尽管中国居民储蓄率较高，每年新增居民总储蓄较多，但利率的变化在多数情况下的影响力超过居民储蓄上升的影响。受利率变化的影响，20 世纪 90 年代居民财产收入占居民收入比重高于 2000 年以后。

表 2.17　住户部门财产收入分析

年度	住户部门净财产收入（10 亿）	住户部门财产收入占初次分配收入之比（%）	住户部门财产收入占可支配收入比（%）	住户部门储蓄率（%）
1992	1185	6.7	6.4	29.5
1993	1788	8.1	7.8	28.1
1994	2754	8.8	8.5	32.4
1995	2954	7.6	7.3	29.6
1996	3665	8.2	7.6	29.4
1997	3352	6.5	6.2	31.4
1998	3577	6.5	6.3	31.2
1999	3021	5.3	5.1	29.8
2000	1949	4.7	4.6	31.1
2001	1919	4.1	4.1	31.2
2002	2041	3.9	3.9	31.5
2003	2245	3.7	3.7	33.9
2004	2711	3.9	3.8	33.8
2005	3267	4.0	4.0	35.4
2006	5232	5.5	5.5	37.2
2007	7138	6.2	6.2	39.2

续表

年度	住户部门净财产收入（10亿）	住户部门财产收入占初次分配收入之比（%）	住户部门财产收入占可支配收入比（%）	住户部门储蓄率（%）
2008	8130	4.4	6.3	39.9
2009	7864	3.8	5.5	40.4
2010	8271	5.4	5.3	42.1
2011	10524	6.6	6.6	40.9

现在让我们来看一下住户部门的初次分配收入的构成。在住户部门初次分配的各构成成分中，生产税净额占比一直以来都很低，其作用基本可以忽略不计。1992—1999年间住户部门净财产收入占比相对较高，此时增加值和从其他部门转入的净劳动者报酬比重也相对就低了一些。2000年以后住户部门净财产性收入和生产税支出的份额进一步降低到微不足道的地位，因而增加值和劳动者报酬占比较前一时期稍稍上升了一些。仅仅在2002—2007年间劳动者报酬占住户部门初次分配的比重出现过一个短暂的下滑趋势。但总体而言，从住户部门内部看不出劳动者报酬份额下降的趋势。唯一可虑的是住户部门初次分配收入占比在2000年以后的不断下降，即当我们局限在住户部门内部进行考察时，作为分母的住户部门初次分配收入相对缩小了，因而看不出劳动者报酬份额下降的趋势。但如果我们将它放置在占全部GDP比重的层面上，我们将可以看到这种下降的趋势。

表2.18　住户部门的初次分配构成　（单位:%）

年度	增加值	净劳动者报酬	生产税支出	住户部门净财产收入	初次分配总收入
1992	45.4	50.3	-2.4	6.7	100.0
1993	43.7	50.9	-2.7	8.1	100.0
1994	44.5	49.0	-2.3	8.8	100.0
1995	43.6	50.9	-2.1	7.6	100.0
1996	47.6	51.1	-2.4	8.2	100.0
1997	45.9	49.7	-2.1	6.5	100.0
1998	47.3	48.3	-2.1	6.5	100.0
1999	48.8	48.5	-2.5	5.2	100.0
2000	48.5	50.3	-1.8	3.0	100.0

续表

年度	增加值	净劳动者报酬	生产税支出	住户部门净财产收入	初次分配总收入
2001	47.0	51.7	-1.4	2.7	100.0
2002	44.7	54.0	-1.4	2.7	100.0
2003	46.0	53.2	-1.8	2.6	100.0
2004	45.8	52.6	-1.2	2.8	100.0
2005	45.9	52.4	-1.1	2.9	100.0
2006	45.8	51.3	-1.1	4.0	100.0
2007	46.1	51.2	-1.7	4.5	100.0
2008	45.1	51.7	-1.1	4.4	100.0
2009	44.8	51.7	-0.3	3.8	100.0
2010	46.4	50.6	-0.4	3.4	100.0
2011	46.8	50.0	-0.4	3.7	100.0

（二）住户部门再分配过程分析

住户部门的可支配收入，就是该部门的初次分配收入加上各种经常转移收入再减去各种经常转移支出得到的。和政府部门以及企业部门一样，住户部门通过经常转移过程实现再分配。

住户部门的经常转移收入主要包括这样几个部分：社会保险福利收入、社会补助收入和其他经常转移收入。从住户部门转移性收入的构成看，1992—1999年和2000—2011年的构成有明显的不同，1992—1999年，那个很难说清的其他经常转移收入占据了经常转移收入最主要的部分，为40%～50%，而社会保险福利收入和社会救助收入共占有其他的50%～60%。其中，社会保险福利收入占比在1997—1999年有一个明显的上升过程，这既和当时社会保障制度全面铺开有关，也和当时国企改制而付出的社会保险成本有关。1992—1999年间，社会救助收入比重大致保持稳定，其中1999年的社会补助收入看起来存在明显的统计错误。

2000年以后，仅仅从统计数据看，社会保险福利收入占据了住户部门转移收入的大头，占比在52%～61%之间。但其占转移性收入的比重在2000—2008年间却大致呈现逐年下降的趋势。2009年这一趋势得以扭转，在随后的两年中其占比迅速提高，这是民生地位凸显的一个重要标志。社会补助收入占比在2002年以后稳步提高，这是上一届政府强调民生建设举措的表现，是住户再分配过程中最大的一个亮点，也是国民经济主体格局分配中不多的偏向住户部门的变动，但在2009年以后，其占比迅速降低，这和社会福利收入的提高形成对比。调整后的其他转移收入比重比前一阶段明显低，而且在2000—2011年间，其占比也大致经历了一个先上升再下降的过程。

从数据和结构上判断，2000年以后的数据调整是以全国经济普查数据为基础进行的调整，数据相对可靠。因而1992—1999年间的其他经常转移收入似乎存在比较大的高估问题。

表2.19 住户部门经常转移收入构成 （单位：%）

年度	社会保险福利收入	社会补助收入	其他经常转移收入	经常转移收入
1992	24.4	34.1	41.5	100.0
1993	27.7	26.0	46.3	100.0
1994	31.1	23.6	45.3	100.0
1995	31.4	23.4	45.2	100.0
1996	31.6	20.1	48.2	100.0
1997	28.6	17.3	54.1	100.0
1998	33.6	20.8	45.7	100.0
1999	42.2	5.5	52.4	100.0
2000	60.4	24.8	14.8	100.0
2001	58.8	24.8	16.4	100.0
2002	60.0	20.1	19.8	100.0
2003	56.8	21.5	21.7	100.0
2004	53.4	23.3	23.3	100.0
2005	54.2	22.5	23.3	100.0
2006	54.4	23.6	22.0	100.0
2007	53.8	23.0	23.2	100.0
2008	52.5	27.3	20.2	100.0
2009	55.4	28.1	16.5	100.0
2010	59.9	22.7	17.4	100.0
2011	61.1	22.8	16.1	100.0

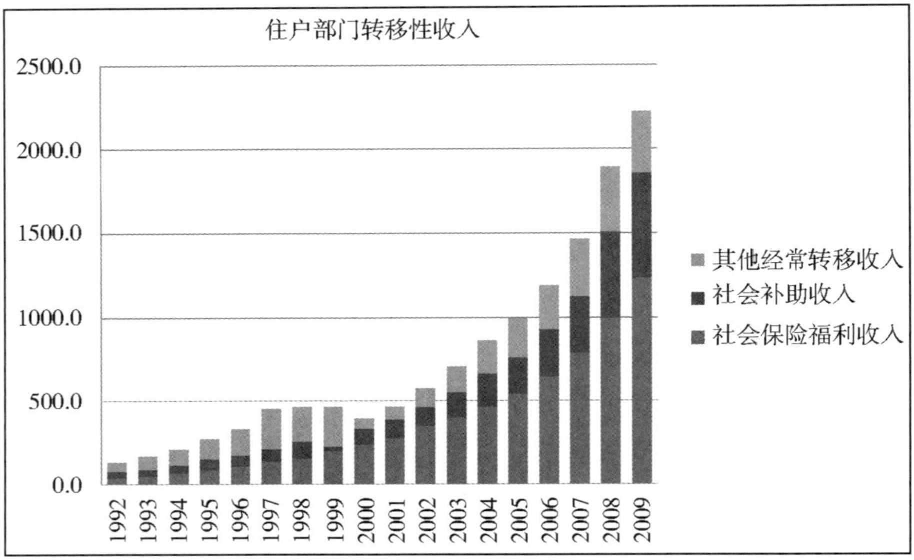

图 2.2　住户部门转移性收入

住户部门经常转移支出由社会保险缴款支出、收入税支出以及其他经常转移支出构成（见表 2.20）。1992—1999 年，与经常转移收入一样，其他经常转移支出同样存在高估的疑问，但因其绝对数额低于其他经常转移收入，所以相应地高估的程度也略少于其他经常转移收入[①]。社会保险缴款支出此时占据了经常转移支出的一个重要比重，因为当年个人所得税才开始征收不久，符合条件的纳税人数量还比较少，对个人所得税的税收监管也存在比较大的漏洞，因而个人所得税在开始阶段数量不大，但规模和占比都发展比较快。

2000 年以后，其他经常转移支出从数量到占比都缩小，与此同时，住户部门的收入税支出占该部门转移性收入的比重大致稳定在 20% 以上，但其占转移性收入的比重却出现了一个缓慢但持续降低的趋势。社会保险缴款支出存在一定幅度的波动，但其占转移性支出的比重基本稳定在 67% 左右。其他经常转移支出占比则出现了小幅上升的趋势，这可能一定程度上反映了中国保险业的发展和居民保险意识的逐步提高。

① 1999 年的其他经常转移支出是一个例外，从 2000 年以后的其他转移支出来看，1999 年的数额也都是比较低的，更不要说和 1992—1998 年间的数据进行比较。

表 2.20 住户部门经常转移支出构成

年度	收入税支出	社会保险缴款支出	其他经常转移支出	经常转移支出
1992	0.7	55.3	44.0	100.0
1993	2.9	53.3	43.9	100.0
1994	6.1	60.4	33.5	100.0
1995	9.0	66.1	24.9	100.0
1996	10.5	65.6	23.8	100.0
1997	11.4	63.8	24.8	100.0
1998	13.6	62.5	23.9	100.0
1999	16.3	80.9	2.8	100.0
2000	20.5	72.0	7.5	100.0
2001	24.5	67.6	7.9	100.0
2002	23.5	67.5	9.0	100.0
2003	22.5	68.5	9.0	100.0
2004	22.7	67.5	9.8	100.0
2005	21.9	65.9	12.2	100.0
2006	21.2	66.2	12.6	100.0
2007	21.4	64.4	14.2	100.0
2008	20.3	66.1	13.7	100.0
2009	18.4	67.2	14.4	100.0
2010	18.8	67.2	14.0	100.0
2011	19.0	68.5	12.5	100.0

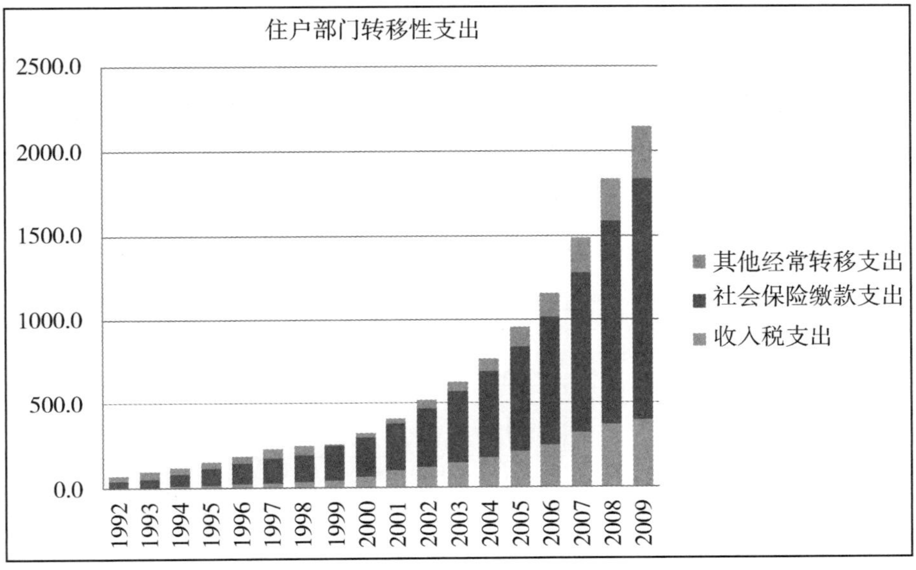

图 2.3 住户部门转移性支出

住户部门社会保险福利收入和社会保险缴款支出之间存在一定的收支平衡关系。无论是社会保险福利收入还是社会保险缴款支出，数列都基本保持了平稳，即便是数据调整前后的1999年和2000年对比也如此。

1992—2011年，在绝大多数年份中，住户部门的社会保险平衡均为负值。这意味着在社会保险问题上，住户部门缴得多但拿得少，从前面分析的政府部门社会保险平衡也能印证这一点。首先需要说明一点，按照中国资金流量表的编制方法，住户部门的社会缴款支出已包含社会保险制度中的个人缴纳部分和企业缴纳部分。在社会保险收支平衡中只有1998年、2000年和2001年住户部门的社会保险福利收入略超过其社会保险缴费支出，其他年份住户部门的社会保险缴纳均超过其对应的收入。但相对来说，20世纪90年代，住户部门社会保险福利收入占比有起有落，多数情况下占比超过90%，考虑到当时的社会保险覆盖率，社会保险盈余的绝对数量不算很大；但2000年以后，社会保险覆盖率迅速提高，社会保险缴款支出规模迅猛增加，但社会保险的管理部门对此却缺乏良好的应对手段，造成住户部门的社会保险福利收入占社会保险缴款支出的比重一降再降。到2008年，当年住户部门的社会福利收入已降低到当年社会保险缴款支出的81.8%。这是2000年以后住户部门再分配份额下降的一个重要原因。但在2009年以后，这种情况得到了较大的改善。

表2.21　住户部门社会保险福利收支平衡

年度	社会保险福利收入	社会保险缴款支出	社会保险平衡	社会保险福利收入占比（%）
1992	322	366	-44	88.0
1993	473	508	-35	93.0
1994	666	717	-51	92.9
1995	858	971	-112	88.4
1996	1055	1207	-152	87.4
1997	1312	1453	-142	90.3
1998	1575	1563	12	100.8
1999	1988	2052	-64	96.9
2000	2386	2322	64	102.8
2001	2748	2741	7	100.2
2002	3472	3484	-12	99.7

续表

年度	社会保险福利收入	社会保险缴款支出	社会保险平衡	社会保险福利收入占比（%）
2003	4016	4325	-309	92.9
2004	4627	5168	-540	89.5
2005	5401	6307	-906	85.6
2006	6477	7683	-1205	84.3
2007	7888	9593	-1706	82.2
2008	9925	12135	-2210	81.8
2009	12303	14421	-2118	85.3
2010	16207	17340	-1132	93.5
2011	20364	21801	-1437	93.4

为对住户部门的再分配过程给出一个全景的分析，我们以住户部门初次分配收入为100%制作了表2.22。其中最后两个总平衡项是这样的：总平衡1是社会保险平衡、其他转移平衡、社会补助收入和收入税支出（记为负数）之和。最终得到住户部门可支配收入比初次分配收入的增加情况。但仔细观察一下总平衡1就会发现，其数值在1999年以前和2000年以后存在较大的差异，而这种差异恰恰由存在问题的净其他转移平衡项所致。因此，总平衡2是考虑到其他转移平衡可能误导了20世纪90年代和2000年以后数据对比而做出的，在总平衡2中，我们得到的是除了其他转移平衡之外其他三项之和。这样就基本排除了其他转移收入平衡对再分配过程的扰乱，即方便计算社会保险、社会补助和收入税之间的平衡关系，也方便20世纪90年代和2000年以后数据的对比。

从住户部门可支配收入形成过程可以看到，再分配过程对住户部门分配格局的影响甚微。即便在考虑了住户部门其他转移的情况下，1992—1999年间，住户部门再分配的收入比较初次分配收入也只上升了4.5个百分点。而在2000年以后，住户部门再分配收入和初次分配收入基本持平，住户部门可支配收入在最高的年份也只比当年的初次分配收入高出1.1个百分点，在2007年甚至出现了住户部门在再分配过程中出现转移性支出超过转移性收入的极端情形。而如果只考虑净社会保险平衡、社会补助收入、收入税支出的情况下，则在所有的年份，再分配过程对住户部门在再分配格局中的份额影响都很小。即在当前的情况下，住户部门的再分配主体分配格局几乎完全由初次分配决定。

表 2.22 住户部门可支配收入形成（单位:%，以住户部门初次分配收入为 100%）

年度	净社会保险	社会补助	收入税	净其他转移	总平衡 1	总平衡 2
1992	-0.2	2.5	0.0	1.4	3.7	2.3
1993	-0.2	2.0	-0.1	1.7	3.4	1.7
1994	-0.2	1.6	-0.2	1.8	3.0	1.2
1995	-0.3	1.6	-0.3	2.2	3.2	1.0
1996	-0.3	1.5	-0.4	2.6	3.4	0.7
1997	-0.3	1.5	-0.5	3.7	4.5	0.8
1998	0.0	1.8	-0.6	2.8	4.0	1.2
1999	-0.1	0.4	-0.7	4.2	3.8	-0.4
2000	0.1	1.5	-1.0	0.5	1.1	0.6
2001	0.0	1.6	-1.4	0.6	0.9	0.2
2002	0.0	1.5	-1.6	0.9	0.8	-0.1
2003	-0.4	1.8	-1.6	1.1	0.9	-0.2
2004	-0.6	2.1	-1.8	1.3	1.0	-0.3
2005	-0.8	2.0	-1.9	1.0	0.3	-0.7
2006	-0.9	2.1	-1.9	0.9	0.2	-0.6
2007	-1.1	2.1	-2.0	0.8	-0.2	-1.0
2008	-1.2	2.8	-2.0	0.7	0.3	-0.4
2009	-1.0	3.0	-1.9	0.3	0.4	0.1
2010	-0.5	2.5	-2.0	0.5	0.5	0.1
2011	-0.5	2.7	-2.1	0.5	0.5	0.0

2002 年以来，政府开始非常重视民生，并对居民收入分配给予了足够的关注，尽管收入分配体制改革的推进仍不尽如人意，但对个人所得税征收监管的加强以及政府部门社会补助支出规模的不断加大，都对于遏制居民收入分配状况的进一步恶化起到了一定的作用。尽管对收入税征收以及社会救助对象选取等还存在一些争论，但总体而言，前者对于限制中高和高收入人群收入，后者对于提高低收入人群收入方面还是起到了一定的作用。

尽管如此，从总体分配格局的角度考察，民生支出的规模仍有待商榷。首先是民生支出与住户部门对民生的投入基本相等，这相当于只以住户部门的民生投入来解决住户部门的民生问题。虽说已经做到了“取之于民，用之于民”，但和政府部门在再分配主体分配格局中份额的不断上升相比，在如何扩大民生领域的政府投入方面还有太多的欠缺。

住户部门初次分配总收入和可支配总收入的基本相等关系意味着住户部门在主体分配格局中的份额早在初次分配阶段已经决定。所以，欲改变住户部门可支配收入占 GDP 比重较低的问题应该有两个方向可以着手：一个是在初次分配阶段增大劳动者报酬等流向住户部门的收入，或增加居民的财产收入；一个是在再分配阶段增加向住户部门的转移支付，即民生支出。

第三章　部门间资金流动分析

部门间资金流动分析着重从资金流动的视角对特定一些项目的资金使用来源进行分析，以从中寻找该项目的构成以及与各个分配主体之间的联系。

第一节　初次分配阶段资金流量分析

初次分配的资金流动主要由来自金融机构和非金融机构的企业部门的净资金流出、政府和住户部门的净资金流入构成。净流出记为负值，而净流入记为正值。另外，由于国外资金流入和国内资金流出也会造成国外部门资金流入和流出形成的一个平衡，其中资金向国外净流出为正，国外向国内的净流出为负。这样在将金融机构、非金融机构以及国外的数值相加，就得到了初次分配过程中国内的政府部门和住户部门可分配资金总量。以这个政府部门和住户部门净流入的国内初次分配资金总量作为100%（实际使用的是表格中的相反数），计算这些流入资金在政府和住户部门之间的分配，同时也可获得金融机构、非金融机构和国外部门对国内初次分配资金的贡献率（见表3.1）。

首先看资金的来源方。非金融机构提供了流出资金的绝大部分，金融机构贡献率始终低于10%，由于中国是国际上公认的FDI流入大国，因而国外部门在多数年份减少了国内初次分配资金总量，只有1992年、2007年和2008年例外。

再来看使用方：政府部门和住户部门。在1992—1999年的大多数年份中，住户部门的资金净流入占国内可分配资金总量的80%左右，政府部门占约20%。但在这期间，可分配资金流动还是出现了不利于住户部门的苗头。在住户占比的年度对比数据中（表3.1最后一行，为当年住户部门份额减去上一年份额），7年中有5年住户部门的份额出现了下跌。

由于2000年以后数据与前一阶段不可比，所以我们对这一阶段的分析单独进行。这一阶段住户部门的份额在85%～90%之间波动，相应地政府部门的份额在10%～15%之间。在这期间，可分配资金流动总体上仍然显现出不利于住户部门的态势。在住户占比的年度对比数据中，9年中有6年住户部门的份额出现了下跌，而且是在2002—2007年的连续下跌。在2008年和2009年两年的份额上涨之后，在2010—2011年住户部门的份额再次掉头而下。

表3.1 初次分配总体资金流动

年度	政府	住户	国内初次分配资金总量	非金融机构	金融机构	国外	住户份额变化
1992	12.8	87.2	-100.0	-94.0	-5.8	-0.1	
1993	17.2	82.8	-100.0	-95.1	-5.3	0.5	-4.4
1994	18.7	81.3	-100.0	-93.7	-6.7	0.4	-1.5
1995	16.4	83.6	-100.0	-97.5	-6.3	3.7	2.2
1996	20.3	79.7	-100.0	-96.6	-6.6	3.2	-3.9
1997	21.2	78.8	-100.0	-94.5	-8.1	2.6	-0.9
1998	21.6	78.4	-100.0	-95.2	-8.5	3.7	-0.3
1999	21.0	79.0	-100.0	-95.4	-7.8	3.2	0.6
2000	13.0	87.0	-100.0	-94.7	-8.5	3.1	
2001	10.8	89.2	-100.0	-97.0	-6.7	3.7	2.1
2002	10.9	89.1	-100.0	-97.2	-5.4	2.6	-0.1
2003	11.5	88.5	-100.0	-97.7	-3.9	1.6	-0.5
2004	12.3	87.7	-100.0	-96.9	-3.9	0.7	-0.9
2005	12.8	87.2	-100.0	-98.2	-3.7	1.9	-0.5
2006	13.9	86.1	-100.0	-97.0	-3.5	0.5	-1.1
2007	14.9	85.1	-100.0	-93.9	-5.5	-0.6	-1.0
2008	14.2	85.8	-100.0	-93.8	-4.5	-1.7	0.7
2009	12.6	87.4	-100.0	-95.2	-5.3	0.4	1.6
2010	15.5	84.5	100.0	-97.0	-4.2	1.1	-2.9
2011	17.3	82.7	100.0	-98.3	-4.2	2.5	-1.8

劳动者报酬的构成是由政府、企业、住户部门和国外部门为国内劳动者提供报酬，最终表现为住户部门的劳动者报酬。本分析以住户部门的劳动者报酬来源方作为100%，对劳动者报酬的各个来源分别计算出其所占比重（见表3.2）。

1992—1999年间，住户部门劳动者报酬占比相对稳定在38%～41%之间，在1995—1999年，这一占比出现了一个上升的趋势，这很可能是因为当时的国企改革造成非正规就业规模的扩大所致。这一时期政府部门的劳动者份额占比呈现出先下降再上升的变化，而企业部门则出现了先上升再下降的相反态势，但无论是政府部门还是企业部门，劳动者报酬占比在 1992 年和 1999 年相比变化都不大。

2000—2011 年间，住户部门劳动者报酬占比更加稳定，一直保持在 35% ~ 37% 之间。在这期间，政府部门的劳动者份额开始呈现不断上升的态势，从 2000 年的 12.3% 上升到 2009 年的 16.5%，之后其份额开始下降。而企业部门的劳动者份额却在不断地下降，从 2000 年的 51.1% 下降到 2009 年的 47.1%，而当政府部门份额下降的时候，企业部门的劳动者份额却上升了。政府部门份额在 2000—2009 年的上升幅度大致刚好相当于企业部门的下降幅度，而 2010 年和 2011 年政府部门劳动者份额的下降幅度大致相当于企业部门的上升幅度。应当说，2000 年以后劳动者报酬占比下降主要是企业部门，特别是其中非金融机构的劳动者报酬占比下降所致。

表 3.2　劳动者报酬的构成　（单位:%）

年度	政府	企业	非金融机构	金融机构	住户	国外	合计
1992	15.7	45.3	42.5	2.7	39.0	0.0	100
1993	14.9	46.8	44.1	2.7	38.2	0.0	100
1994	12.6	48.3	45.4	2.9	39.1	0.0	100
1995	11.6	50.3	46.6	3.6	38.1	0.0	100
1996	9.8	51.7	48.3	3.4	38.5	0.0	100
1997	10.2	50.9	47.0	3.9	38.8	0.0	100
1998	12.1	47.7	44.1	3.5	40.3	0.0	100
1999	13.0	46.1	42.6	3.5	40.8	0.0	100
2000	12.3	51.1	47.9	3.1	36.6	0.0	100
2001	14.0	50.0	46.9	3.1	35.9	0.0	100
2002	15.0	49.2	46.1	3.2	35.7	0.1	100
2003	15.2	48.8	46.1	2.8	35.8	0.1	100
2004	15.8	47.5	44.9	2.6	36.6	0.2	100
2005	15.5	47.5	45.0	2.5	36.7	0.3	100
2006	15.6	47.3	45.1	2.2	36.7	0.3	100
2007	16.1	47.1	44.6	2.5	36.4	0.4	100

续表

年度	政府	企业	非金融机构	金融机构	住户	国外	合计
2008	15.9	47.4	44.5	2.9	36.3	0.4	100
2009	16.5	47.1	44.2	3.0	36.0	0.4	100
2010	16.1	47.5	44.0	3.5	35.9	0.5	100
2011	15.5	47.9	44.3	3.6	36.1	0.5	100

生产税的跨部门资金流动是各分配主体分别缴纳生产税，最终表现为政府部门获得的生产税总额。同样，本研究以资金流量表中政府收入税来源作为100%来分析各分配主体的收入税缴纳情况。不出所料地，企业部门生产税占比处于绝对地位，1992—1999年间，企业部门占比大致在88%～91%之间，2000—2011年间，大部分情况下，企业生产税占比在89%～94%之间，且企业生产税在这一阶段的占比总体呈不断上升趋势，即生产税越发集中在企业部门这一单一来源，自2009年开始，企业生产税占比有了一个大的跳跃，这主要是因为2009年开始进行了一轮税制改革，改革的重点就是企业的营业税，从而导致企业部门的生产税占比有了显著的提升。政府部门的生产税缴纳在1992—1999年间稳定在1%左右，而在2000—2008年间，保持在1%～2%之间，但在此期间该占比出现了先上升再下降的变化，到税制改革的2009年开始，政府部门生产税支出降低到0.5%。住户部门在1992—1999年间占比在8%～11%之间，但呈现不规则变化；2000—2008年间，在前4年该占比大致在7%～10%之间，而在此之后的几年间，基本上保持在5%～6%之间，到2009年以后更迅速下降到1%～2%，总体上看，住户部门的占比呈现一定的下降趋势。

表3.3 生产税的跨部门资金流动

年度	政府	企业	非金融机构	金融机构	住户	合计
1992	1.3	87.9	80.4	7.5	10.8	100
1993	1.1	88.2	83.0	5.2	10.7	100
1994	0.9	89.5	80.4	9.1	9.6	100
1995	0.9	89.7	85.4	4.3	9.4	100
1996	0.8	89.1	81.8	7.3	10.1	100
1997	0.7	90.3	80.7	9.7	8.9	100
1998	0.7	90.9	77.7	13.2	8.4	100
1999	0.7	89.5	79.9	9.5	9.8	100

续表

年度	政府	企业	非金融机构	金融机构	住户	合计
2000	0.9	89.4	71.7	17.7	9.7	100
2001	0.9	91.4	78.9	12.4	7.7	100
2002	1.0	91.7	84.9	6.8	7.3	100
2003	1.0	90.2	85.9	4.3	8.8	100
2004	1.7	92.5	89.0	3.5	5.8	100
2005	1.8	92.8	90.0	2.8	5.4	100
2006	1.8	93.1	90.4	2.7	5.1	100
2007	1.7	90.5	86.4	4.1	7.9	100
2008	1.3	93.5	89.1	4.4	5.2	100
2009	0.5	98.1	92.5	5.5	1.4	100
2010	0.5	97.6	92.9	4.7	1.9	100
2011	0.5	97.6	92.9	4.7	2.0	100

下面进入初次分配过程中的第三个主要收入项目——财产收入的资金流动分析。该分析将首先从分项的分析开始，最后达成对财产收入和支出总体资金流动的分析。

首先是利息收入和支出的平衡。利用资金流量表的复式记账法特性，我们将金融机构贷款获得的利息收入和为金融机构存款支付的利息支出分别列在两个表格中进行分析。首先是金融机构和国外部门的贷款利息收入平衡表，该表以金融机构和国外部门的利息收入总和作为100%。国外部门的利息收入只有在接待给国内相关部门的时候才列入统计，因此它和金融机构利息收入的总和应大于等于政府部门利息支出+非金融机构利息支出+住户部门利息支出，超过部分即为他们与金融机构之间借贷产生的利息收入。根据这样的平衡关系，我们重新估算了历年金融机构内部交易产生的利息收入数额（表3.4中金融机构的利息支出，在表3.5中列在金融机构的利息收入项下①），从而在资金流量表金融机构的利息支出中切分出金融机构部门内部借贷产生的利息支出，进而可以估算出金融机构

① 按照这样的方法进行估计从理论上讲应该没有问题，但列入的项目可能有问题。因当时住户部门的贷款基本未纳入统计，再考虑到1999年和2000年对比数据的连续性，所以该数额中的相当一部分应当是住户部门向金融机构借款的利息支出。另外一种可能性也存在，即统计机构将国外部门的利息收入和支出与红利的收入与支出搞混了，那样的话，本部分关于1992—1999年间的结论就不很妥当了。

向其他部门借贷产生的利息支出。唯一的遗憾是通过这种估算我们发现，1997年资金流量表中的利息收入一栏存在明显的错误①。利息收入平衡表存在的另外一个问题是2000年以后国外部门与国内各部门之间的利息收入和支出未列入统计，而在1992—1999年资金流量表中国外部门的利息收入大约占全部利息收入的10%。

金融机构和国外部门的利息收入来自国内的各个部门，1992—1999年的数据中，金融部门的利息收入大部分来自非金融机构，大致占比为80%，政府部门的利息支出占比呈上升趋势，金融机构内部和住户部门的利息支出数据结构可能有问题，暂不讨论。2000—2009年非金融机构的利息支出占比大多在60%～68%之间，政府部门和住户部门利息支出大致持平，在15%～20%范围内波动且没有趋势性的变化。但在2010和2011年，非金融机构的利息支出占比突然下降到53%～56%的水平，相应地，主要变化发生在金融机构的利息支出。在2000—2011年间，金融机构之间的借贷产生的利息支出占比越来越高，特别是2010年和2011年，该项支出占比明显地超过了10%，也反映了金融机构间借贷规模的扩大。另外，2011年，政府部门利息支出占比略有下降，但居民部门利息支出占比却突然地提高了。

表3.4 利息收入平衡结构表（单位:%）

	利息收入		利息支出			
年度	金融机构	国外	政府	非金融机构	金融机构	住户
1992	89.0	11.0	-7.5	-75.9	-16.3	-0.2
1993	91.5	8.5	-8.1	-82.1	-9.5	-0.3
1994	90.3	9.7	-8.1	-78.9	-12.7	-0.4
1995	89.5	10.5	-9.6	-80.0	-10.1	-0.3
1996	90.0	10.0	-9.8	-79.5	-10.3	-0.4
1997	100.0	0.0	-11.6	-97.9	10.0 [1]	-0.5
1998	93.6	6.4	-10.0	-81.1	-8.5	-0.4
1999	88.0	12.0	-10.6	-66.5	-22.5	-0.4
2000	100.0	0.0	-15.1	-65.0	0.0	-19.9

① 1997年资金流量表中利息收入一栏明显有误，而且与前后年份比较，当年国外部门的利息收入和支出均未统计。

续表

	利息收入		利息支出			
2001	100.0	0.0	-17.3	-63.7	-0.2	-18.8
2002	100.0	0.0	-15.7	-65.2	-1.8	-17.2
2003	100.0	0.0	-19.4	-64.7	-0.9	-15.0
2004	100.0	0.0	-15.1	-68.0	-2.5	-14.5
2005	100.0	0.0	-15.2	-66.5	-4.3	-14.0
2006	100.0	0.0	-13.6	-67.3	-4.6	-14.5
2007	100.0	0.0	-14.4	-64.7	-4.8	-16.1
2008	99.7	0.3	-15.2	-63.0	-6.3	-15.5
2009	100.0	0.0	-16.8	-60.6	-7.3	-15.3
2010	98.7	1.3	-15.6	-53.3	-15.2	-15.9
2011	99.3	0.7	-14.3	-55.5	-10.9	-19.3

银行及国外部门的利息支出结构平衡表还要依赖上一表格中的相关结论。这里的平衡关系在于：金融机构和国外部门的利息支出应小于等于政府利息收入+非金融机构利息收入+住户部门利息收入+金融机构内部借贷产生的利息收入。在1992—1999年间，仍有国外部门的利息支出的统计，但2000年以后不再有国外部门利息支出的信息，估计是金融体制改革的结果，或者是这一部分也被纳入金融机构的统计之中了。

从各分配主体存款的利息收入来看，住户部门占比在1992—1998年间呈先上升再下降的趋势，从占比约45%迅速提高到50.7%，之后又很快地回落到1999年的45.8%①。在1992—1999年间政府存款利息收入只占很小一部分，基本上占比在3%左右。而包括金融机构存款利息收入在内的企业部门存款利息收入占比和住户部门大致呈相反方向变动。

在2000—2011年，政府部门的存款收入占比呈现出先上升再下降的趋势，企业部门的存款收入占比则呈现一路上升的趋势，而且在2007—2011年间政府部门存款占比下降的时候，企业存款利息收入占比却出现了迅猛的增长，导致住户部门存款利息收入占比在此期间一路下滑，从2000年的57.2%下降至2010年

① 1999年利息收入数据中，金融机构内部借贷估算数据疑有误，初步判断是该年度非金融机构向金融机构支付的利息支出中有误记现象。规模大约相当于总利息收入的10%～15%，特此说明。

的32.2%①。考虑到利息收入在住户部门财产收入中的重要地位，由此而导致住户部门财产性收入占比下降几乎是必然的现实。在经历了几年存款利息收入占比徘徊不前之后，非金融机构显然有了更多的银行储蓄，其利息收入占比在2007—2009年间有了一个较为突然的增加，而在2010年和2011年起利息收入占比得到了进一步大幅度的提升，这可能和在此期间非金融机构盈利上升有关。金融机构内部存款利息收入的占比从2000年开始几乎就在一路上涨，原因见银行贷款利息收入部分。

表3.5 利息支出平衡 （单位:%）

	利息收入				利息支出	
年度	政府	非金融机构	金融机构	住户	金融机构	国外
1992	3.0	35.5	16.5	45.0	88.3	11.7
1993	3.4	37.7	9.7	49.3	93.0	7.0
1994	3.4	34.7	12.8	49.2	91.2	8.8
1995	2.9	33.8	10.1	53.2	92.1	7.9
1996	2.6	32.8	10.4	54.2	90.9	9.1
1997	3.0	40.9	-10.1 [1]	66.2	100.0	0.0
1998	3.6	36.9	8.8	50.7	93.6	6.4
1999	2.7	28.2	23.3 [2]	45.8	89.4	10.6
2000	7.4	35.4	0.0	57.2	99.9	0.0
2001	7.9	36.2	0.2	55.7	100.0	0.0
2002	8.6	35.8	2.0	53.6	100.0	0.0
2003	10.4	35.4	1.0	53.2	100.0	0.0
2004	11.4	35.2	2.7	50.7	100.0	0.0
2005	12.2	33.7	4.7	49.4	100.0	0.0
2006	11.8	34.0	4.9	49.3	100.0	0.0
2007	10.6	37.6	5.1	46.7	100.0	0.0
2008	8.8	38.7	6.9	45.6	99.3	0.7

① 2011年略有回升，但仍明显低于2009年及以前的占比。

续表

	利息收入				利息支出	
2009	8.4	39.2	8.1	44.4	100.0	0.0
2010	6.9	46.7	14.1	32.2	78.7	21.3
2011	9.3	44.2	10.6	35.9	85.7	14.3

红利收支是财产收支资金流动中比较复杂的一项，我们按照红利支出将红利流动分为两个表格进行：来自国内企业的红利分配，它分配给国内各分配主体以及国外部门。而国外部门的红利分配则全部归于国内的非金融企业。首先来看国际红利的分配，无论是1992—1999年的国际红利分配还是2000—2001年间以及2008—2009年间，国外部门红利的支出额都刚好等于国内非金融机构的红利收入。但2002—2007年国内非金融机构的红利收入远远超过国外部门的红利支出。如果我们认为国内非金融机构的收入是准确的，按照此前和此后的资金流量表编制原则，则此时国外部门的红利支出应相应提高。而如果国外部门的红利支出数据是准确的，则国内非金融部门的红利收入应降低，这时国内非金融机构红利的超收部分应划归其他部门。所以，我们暂时将这些不平衡的部分称为不确定红利，这个问题是一个企业红利收入之谜。

当我们转移一下目光到国内红利分配（表3.7）时，会发现这些非金融机构的超收红利有一部分应划归国内部门，但相当部分应划归国外部门的红利支出，很可能是前面我们两种假设的结合。首先看国内部分，2002—2007年各部门的红利收入除住户部门感觉相对正常以外，余下的金融机构和政府部门数据均不正常，政府部门红利收入在2000年和2002年分别是263亿元和619亿元，但2001—2005年间均低于200亿元。尽管2002—2007年政府部门红利收入自身是连续的，但2006—2007年政府部门红利收入300亿元左右的规模与2008年和2009年度1599亿元和2065亿元的规模显然无法衔接。金融机构的红利收入也同样在2002—2007年出现问题，这几年金融机构的红利收入居然都是零。国外部门的红利收入也有问题，特别是2002—2004年这一段，连续3年国外部门红利收入低于2000年和2001年。

在国内红利收支平衡表中可以看到，除中国开放前期的20世纪90年代初期以外，随着FDI的大量涌入，国外部门获得的国内部门红利收入占比一直占国内红利支出的60%以上，即便在2000年，其占比仍超过了90%。但2000年以后，尽管绝对数量还在上升，但国外部门红利收入占比总体呈下降趋势。而在2000年以后，国内企业在国外获得的红利收入获得了快速增长，两项之间的缺口占比也大体出现了收敛趋势。在经济发展的一定阶段，国外部门大量地参与了国内红利分配，而随着经济发展的进程，国内部门开始从国外企业中获得越来越高的红利收入，你中有我，我中有你，这就是国际化，这就是对外开放。

表 3.6 国际红利收支平衡 （单位：10 亿元）

	收入	支出	
年度	非金融机构	国外	其他国内红利
1992	0	0	0
1993	0	0	0
1994	0	0	0
1995	0	0	0
1996	1	1	0
1997	249	249	0
1998	7	7	0
1999	1	1	0
2000	1022	1022	0
2001	753	753	0
2002	1277	635	642
2003	1683	1226	457
2004	2249	1535	714
2005	3657	2944	713
2006	4787	4005	781
2007	6778	5828	950
2008	6983	6983	0
2009	6766	6766	0
2010	1398	1398	0
2011	1542	1542	0

表 3.7　国内红利收支平衡

	收入					支出	
年度	政府	不确定红利	金融机构	住户	国外	非金融机构	金融机构
1992	0	0	1	2	1	4	0
1993	0	0	2	8	13	23	0
1994	0	0	6	25	34	65	0
1995	0	0	8	31	831	870	0
1996	0	0	9	36	971	1016	0
1997	0	0	14	54	1386	1454	0
1998	0	0	15	59	1360	1434	0
1999	0	0	79	99	1055	1233	0
2000	21	0	32	127	2197	2376	0
2001	263	0	55	219	2294	2831	0
2002	619	642	0	341	1849	3450	0
2003	78	457	0	249	2085	2869	0
2004	100	714	0	403	2012	3198	30
2005	192	713	0	441	4388	5710	24
2006	330	781	0	474	4574	6135	24
2007	271	950	0	812	5546	7347	233
2008	1599	0	396	732	5522	7510	738
2009	2065	0	405	793	7837	10115	985
2010	1466		546	1065	10904	12800	1181
2011	2391		620	1111	13473	16450	1146

土地租金收入主要来自土地出让金的折算，其资金流动是由非金融机构和住户部门缴纳，而由政府获得。2000 年以前缺乏对土地租金收入的统计和估算，所以目前只出现在 2000 年以后的资金流量表中。土地租金收入有两个特点：一是政府部门获得的土地租金收入中绝大多数来自非金融企业，占比超过 95%；二是随着住房体制改革和房地产市场的兴旺，土地租金收入快速增长。

表 3.8 土地租金收入

	收入	支出	
年度	政府	非金融机构	住户
2000	84	81	3
2001	93	89	4
2002	111	105	6
2003	126	116	10
2004	175	165	10
2005	306	292	14
2006	580	560	19
2007	966	941	24
2008	1337	1313	24
2009	1734	1707	27
2010	2429	2402	27
2011	3076	3033	42

表 3.9 其他净财产收支平衡

	收入			支出			
年度	政府	非金融机构	住户	政府	非金融机构	金融机构	住户
1992	0	1	2	0	0	4	0
1993	0	2	3	0	0	5	0
1994	0	2	2	0	0	4	0
1995	0	3	2	0	0	5	0
1996	0	6	28	0	0	34	0
1997	0	9	41	0	0	50	0
1998	0	10	20	0	0	30	0
1999	0	10	39	0	0	49	0
2000	26	16	69	47	8	38	18
2001	19	24	66	40	0	50	19
2002	39	20	58	35	18	42	20
2003	81	32	80	0	52	67	28

续表

	收入			支出			
2004	53	4	135	59	17	80	37
2005	74	12	307	77	28	242	46
2006	464	27	690	102	395	614	70
2007	548	80	1760	165	548	1675	0
2008	717	80	1262	267	717	1074	0
2009	748	56	1499	317	748	1237	0
2010	1044	59	1645	378	1044	1326	0
2011	1321	62	1829	633	1321	1258	0

在分析完财产收入各个分项的资金流动以后，我们可以来看一下财产收入的跨部门资金流动情况。住户部门的财产收入有三个大的来源：利息收入、红利收入和其他财产收入，一个大的支出：利息支出，以及两个小的支出项：土地租金支出和其他财产支出。所以总体平衡下来，财产收入向住户部门的流动是至今为止还没有改变的。企业部门是财产分配中最大的资金输出者，它有着收不抵支的利息收入项、红利收入项和其他财产收入项，以及只支不收的土地租金支出项。金融机构的情况比较复杂，它有两个有收有支的项目：利息收支和红利收支，一个只支不收的项目：其他财产支出。在 20 世纪 90 年代，利息收支和红利收支基本保持平衡，其他财产支出微不足道，所以金融机构财产收支大体保持平衡。1998 年以后，特别是 2000 年以后，随着存款利息的下降和存贷利差的扩大，金融机构的利息收入明显超过支出，即便在新世纪头十年中期以后红利支出明显大于收入，和其他财产支出显著增加的情况下，一个规模较大的净利息收入还是保证了金融机构在绝大多数年份保持正值。政府部门的财产收入情况也经历了一个很大的变化。政府的利息收入项一向是收不抵支的，而其他财产收入一般是收大于支，但规模一直不算很大。所以在利息占绝对主导地位的 90 年代，政府财产收入一直是净流出，但进入新世纪以后，特别是 2005—2006 年以后，随着政府部门红利收入的迅速提高、土地租金收入的迅速提高，使政府部门有了两个堪与利息收入相提并论的财产收入项，政府部门自此成为财产收入净流入的部门。

对于国外部门需要做一点补充，国外部门在多数情况下财产分配中是资金净流入，但在 2007 年和 2008 年都出现了一定规模的资金净流出，或者说是国外资金向国内的净流入。考虑到 2007 年和 2008 年中国银行存款利率的上升以及人民币升值预期，基本可以断定，那些大笔国外资金的异常涌入是基于套汇和套利的目的，并非趋势性的流入。

表 3.10 财产收入跨部门资金流动

年度	政府	企业	非金融机构	金融机构	住户	国外
1992	-122	-1050	-1092	43	1185	-14
1993	-173	-1690	-1668	-21	1788	74
1994	-265	-2578	-2572	-5	2754	89
1995	-373	-3564	-3447	-118	2954	983
1996	-484	-4215	-4153	-62	3665	1034
1997	-430	-3848	-3827	-22	3352	926
1998	-471	-4474	-4718	244	3577	1369
1999	-527	-3661	-3802	141	3021	1167
2000	-375	-2749	-3224	476	1949	1175
2001	-208	-3252	-3810	558	1919	1541
2002	312	-3568	-4021	453	2041	1214
2003	-399	-2706	-3414	708	2245	859
2004	-58	-3130	-3639	509	2711	477
2005	164	-4876	-5304	428	3267	1444
2006	939	-6739	-6994	255	5232	569
2007	893	-7750	-6846	-904	7138	-282
2008	1692	-8281	-8975	693	8130	-1540
2009	2122	-11057	-11461	404	7864	1072
2010	2140	-12989	-15716	2727	8271	2578
2011	4134	-20165	-23534	3369	10524	5507

第二节 再分配流程中的资金流量分析

再分配过程中涉及的资金流动主要有这样几项：收入税、社会缴款、社会福利保险、社会补助和其他转移性收入。

首先看收入税。收入税由政府向国内部门征收，其主要来自其他国内的几个分配主体。政府部门的收入税，即便在征收的时候也只占很小的比例，忽略。但住户部门的收入税在收入税种中比重的变化同时反映了居民收入和收入税征收两方面的变化。我国是20世纪80年代末期才开始向个人征收收入调节税，即个人所得税。开始征收的时候，税基小，监管不够，所以在90年代初期，住户部门收入税规模非常小。但随着中国经济的发展和就业工资收入的不断提高，在另一方面则是个人所得税征税标准的未调整和监管力度的不断加大，个人收入税占收入税的比重迅速提高，到2000年左右达到整个收入税征收的30%左右，迅速成为收入税的重要来源。从2006年开始，由于劳动者报酬份额占比的迅速下降，住户部门的收入税占比出现了一定程度的下滑。

非金融机构的收入税占比长期保持稳定，基本上在60%到2/3之间。在2006年以后，主要受税制调整的影响，非金融机构的收入税占比也出现了一定程度的下降。金融机构收入税支出在20世纪90年代初期还是收入税一个非常重要的来源，但其占比自90年代中期开始不断降低，在2005年以后其占比又快速回升。这可能很大程度上与税收制度改革相关。

表3.11　收入税形成　（单位:%）

年度	政府	非金融机构	金融机构	住户
1992	2.4	64.3	32.8	0.4
1993	2.2	57.8	37	3
1994	0	59.3	30.5	10.2
1995	0	55.1	30.1	14.9
1996	0	66.3	14.5	19.2
1997	0	67.4	10.8	21.8
1998	0	62.5	9.2	28.3
1999	0	66	4.9	29.1
2000	0	63.5	5.3	31.1
2001	0	64.7	5.7	29.6
2002	0	61.7	4.1	34.2
2003	0	62.1	4.1	33.8
2004	0	64.6	3.3	32.1
2005	0	61.1	8.7	30.1
2006	0	58.4	13.8	27.8

续表

年度	政府	非金融机构	金融机构	住户
2007	0	57.7	15.6	26.6
2008	0	58.5	16.5	25
2009	0	53.9	20.6	25.5
2010	0	57.7	15.0	27.4
2011	0	58.6	14.9	26.5

社会保险的收支平衡要把下面两个表放在一起讨论。社会保险缴款基本上是住户部门缴纳，政府部门收取。2000年以后，政府部门缴纳的社会保险也纳入统计，但政府部门因不缴纳社会保险最大的养老保险等部分，所以缴纳额占比不算很高，总体在10%～14%之间。社会福利保险收入的资金流动情况则是政府支出而住户部门收入，社会保险缴纳和社会福利收支在目前的资金流量表中只涉及政府和住户两个部门。但总体而言，通过社会保险缴纳收支和社会保险福利收支，政府获得的是资金净流入，而住户部门却是资金净流出。具体分析详见政府和住户部门相应部分。

表3.12　社会保险缴款资金流动

	收入	支出	
年度	政府	政府	住户
1992	366	0	366
1993	508	0	508
1994	717	0	717
1995	971	0	971
1996	1207	0	1207
1997	1453	0	1453
1998	1563	0	1563
1999	2052	0	2052
2000	2645	323	2322
2001	3102	361	2741
2002	4049	565	3484
2003	4883	558	4325
2004	5780	613	5168

续表

	收入	支出	
2005	6975	668	6307
2006	8643	960	7683
2007	10812	1219	9593
2008	13696	1561	12135
2009	16116	1695	14421
2010	20585	3245	17340
2011	27218	5416	21801

表 3.13 社会保险福利收支

	收入	支出
年度	住户	政府
1992	322	322
1993	473	473
1994	666	666
1995	858	858
1996	1055	1055
1997	1312	1312
1998	1575	1575
1999	1988	1988
2000	2386	2386
2001	2748	2748
2002	3472	3472
2003	4016	4016
2004	4627	4627
2005	5401	5401
2006	6477	6477
2007	7888	7888
2008	9925	9925
2009	12303	12303
2010	16207	16207
2011	20364	20364

社会补助收入是从政府部门和企业部门向住户部门的转移，这一转移过程中，住户部门获得收入。这个资金流动过程比较简单，无须做更多的解释。只是社会补助的来源构成发生了变化，企业部门社会补助支出占比基本上呈不断下降的过程。20 世纪 90 年代，企业部门社会补助支出占全部社会补助收入之比基本上超过 10%，偶尔会达到 20%。2000 年以后，随着政府对民生工作的重视，由政府主导的社会救助体系建设进入实质性阶段，覆盖面也逐步扩大到城乡全覆盖。因而政府部门在社会补助支出中开始占据绝对地位（见表 3. 14）。从社会救助收入流动也可以看出中国的社会保障从一定比例的单位保障转向真正意义上的社会保障。

表 3. 14　社会补助收入流动

年度	政府	企业
1992	87. 6	12. 2
1993	84. 8	15
1994	82. 7	16. 7
1995	79. 5	19. 8
1996	88. 2	11. 7
1997	89	10. 9
1998	90. 7	9. 2
1999	76. 5	23. 1
2000	96. 8	3. 2
2001	96. 9	3. 1
2002	96. 5	3. 5
2003	96. 9	3. 1
2004	97. 3	2. 7
2005	97. 2	2. 8
2006	97. 4	2. 6
2007	97. 2	2. 8
2008	98. 2	1. 8
2009	98. 2	1. 8
2010	98. 0	2. 0
2011	98. 1	1. 9

其他转移性收入的资金流动，因1992—1999年数据存在一定的疑问，暂不做讨论。2000年以后，企业部门中的非金融机构有一个规模不大的净转移支出，而金融机构有一个规模也不算大的净转移收入，两者共同作用的结果是整个企业部门的其他转移收入大致保持了平衡。住户部门在所有的年份中、政府部门在绝大多数年份中①都是资金净流入，它们的收入来源主要是国外部门的资金净流出，在政府层面这是国际组织经常往来和非常住人口对政府的捐赠和援助等；在个人层面则是非常住人口对国内常住人口的侨汇收入。

表3.15　其他转移收入资金流动分析

年度	政府	企业	非金融机构	金融机构	住户	国外
1992	255	-448	-448	0	256	-64
1993	290	-593	-593	0	371	-68
1994	363	-819	-819	0	571	-115
1995	325	-1076	-1076	0	871	-120
1996	346	-1338	-1338	0	1170	-178
1997	401	-1882	-1888	6	1913	-426
1998	91	-1282	-1282	0	1546	-354
1999	-372	-1619	-1619	0	2400	-409
2000	344	-164	0	-164	343	-522
2001	395	-137	-80	-57	445	-703
2002	475	-81	-124	44	681	-1075
2003	527	-46	-138	92	963	-1444
2004	622	-3	-187	184	1276	-1895
2005	824	-21	-235	214	1152	-1955
2006	1067	7	-287	294	1163	-2237
2007	1524	17	-315	332	1280	-2821
2008	1949	-258	-346	88	1306	-2997
2009	1529	53	-641	694	580	-2163
2010	1388	277	-997	1274	1089	-2754
2011	1319	-1129	-2352	1223	1392	-1583

① 1999年除外。

受其他转移收入影响，1992—1999 年间的资金流动存在一定问题，故而本文将只分析 2000—2011 年间的再分配过程中的资金流动情况。因为政府部门的再分配在所有的年份都是资金净流入，住户部门在绝大多数年份是资金净流入，而企业部门和国外部门在所有年份都是资金净流出，所以我们以企业部门和国外部门总和作为再分配净流动资金总量进行考察。

2000—2011 年间，从国内可分配资金总量的来源来看，企业部门占比还是大多数，但国外部门向国内部门的净转移也占据了一个较为重要的地位。国外部门向国内的净转移占比先上升再下降，截至 2011 年底，其占比已下降至企业和国外部门全部资金净流出的 15%。

而从国内可分配资金总量的使用情况看，在 2000 年以后的历年中，再分配过程中的资金流动明显地向政府部门倾斜。2000 年，再分配过程中来自企业部门的国外部门的资金中，大约 2/3 流向政府部门，约 1/3 流向住户部门；2001—2004 年间，流向住户部门的份额进一步减小到略低于 20%。但从 2005 年开始，流向住户部门的份额突然间出现了一个更大的下降幅度，直接跌到了全部流入资金的 3% ~6%。通过再分配的过程分析，我们进一步了解政府部门在再分配过程中是如何大幅度提高自己在主体分配格局中的份额的。

表 3.16 再分配过程中的资金流动

（单位:%）

年度	政府	住户	国内资金分配总量	企业	国外	住户份额变化
1992	58.5	41.5	100	-96	-4	
1993	52.9	47.1	100	-95.8	-4.2	5.6
1994	42.7	57.3	100	-93.1	-6.9	10.2
1995	39.1	60.9	100	-94.2	-5.8	3.6
1996	37.8	62.2	100	-92.6	-7.4	1.3
1997	30.9	69.1	100	-87.2	-12.8	7
1998	15.1	84.9	100	-86.3	-13.7	15.7
1999	29.6	70.4	100	-86.8	-13.2	-14.5
2000	66.6	33.4	100	-76	-24	
2001	81	19	100	-78.3	-21.7	-14.4
2002	82.4	17.6	100	-69.5	-30.5	-1.4
2003	82.5	17.5	100	-66.5	-33.5	-0.1
2004	81.9	18.1	100	-66.3	-33.7	0.6
2005	94.3	5.7	100	-71.6	-28.4	-12.4

续表

年度	政府	住户	国内资金分配总量	企业	国外	住户份额变化
2006	96.4	3.6	100	-74.2	-25.8	-2.1
2007	102.1	-2.1	100	-75.8	-24.2	-5.7
2008	96.3	3.7	100	-79.4	-20.6	5.8
2009	94.5	5.5	100	-84.3	-15.7	1.9
2010	91.9	8.1	100.0	-82.2	-17.8	2.6
2011	92.4	7.6	100.0	-91.9	-8.1	-0.5

从对再分配过程的资金流动分析可以看出，在2005年以后，以经常转移过程表示的资金流动严重向政府偏斜，从而造成并在一定程度上加剧了中国国民经济的失衡，也进而压低了住户部门可支配收入占GDP的比重。

第三节　结语

本文利用国家统计局编制的资金流量表对中国国民经济宏观分配格局进行分析。从主体分配格局，到各分配主体的收入形成，再到具体项目的部门间资金流动分析。通过计算和分析，本章有如下主要发现：

（1）在主体分配格局的初次分配格局中，住户部门的份额在2004年以后总体上出现了一个3~4个百分点的下降，相应地企业部门的份额上升。而在再分配格局中，住户部门的份额出现了持续且大幅度的下滑，与之对应的是政府部门和企业部门份额的双双上升。

（2）政府和住户部门在初次分配和再分配过程中都是份额不断扩大的过程，但政府部门利用自己在再分配过程中的主导地位，造就了一个向政府部门严重偏斜的再分配过程。

（3）2000年以后企业部门的劳动者报酬占比出现持续的下降，这一方面确实有税制调整后政府税收更加依赖企业部门以及企业部门的总体税负上升的因素，但企业部门借此扩大了自己营业盈余也是不争的事实。

（4）住户部门财产性收入比重不仅没有提高，反而有缓慢下降的趋势。其原因主要在于住户部门的财产性收入仍然相当程度上依赖于净利息收入。但随着利率走低，住户部门的财产收入占比大受影响。而可能提升住户部门财产收入的其他投资渠道也还不够通畅。

（5）政府民生政策的影响开始显现，住户部门获得的社会补助收入不仅绝对数额增长很快，而且占比也几乎一直在上升。但政府部门囿于民生经费“取之于民，用之于民”的原则，民生问题的解决经费仅限于住户部门缴纳的民生支出范围，即便在政府可支配收入份额上升的情况下也未能及时增大政府部门对住户部门的民生投入力度。

（6）通过分析计算，发现国家统计局编制的资金流量表中还存在一些问题，这些问题不仅表现为调整后的2000—2011年度表格和未调整的1999年以前表格的衔接问题，也不仅表现为未调整表格中存在的一些数据问题，而且在调整后的2000—2011年资金流量表中都发现了个别的数据问题。这些问题的发现，将有助于对中国资金流量表进行重新调整。

为此，本文提出如下政策建议：

（1）通过压缩政府部门开支，特别是行政管理费用开支，降低政府部门的GDP份额，从而为企业减税留出通道，进而提升劳动者报酬占GDP比重。

（2）在经济全球化情况下，单方面提高利息收入会有较多的成本，但考虑到住户部门储蓄规模的扩大，为住户部门提供更多的投资渠道是扩大居民财产性收入的必经之道。

（3）扩大政府部门对住户部门的民生支付转移力度。

参考文献

[1] 国家统计局国民经济核算司，中国人民银行调查统计司. 中国资金流量表编制方法. 北京：中国统计出版社，1997.

[2] 国家统计局国民经济核算司，中国人民银行调查统计司. 中国资金流量表1992—1997. 内部资料，1997.

[3] 余斌，陈昌盛. 国民收入分配：困境与出路. 北京：中国发展出版社，2011.

[4] 宋晓梧，李实，石小敏，赖德胜. 中国收入分配：探究与争论. 北京：中国经济出版社，2011.

[5] 张东生. 中国居民收入分配年度报告2011. 北京：经济科学出版社，2012.

[6] 安体富. 我国宏观税负水平多维视角解析. 广州商学院学报，2011（1）.

[7] 白重恩，钱震杰. 谁在挤占居民的收入——我国国民收入分配格局分析. 中国社会科学，2009（5）.

[8] 龚刚，杨光. 从功能性收入看中国收入分配的不平等. 中国社会科学，2010（2）.

[9] 郭庆旺，吕冰洋. 中国税收负担的综合分析. 财经问题研究，2010（11）.

[10] 李稻葵，刘霖林，王红领. GDP中劳动份额演变的U型规律. 经济研究. 2009（1）.

[11] 吕冰洋，郭庆旺. 中国要素收入分配的测算. 经济研究，2012（10）.

[12] 任太增. 政府主导、企业偏向与国民收入分配格局失衡——一个基于三方博弈的分析. 经济学家，2011（3）.

[13] 王宏伟，李平，樊明太. 我国国民收入分配中政府收支的规模与结构. 西部论坛，2012（6）.

第四章　中国的居民收入分配问题概述

早在20世纪50年代，美国经济学家西蒙·库兹涅茨就提出了收入分配与经济增长关系的倒U假说。即在经济增长初期，收入差距相对较小，随着经济的增长，收入差距将逐渐扩大。收入差距扩大到一定时期，随着经济的进一步增长，收入差距又将逐步缩小；收入差距和经济增长的关系因而在图形上表现为一个倒U形。在随后的一段时期，对该假说也有了各种各样的解说，也存在一定的争论，因为有些国家确实出现了倒U的走势，但在少数国家却并未出现倒U走势。

中国曾经是一个收入差距比较小的国家，根据世界银行的估计，在改革开放初期，中国农村居民收入的基尼系数为0.28，城市居民收入的基尼系数为0.18。但随着中国经济的快速增长，中国的居民收入分配状况开始扩大，最高时全国居民收入分配的基尼系数已接近0.5。这样的收入差距从全球的情况来看，也处于比较高的程度。

以下为对上述情况的进一步分析：

第一节　居民收入分配状况

（一）全国居民收入差距概况

改革开放开始的80年代初期，中国全国居民收入基尼系数为0.3左右，属于全球收入差距比较小的国家之一。根据国家统计局公布的数据，到1994年，全国居民收入分配的基尼系数上升为0.389，为截止当时的峰值。1997年和1998年的全国居民收入差距均低于1994年，但呈回升趋势。1999年全国居民收入的基尼系数上升为0.397，接近0.4。而根据国内一些经济学家和社会学家的估计，1988年，全国居民收入的基尼系数为0.382，1994年为0.4343，2000年为0.458。最近几年，一些研究者分别对最近这些年份的基尼系数进行了估计，北师大的李实团队计算得到2007年全国居民收入分配的基尼系数为0.475，而西南财大甘犁团队则基于自己的调查得出2010年中国居民收入基尼系数为0.61的惊人估计，在受到关注的同时当然也遭遇了来自各方的质疑。国家统计局今年公布了最近几年的全国居民收入的基尼系数（见表 4.1）。但无论是各家的估计值，还是统计局的估计值来看，自 1980 年以来直到 2009 年，中国居民收入差距总体呈较为快速的上升趋势。从表中也可以看出，根据国家统计局的估计，从 2010 年开始，全国居民收入的基尼系数开始出现小幅而稳定的下降。但对于 2009 年以后收入差距是否缩小，目前研究者之间还存在不同的认识；此外，即便认可统计局基尼系数估计的学者中，对于这几年基尼系数缩小究竟是暂时性的，还是趋势性的，仍存在一定的争论。但大体而言，中国全国居民收入差距在近几年没有出现之前的持续较快的扩大趋势基本上应该说是事实。

表 4.1 近几年全国居民收入的基尼系数

年份	全国居民收入基尼系数
2003	0.479
2004	0.472
2005	0.485
2006	0.487
2007	0.484
2008	0.491
2009	0.49
2010	0.481
2011	0.477
2012	0.474
2013	0.473
2014	0.469

（二）城乡居民收入之间的收入差距

在大多数基本的收入分配系数分解中，往往会把收入差距分解为组间差距和组内差距。在我国，一种较为常见的分解就是将城乡居民平均收入之间的差距作为组间差距，而把城市和农村内部居民的收入差距作为局内差距，这也是城乡差距之所以被学界和大众重视的原因所在。这一部分我们来讨论一下城乡差距即组间差距。

从图 4.1 中可以看出，我国城乡居民收入差距经历了降低—上升—降低—上升—降低这样五个阶段。在改革前期，由于农村经济体制改革的效应，农村居民收入迅速增加，而城市居民收入增长相对缓慢，因而城乡居民收入差距曾出现缩小的趋势，在1985年城乡居民之间的收入差距达到了最低点，当时城乡居民之间平均收入比为1.9：1。在那之后，城镇的国企改革和体制外增长开始，城镇居民收入获得了更快的增长，从而城乡居民之间的收入差距迅速扩大了，在1992年，城乡收入比超过了改革初期的高点，达到2.58：1，而后在1994年达到了阶段最高点2.86：1。之后城镇居民收入受到国企改制的影响，而农村居民收入得益于农产品价格的上涨，城乡居民收入比有所下降，在1997年回到阶段最低点2.47：1。随后，城镇居民收入再次开始以快于农村居民收入的增长速度增长，城乡居民收入差距不断扩大，到2009年，城乡居民收入比扩大到峰值3.33：1。之后，一系列增加农民收入的政策效应开始显现，城乡居民收入差距开始缩小，到2014年年底，城乡居民平均收入比已下降到2.94：1，略高于1994年的阶段最高值。

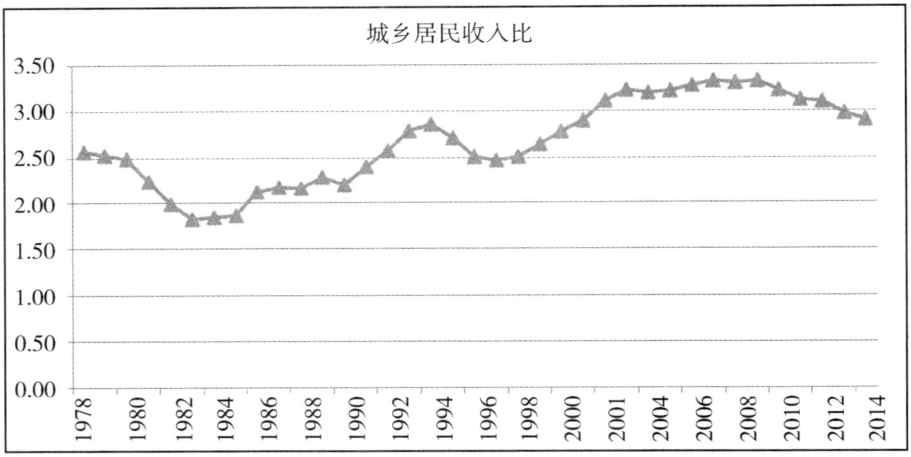

图4.1　城乡间居民收入差距

在中国的全国居民收入的差距中，城乡差距对全国基尼系数的贡献长期高达40%以上，因而在2009年以后，城乡差距缩小的趋势对于减缓乃至减小全国收入差距的贡献是显著的。

（三）地区间的收入差距

地区之间的收入差距是考察组间差距的另外一个常用指标。从图4.2中可以看到，我国地区之间的收入差距经历了先下降，再上升，然后再下降的过程。改革开放初期到20世纪80年代末期，随着改革，特别是农村改革的快速推进，省际差异迅速缩小，其中一些以前比较落后的省份GDP出现了更快的增长。但进入90年代以后，随着对外开放的逐步深入，沿海地区的经济发展速度显著快过内地，因而造成在整个90年代乃至新世纪的最初几年，地区间收入差距出现了一定的扩大趋势。2002 年开始的西部大开发战略的实施是对 90 年代沿海开发战略的一个修正和补充，从此以后，西部地区的经济增长速度逐渐提升，因而区域间收入差距自 2004 年开始缩小，这一趋势一直延续至今。

说到近些年地区间收入差距缩小的趋势，不得不提的是国家的一系列地区发展战略的实施，比如西部大开发战略、东北老工业基地振兴计划、中部崛起等区域发展的战略规划，以及提高地区间财政转移支付比例等政策措施，这些对于地区之间收入差距的缩小起到了相当重要的作用。而值得期盼的是，近期中央发布的一带一路战略，对于中西部的经济发展会有进一步的推动作用。

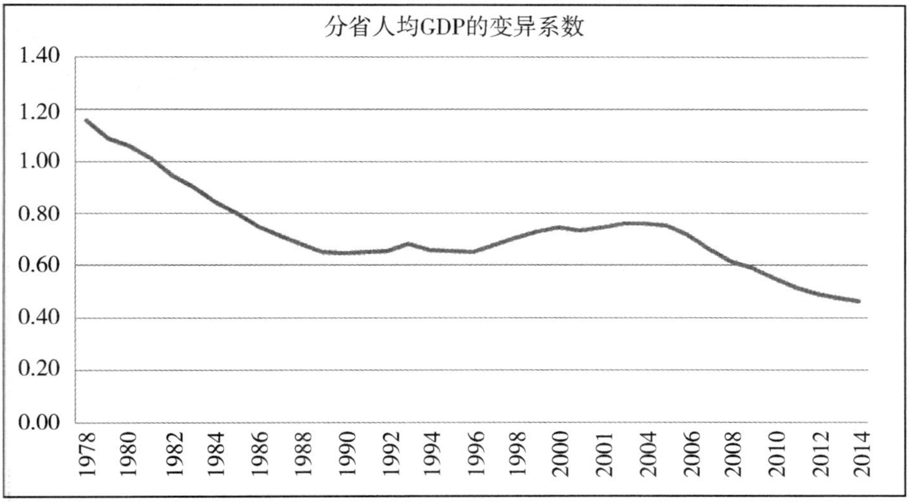

图 4.2 按照分省人均 GDP 计算的地区收入差距

（四）城镇和农村居民内部的收入差距

城镇和农村居民内部的收入差距，就是当以城乡作为分组条件时的组内差距。根据国家统计局的数据显示，20 世纪 80 年代以来，无论农村内部还是城市内部，居民收入差距长期一直处于扩大的趋势中，但到 2010 年出现了一个小的拐点。对于前期的扩大趋势，学界和统计局的认识是一致的，但关于拐点，和全国居民收入的基尼系数争论一样，存在不同认识，特别是对于城镇居民内部的收入差距，目前学界的一些人认为仍在扩大，因为在国家统计局的城镇居民样本中，高收入群体的样本不足。所以，尽管国家统计局公布的数据中，在 2009 年城镇居民内部的收入基尼系数为 0.34，农村居民内部的收入基尼系数为 0.38，之后双双下降。但一些研究者认为农村基尼系数的数值和趋势估计大致是准确的，但城镇居民内部的基尼系数可能存在较大的低估，并认为城镇的基尼系数一直呈扩大趋势，且在当前可能已超过农村的基尼系数。

表 4.2　城市和农村内部收入差距的基尼系数变动趋势

年份	农村内部	城市内部
1978	0. 21	0. 16
1985	0. 23	0. 19
1990	0. 31	0. 23
1991	0. 31	0. 24
1992	0. 31	0. 25
1993	0. 32	0. 27
1994	0. 33	0. 30
1995	0. 34	0. 28
1996	0. 32	0. 28
1997	0. 33	0. 29
1998	0. 34	0. 30
1999	0. 34	0. 32
2000	0. 35	0. 32
2001	0. 36	0. 32
2002	0. 37	0. 33
2003	0. 37	0. 33
2004	0. 37	0. 34
2005	0. 38	0. 34
2006	0. 37	0. 34
2007	0. 37	0. 34
2008	0. 38	0. 34
2009	0. 38	0. 34
2010	0. 39	0. 34
2011	0. 38	0. 33
2012	0. 37	0. 33

（五）行业差距迅速扩大

行业差距也是一种组间差距，即行业之间和行业内部收入差距的分解。计划经济时代乃至改革初期的20世纪80年代，行业之间的收入差距较小，但自90年代以来，市场化改革之下，我国行业之间工资差距不断扩大（见图4.3）。这种行业工资差距的扩大与垄断行业工资增长速度过快有相当重要的关系。垄断行业与竞争性行业在90年代初期人均工资比率均在1.1：1以内，90年代中后期则逐步扩大到1.1：1~1.3：1的幅度范围内，新世纪以来，这一比率超过了1.3：1。种种证据说明自90年代以来我国的行业收入出现了向垄断性行业倾斜的情况，并因而造成行业差距的逐步扩大。

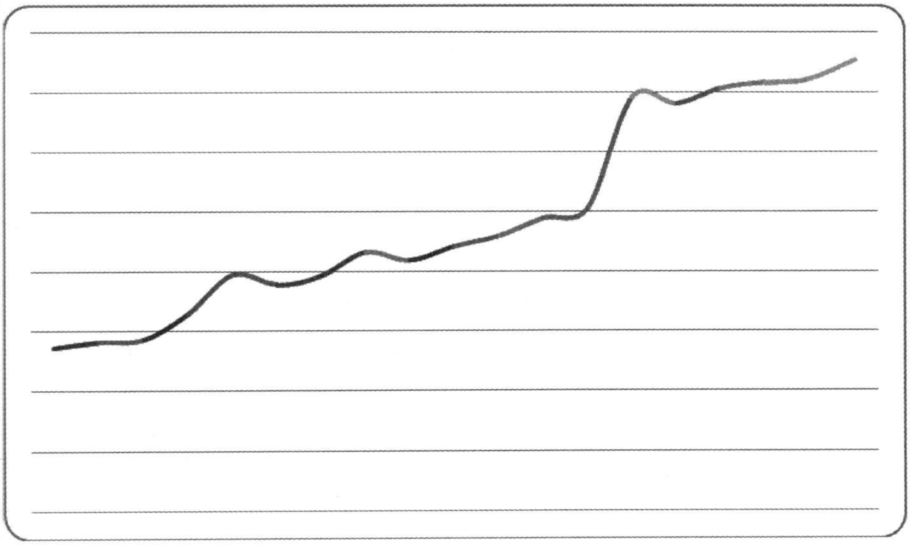

图4.3 我国行业工资变异系数变动情况①

以上的统计均来自可获得的数据资料。如果考虑到大量低工资收入的迁移工人大多进入了竞争性行业，而其工资收入一定程度上未纳入统计，以及垄断企业发放的奖金数量远远超过竞争性行业，则行业间就业者人均收入差异会远远大于上述的估计。基于中国社科院经济研究所收入分配课题组根据1988年、1995年和2002年居民收入数据做出的研究，我们发现，垄断性行业的就业者人力资本水平较高的确对行业之间收入差距产生了一定的影响，但这些行业从业人员由于

---

① 在2004年，同时受到GDP核算方法变更及经济普查调整因素的影响，造成数据结果出现异常变化。尽管已有研究试图对此进行调整，但至今没有非常可靠的估计，所以此处仍使用未经调整的数据。除去2004年一年的异常变动，行业工资差距持续扩大的趋势还是清晰可见的。

行业垄断获得的收益对收入差距的贡献一直在不断扩大，并在2002年以来成为行业间收入差距扩大的最主要原因。

（六）中国居民收入差距的国际比较

从国际比较的视角来看，我国居民收入分配的不均等状况在全球范围内也处在比较高的水平。我国全国居民收入的基尼系数在亚洲属于比较高的，且明显高于经济发展程度较好的亚洲国家；与发达国家相比，我国的这一指标远高于所有的OECD国家；与转型国家相比，除去中亚等少数相对欠发达的转型国家外，我国的全国居民收入基尼系数超过了包括俄罗斯在内的多数东欧转型国家。与收入差距较大的拉美及加勒比海地区国家相比，大致我国处在该地区的中等水平，但较为明显地低于巴西的居民收入差距。

从国外的经验看，拉丁美洲收入差距较大的一个重要原因是拉美国家在分配关系问题上多向大资产阶级和官僚资产阶级倾斜，而我们现行的工资和奖金制度则较为明显地向垄断企业和国有企业倾斜。尽管社会制度存在差异，倾斜原因有别，但其对收入差距扩大的作用方向还是比较一致的。在当前面对中等收入陷阱的情况下，我国要想突破中等收入陷阱，收入分配状况的改变是一个重要的先决条件，在这方面拉美就是前车之鉴。

第二节　居民收入分配问题的一些原因分析

（一）技术进步和资产收益率提高

资本收益率的提高是劳动者报酬下降的原因之一。而资本收益率的提高来自三个方面：技术进步和产业结构升级、经济虚拟化和资本证券化、全球化条件下资本的全球流动。

我国的工业化进程伴随着技术进步和产业结构升级，该部分的变动直接造成了企业固定资产折旧速度加快，从而挤占了普通劳动者的报酬占比。此外，由于虚拟经济和实体经济资本收益率的较大差异，造成了实体经济的资本更多地投入到虚拟经济中去，造成了“经济虚拟化和资产证券化”，这提高了资本的收益率和企业营业盈余的份额，进而造成普通劳动者报酬下降，这一方面是GDP中劳动占比下降的原因，另一方面，这也导致了管理者与普通劳动者之间收入差别以及劳动密集型和技术密集型行业间劳动者收入差距的扩大。尽管这是一个较为自然的过程，但我们仍需采取办法减缓这一过程造成的影响。

从经验数据看，自20世纪70年代以来，全球各国的收入差距进入了一个扩大的时期。从规模收入分配的角度看，无论是OECD国家还是“东亚模式”诸国，全国居民收入差距都有所扩大。而从功能性收入分配的角度看，则 OECD 国家和“东亚模式”诸国的劳动者报酬与 60 年代相比也都有较为明显的下降。

究其原因，这是全球化导致的。由于全球化造成了资本在全球的相对自由流动，造成了投资大多发生在资本回报率较高的地区。从全球来看，则劳动份额受到挤占与经济全球化有相当重要的关系。

需要指出的是，经济全球化是我国的外生条件，不是中国一国可以改变的，所以这一因素对我国宏观分配格局以及居民收入差距的影响在相当的时期内仍继续存在。应该说，近期我国推出的一带一路战略，或许有助于改变区域间收入差距的形势，也是收入分配方面值得期待的一个政策措施。

（二）地方政府经济增长优先战略的影响

在我国，各级政府长期受到经济增长优先战略的影响。受到这一战略的影响，出于促进本地区经济发展的目的，各地政府在招商引资等活动中，大都给投资者以各种税收优惠的待遇，从而最大限度地保障了投资者的利益。

这一战略在某些方面是成功的，其最大的成功之处在于从整体上扩大了中国经济增长的规模，保证了中国经济的快速增长并扩大了就业。但其缺点也是明显的，即各级政府往往过度保护了投资者，甚或帮助投资者一起压低受雇者（尤其是供给较为充裕的普通劳动者）的工资水平，从而使受雇者在劳资博弈中处于相对弱势的地位。地方政府对投资者的过度保护和压低受雇者工资两方面原因结合在一起在国民经济统计中就最终体现为劳动者报酬占比的下降并造成管理层和普通劳动者收入的差距扩大。

（三）迁移工人比重上升，但议价能力不强

如果仅仅参照中国统计年鉴有关数据，很难得到中国就业扩大的有关证据。因为从 1996 年以来，全国职工总人数下降了约 23%。其中 1996—2004 年，职工总人数下降了 30%，2005 年以来职工总人数才又有所增加。这一现象与中国统计制度滞后有巨大的关系，因为规模相对较小的民营企业的职工人数以及工资收入未列入统计。

中国职工总人数缩小，而经济保持了快速增长，其背后的原因则在于大量以农民工为代表的迁移工人进入到第二和第三产业的就业当中。根据有关统计，我国外出农民工数量在 2008 年年底已达到 1.5 亿，他们的工资水平一定程度上存在缺失，其就业人数也往往在统计中存在遗漏，进而造成了工资增长与 GDP 关系的错误估计。

但中国宏观格局中劳动者报酬下降以及全国居民收入差距扩大与迁移工人的存在及其低工资有相当重要的因素。中国的迁移工人，特别是农民工进入城市以

后，也将中国特有的巨大城乡差距带到了城市的劳动力市场，他们迁入地的劳动力市场分割造成了本地城镇居民就业者——迁移工人这样的二元劳动力市场，而在农村，同样也存在着非农就业和农业就业两个劳动力市场。这样在全国范围内，我们形成了双重二元劳动力市场结构。

迁移工人进入了大量低端的劳动力市场，但他们却没有受到足够的劳动保护覆盖。更由于他们来自四面八方，很难形成与投资者相抗衡的势力，严重缺乏工资的议价能力。因而造成受雇的迁移工人工资远远低于国有部门职工的工资收入水平。随着迁移工人逐步成为中国产业工人的主力军，其在就业人群中的比重不断上升，因而从整体上看，迁移工人代表的普通收入偏低的现象就不可避免地在中国出现了，这同时也加剧了行业之间收入差距以及管理者、专业技术人员和普通劳动者之间的收入差距。不过，应该看到的是，近几年农民工工资收入的快速上涨，一方面确实对经济增长造成了一定的影响，但另一方面则有助于缩小城镇内部的居民收入差距以及缩小城乡之间的收入差距。

迁移工人进入城市部门同时还造成了非正规就业快速增长的局面。在城市的非正规就业部门中，自我雇佣者所占比重增加。非正规就业相对于正规就业而言，收入一般是偏低的，这又是扩大城镇居民收入差距的一个因素。值得一提的是，与就业结构中迁移工人比重迅速上升的因素相比，自我雇佣者因素仅处于相对次要的地位。

迁移工人大多数是来自农村的农民工，他们收入的提高不仅有助于提高劳动者报酬占 GDP 的比重，也有助于缩小城乡差别，从而缩小全国居民收入差距。迁移工人中的一个值得注意的群体是大学毕业生群体，由于他们所占比重不算很高，因而从统计上看，对收入差距的作用不大。但作为被压低工资群体中的精英分子，其对社会稳定的影响不容小视，且随着大学毕业生越来越不容易进入正规部门，他们对收入差距和社会稳定的影响将越来越大。这也是我国有关部门特别重视大学毕业生就业难问题的原因之一。

（四）正规部门就业下降与垄断行业工资增长过快

以国有经济为代表的规模以上企业，其工资增长也不很尽如人意。尽管人均工资水平名义增长率超过了 GDP 名义增长率，但由于这些正规部门容纳就业的规模萎缩，特别在 1997 年和 1998 年间下降迅速，因而在 1996 年以来的 10 多年时间中，该部门的工资总额增长率低于 GDP 增长。其中，1996—2004 年间的总就业人数（即全国职工总人数）就下降了 29%。人均工资增长和总就业人数下降共同作用的结果是，规模以上企业的正规部门在将近 10 年的时间里，对劳动者报酬的总体贡献为 -10%。由此可见，作为一个整体，正规部门对劳动者报酬的贡献总体为负。从该数据可以得到的另外一个印象是，我国经济非正规化部门在迅速扩大。

在正规部门中，又可以进一步细分为垄断性行业和竞争性行业。在正规部门内部，垄断行业以及部分垄断行业的工资增长率也超过竞争性行业。我国在这方面目前面临的主要问题是市场垄断与行政垄断的结合，使相关垄断行业以合理或不合理手段、市场与非市场手段，乃至合法与不合法手段牟取部门利益的能力进一步加强。与此同时，对垄断行业的监管却十分缺乏。一方面，其劳动力市场缺乏有效的竞争机制，劳动力无法在工资机制的调节下自由流入，市场机制在其就业岗位的分配中是乏力的。另一方面，由于基本薪酬作用的缺失，无法对其利润的分配进行监管。不仅如此，这些行业中的垄断企业还是市场上的价格制定者，因此能够借助自己的销售价格方便地转嫁其运营成本，并在此基础上使其成员获得远高于社会平均水平的高津贴和高额奖金。

由于行政性垄断的存在，导致一些重要资源的不合理定价，与此同时政府职能与管理错位、越位、缺位。一方面，法制建设不够健全，人为地提高了市场进入门槛；另一方面，还存在一些对垄断行业的优惠政策，政府管制也还力度不够，对于国有企业剩余控制权的转移以及工资外收入均缺乏有效控制。

（五）管理层与普通工人收入差距过大

前面已经提到过管理层和普通工人收入差距扩大的部分原因，这里就管理层与普通工人的收入差距的情况以及影响做一点说明。不要说在非国有企业内部早已存在的管理层，特别是企业高管与普通工人之间的收入差距过大问题，就是在国有企业以及国有控股企业内部，管理层与普通工人之间的收入也在扩大。

这种扩大来自三个方面。其一，基于国家有关工资决定机制制定的工资体系内的差异，这是在工资制度内的差距。由于职级工资的设定，这种差异本身就已经存在，且对我们目前的收入差距实际还起到缩小的作用，所以我们无须对该部分进行调整。其二，非工资性的工资收入造成的巨大差异。企业高层管理者，特别是大型国有部门的企业高层管理者，利用各种有利条件为自己制定远超过工资体系的超高工资水平，这既破坏了工资体制，又造成了巨大的收入差距，这种非工资性工资收入是需要严格控制的①。其三，奖金和津贴部分既造成了巨大的企业和行业间差距，又造就了企业内部的较高收入差距。一些垄断企业为自己的员工发放高额津贴和奖金，造成了全社会收入差距的扩大，而以年终奖名义颁发的奖金则进一步造成了收入分配向管理者自身的进一步倾斜，从而首先对整个企业的收入差异扩大起到了非常重要的作用。而基于我们的调查了解，在极个别大型

---

① 通过资本市场的有关统计数据，我们很容易计算出上市企业中最高管理者与该企业内部普通劳动者之间的巨大收入差距。

国有企业，企业总经理的年终奖与刚刚进入企业的普通员工之间的差异高达100倍以上。

由此可见，在国有企业内部如何控制高层管理者的收入增长过快是新形势下的新挑战。最近几年，这一问题已经引起了中央决策层的重视，对国有企业，特别是具有一定垄断性质的国有企业高管的收入进行了必要的限制，同时对国有垄断企业的职工工资总额和奖金津贴等福利也做出了明确的规定和限制。这对于解决收入差距问题会有一定的帮助。

（六）快速城市化过程与收入分配

中国自20世纪90年代中期开始了一轮快速城市化的进程，城镇居民在全国人口中所占比重从1996年的29%迅速提高到2008年的45%。快速城市化进程对宏观分配格局和居民收入分配均产生了影响。

在宏观格局方面，由于农业劳动者报酬占农业总收入比重远高于城镇本地工商业从业人员的这一比重，而从农业转化为非农的就业者其劳动者报酬占比又远低于城镇本地工商业就业者的相应比重。在一定程度上造成了在全国范围内劳动者报酬偏低的局面，从这个角度看，在其他条件不变的条件下，劳动者报酬占GDP比重下降是一个必然的结果。

而基于传统发展经济学理论，在城市化过程中，由于传统部门和现代部门的收入水平差异，作为一个经济体的收入差距会出现先扩大再缩小的趋势。在我国这一效应也恰正处于扩大的过程中。因为在这一快速城市化过程中，由农村居民转化为城市居民的主要有两类人群。一类是农村中收入相对较高的城郊地区或较大的集镇居民；另一类是较早进入城市打工或从事个体经营活动的农村迁移工人。他们同属于农村收入状况较好的群体，但受制于中国巨大的城乡差距，以他们在农村的相对较高收入却往往在城市化以后成为城镇中的中低收入群体。从而一方面进一步扩大了城镇居民的收入差距，另一方面则继续了我国城乡差距较大的局面。基于工业化进程的需要，城市化是一个不可逆转的进程，在目前城镇居民比例仍相对较低且不断扩大的情况下，城镇内部的收入差距因而有一定扩大的可能。

在这一城市化进程中，需要注意的是在一些地区农村居民的耕地被廉价占用，并产生了一批失地农民，他们是城市化进程中的利益受损者。据估计，仅农地转为建设用地，各地财政因而获益5.2万亿元，同时造成6000万失地农民，其中相当一部分农民又一次成了城市化进程的受损群体。这不仅在一定程度上会拉大农村内部的收入差距，而且可能会在未来扩大城乡之间的收入差距。

第三节 政策思路

居民收入差距仍处于高位的形势意味着，从相对状况来看，只有少数的高收入群体才可能从经济增长中获益，而大量的中等收入和低收入人群在经济增长中的获益份额不断下降。尽管针对城乡低收入群体实施的一系列保障制度都大大减缓了城乡人口贫困发生率，但上述以贫困人群为目标的社会政策受到覆盖率的限制对扭转居民收入差距的影响不大。因此，在收入分配方面需要为缩小居民收入差距寻找对策。

（1）正确理解我国的收入分配指导方针，深入探讨按劳分配原则中简单劳动和复杂劳动关系问题。对劳动以外的要素参与分配，既要承认，也要抑制。

按劳分配原则是社会主义的分配原则，而我国政府进一步提出的“完善按劳分配为主体、多种分配方式并存的分配制度，坚持各种生产要素按贡献参与分配”的原则则是在中国特色社会主义建设过程中，对按劳分配原则的发展创新。

在按劳分配这一主体性原则中，当前需要注意的是简单劳动和以管理、技术为代表的复杂劳动之间的分配关系。受到全球化、产业结构以及技术进步等多种因素的共同作用，管理、技术因素分配份额在劳动份额中的比重上升，而普通劳动所占份额下降。这是当前居民收入差距扩大的一个重要原因。掌握了话语权的精英阶层过分夸大了管理和技术的贡献，因而压低了简单劳动的贡献。在这方面，补偿性工资理论的研究和探讨有着较为重要的现实意义。基于这一理论，在有害环境下工作的工人应获得相应的补偿，这将有助于提高简单劳动的份额。可惜的是，在我们对农民工的相关研究中却并没有发现补偿性工资的存在。因此，如何对简单劳动和复杂劳动的关系进行分析研究是当前贯彻按劳分配原则的一个重点。

“坚持各种生产要素按贡献参与分配”这一指导方针，从理论上对马克思主义的分配原则进行了发展，并有助于理顺中国特色社会主义建设过程中的分配关系，这无疑是必要的。但与此同时，随着对其他要素参与分配的承认，存在对这些要素参与分配的一些不正当认识，即扩大这些要素在分配中的份额。我们认为这与我们的“按劳分配为主体”的首要原则发生了冲突。目前存在的问题是对于这些要素如何参与分配，在分配中应占有什么样的比例等较为细致的问题认识不足，从而对劳动者报酬占比下降以及居民收入差距扩大都起到了一定的作用。我们认为，需要正确认识当前的收入分配指导方针，对于劳动以外的其他生产要素参与分配，既要承认其合理性合法性，又要适当抑制其在分配中的比例。即仍应将“以按劳分配为主体”作为我国收入分配的首要原则，并强调其重要地位。

（2）建立健全以工资为主体的收入形成机制，严格控制国有垄断企业和权力机构的收费和利润转化为收入的比例，保持全社会劳动者之间和谐的劳动关系。

目前我国多种薪酬制度同时并存的局面在一定程度上造成了工资制度的名存实亡。而类似的多种薪酬制度并存局面曾在我国南北朝时期北魏政权中出现过，并留下了历史教训。在北魏政权建立早期，为激励军事扩张，摒弃薪俸制，采用以论功行赏的“班赐”制为主的多种薪酬制度。该薪酬制度在保证了北魏政权军事扩张的同时也造成了大量的社会问题。为此，北魏孝文帝的改革以相当惨重的代价实施“班禄”制，回归官员的薪俸制度。因此，至少首先在国有企事业单位内部，我们需要确立以工资机制为主的收入形成机制。

我国目前多种薪酬制度并存局面既是垄断行业收入水平超常规增长的原因，也是国有企业内部收入差距扩大的原因。因而，规范收入形成机制对缩小居民收入差距至关重要。

而在我国的国有经济部门内部存在着多种不和谐的收入分配关系，这些不和谐的收入分配关系可以大体概括为物质生产部门与非物质生产部门从业者收入差距过大、不同地区公务员收入差距过大、垄断部门与非垄断部门从业者收入差距过大、企业内部高层管理者和普通工人之间收入差距过大等现象。

所有这些现象的根源在于收入形成机制混乱和工资调节收入分配功能弱化。在国有部门中，在那些在市场垄断企业以及行政性垄断部门，工资收入往往只占从业人员全部收入的少部分，工资几乎丧失了收入分配调节作用；在那些地方财政较为宽裕的地区，公务员的收入水平要远远高于财政紧张的地区，这是在工资制度上各个地方政府各自为政的结果；在国有企业内部，高层管理者的收入水平远远高于普通工人，这更是企业高管自行其是、缺乏监督的结果。因此，至少在国有部门内建立健全全国统一的、以工资为主的薪酬收入形成机制，是调节收入差距的必然要求。

在这一薪酬收入机制建立之前，收入分配监督的重点在于有收费权力的政府机构和大型垄断性企业。对前者需严防其将利用行政权力收取的费用转化为奖金内部分配，对于后者则控制压低其奖金分配在利润中所占的比重。

在居民收入分配指导方针中，国有部门收入形成机制的建立健全有助于“调高和扩中”目标的同步实现。

在建立以工资为主的收入形成机制的同时，需要建立工资的稳定增长机制。细细观察近几年的工资增长率变动情况我们不难发现，工资增长率呈现较为明显的波动现象，与 GDP 增长率的相对稳定形成了鲜明的对照。因而在以国有经济为主的正规部门，需要建立稳定的工资增长机制，稳定劳动者的收入预期，同时也为有效解决劳动者报酬比重偏低问题做出贡献。与此同时，国有企事业单位工资稳定增长机制的建立将可以对非国有部门的薪酬制度建立产生影响。

上述建议旨在将能够统一的薪酬制度统一起来。但它可能会造成体制内和体制外的收入差距清晰化，这需要在今后一个较长的时期内，通过不断加强劳动力市场建设，促进劳动力自由流动来打破。

（3）规范用工制度，建设工会，集体谈判。

在国有部门内部，存在着大量的非制度性用工在。这些非制度性用工以合同工或临时工的身份存在于这些大大小小的国有部门中，但在经济收入方面与该国有企事业单位相应职位的正式职工相比则俨然是楚河汉界相对。这应当是国有部门中对同工同酬制度的最大破坏，为此，我们应通过规范用工制度实现国有企事业单位内部的同工同酬。

而在非国有部门，应通过加强工会建设，以工资集体谈判机制尽最大可能保障这些部门的劳动者权益。

与代表了垄断性行业和正规部门的国有部门不同，在非国有经济部门，如民营企业中的工人和个体劳动者，他们的工资收入是劳资双方协商的结果，政府并不能通过一纸命令让企业主提高他们的工资。

在非国有部门，近年来政府推出的最低工资标准对于减缓普通劳动者工资相对份额的下滑起到了一定的作用，但需要看到的是，最低工资并不能最终解决职工工资的增长问题。由于工会作用的缺位，在这些部门中普通劳动者在工资的议价过程中处于分散和被动的状态，其工资增长被压低在尽可能低的水平上。为此，应加快在非国有部门建设真正由普通劳动者控制的工会，并以这个工会代表普通劳动者与企业就劳动工资问题进行集体谈判。

非国有部门的就业者中，来自农村的迁移工人占了相当重要的比重，他们工资收入的较快增长一方面有助于提高劳动者报酬在 GDP 中的比重，另一方面则有助于弥合城乡差距。从这个意义上讲，通过工资集体谈判提高非国有经济部门职工工资收入对收入分配的两个方面都有着重要的作用。

从调节居民收入分配的角度出发，在“调高、扩中、提低”指导方针中，提高迁移工人的工资收入会同时具有“提低”和“扩中”的作用。

（4）在城市化和工业化过程中增加农村居民收入。

在改善全国收入差距方面，增加农民收入进而缩小城乡差别是必要的。尽管在发展中国家普遍存在城乡二元结构，但城乡差距达到 3 倍以上的国家并不多。根据我们使用 2002 年居民收入调查数据进行的测算，在中国城乡居民所占比重保持不变、城乡内部收入差距保持不变的前提下，如果城镇居民收入为农村居民收入的 1.5 倍[①]，则在 2002 年我国全国收入的基尼系数将变为 0.368，大体相当于印度全国消费基尼系数的水平，在全球各国中大体处于中等水平。在降低城镇

---

① 根据印度全国居民消费调查数据，印度全国城乡居民消费比为 11.5。

居民收入不现实的情况下，提高农村居民收入而缩小城乡差别的重要性由此可见一斑。

当前的问题是，在我国快速城市化和工业化进程中，城乡差距仍有继续扩大的趋势。这其中有些原因在前面已经分析过，如农民工收入水平被压低等。但仍存在另外两个与城乡差距有关的问题需要解决。其中一个问题是城市化和工业化过程中对农村居民土地使用权补偿问题。在城市化和工业化过程中存在农用地转为建设用地情况，建立在此基础上的土地财政收益据估算有 5.2 万亿元之多，但农村居民从中获益不多，出现了失地农民现象。如何让农民分享出售土地的收益是值得认真研究的，如果这一环节解决得好，则有助于城乡差距的缩小；如果农民很少或不能从中获益，则城乡差距还会扩大。另一个问题是农产品价格问题。从我国改革的历史来看，农产品价格上涨意味着农业贸易条件的改善，而每一次农产品价格上涨都伴随着一定程度的城乡差距缩小。让农民从农业种植业中获得更多的益处也是增加农民收入的重要手段。在这方面有两项措施值得考虑：设法提高农产品价格，以及增加种植业补贴的范围和力度。我们已有研究证实，现已进行的种粮直补对缩小城乡差距起到了一定的作用，但补贴的力度较小且仅仅集中在粮食作物上，所以其缩小城乡差距的作用还不够显著，在“十二五”期间可以考虑增加粮食作物的直补，或者将补贴范围扩大到整个种植业。

（5）适度加大再分配力度，扩大低收入保障的覆盖面。

随着改革开放的推进，我国的社会福利制度以及再分配制度建设也在不断推进。到目前为止，社会保障体系基本建立，特别是针对贫困人群的社会救助制度、最低工资保障制度等也已经建立。对工资制度的重新规范工作也在积极地进行中。但总体而言，尽管我国的收入再分配政策措施和制度设计是比较全的，但说到再分配的力度却比较弱。

从国外经验看，巴西曾经是世界上收入差距最大的国家，但从 20 世纪 90 年代开始，其扩大了社会救助的覆盖面，扭转了收入差距不断扩大的趋势。而西欧和北欧的福利国家更是收入差距较小的国家。因而，我国欲进一步缩小收入差距，扩大低保的覆盖面是应该的，但考虑到低保政策可能带来对经济增长的不利影响，所以扩面也不能一蹴而就，而应该缓步适度。

再分配力度弱是我国收入差距较大的一个重要原因，根据一些资料显示，OECD 很多国家的初次分配之后的基尼系数都还是比较高的，但通过较强的收入再分配功能，实现了收入差距总体控制在较低的范围里。而我国目前收入再分配对于收入差距的调整功能有限。低保制度对于提高低收入者收入起到了一定的作用，但在限制高收入者收入的所得税等制度设计和实施监管方面仍存在一定的欠缺，下一步的收入再分配政策应着重从限制高收入者收入、限制非法非正常收入方面实现突破。

第五章　优化收入再分配调节机制

收入分配是经济成果在经济主体之间的分配，经济主体包括政府、企业和居民部门，分配过程包括初次分配和再分配。初次分配是增加值和生产要素相联系的分配，属于功能性分配，需要健全市场，发挥市场的基础性作用；再分配是政府在初次分配形成的收入基础上进行的收入再次调节，调节的手段包括收入税和财产税、社会保障缴款和社会福利，以及转移支付。税收、社会保障和转移支付三者相比较，前者是政府再分配手段和职能在收入部分的体现，后两种是在支出部分的体现，而且，税收只能进行单项调节。虽然公共资源的收益从本质上属于初次分配，但是，由于我国的公共资源收益相当大的比例进入了政府部门，成为政府的收入，再由政府部门通过财税手段发挥其调控资源的能力，因此，这里将公共资源出让收益也作为再分配的一个内容。除了市场机制的作用和政府的调节外，市场主体和居民部门内部也有自发的收入分配行为，这是以慈善捐赠为代表的收入流动，被形象地称为“三次分配”。

收入分配制度安排是政府职能的重要体现，收入再分配政策如果运用得当，就能对收入差距起到良好的调节作用，“调高、扩中、提低”，有助于形成橄榄形的分配格局。但是，当前我国收入分配领域还存在着城乡和居民收入差距大的问题，收入分配秩序不规范，部门间分配失衡，再分配力度还有待加强。从宏观分配格局来看，多数研究的结论表明我国宏观分配中再分配的力度不足，居民部分初次分配与再分配收入占比变化并不明显。另外，由于资金流量表中再分配的手段主要包括收入税、社会保障缴款、社会保险福利、社会补助等项目，进一步深入研究再分配的内部结构特征和力度小的原因，也主要从税收、社会保障等方面入手。这些研究的共性就是认为收入税同时社会保险净支出下降使政府部门在再分配过程中收益。因为居民收入中的转移性收入是体现政府再分配力度和效果的重要体现，从政府再分配的微观结果上看，城乡居民的转移性收入比重存在差别。城镇居民家庭转移性收入占人均收入的比重，从2004年以来一直在20%～25%之间，而农村居民家庭转移性收入占纯收入的比重虽然在2004年以来一直提高，但仍然低于10%，城乡差别还很显著。不仅如此，收入不平等的分解表明，再分配过程还出现了逆向转移现象，转移性收入扩大了全国、城乡之间的收入差距[1]。政府收入再分配的力度需要调整和强化。

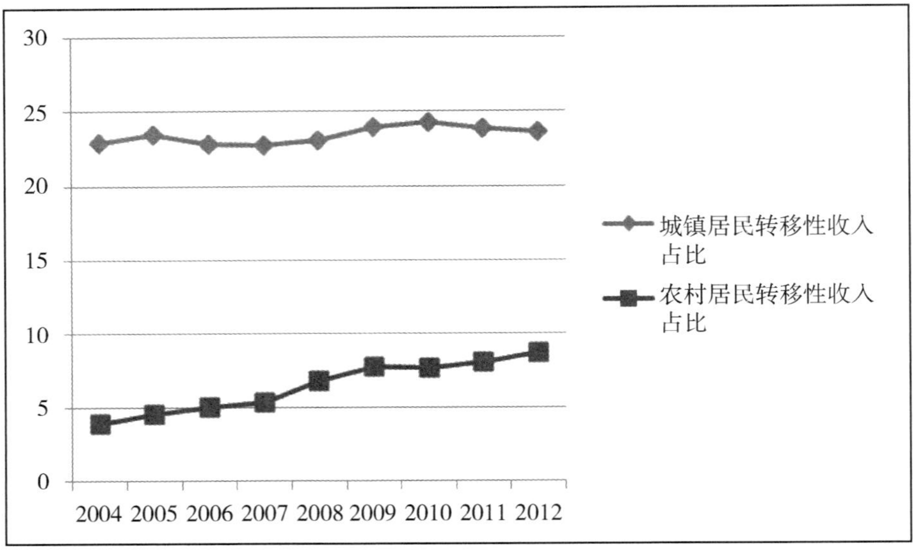

图 5.1 历年城乡居民转移性收入占总收入比重趋势

改善收入分配状况，除了从初次分配着手，确保公平的机会和竞争外，还应当在再分配中充分发挥政府的调控职能。因此，党的十八届三中全会报告指出，要“完善以税收、社会保障、转移支付为主要手段的再分配调节机制，加大税收调节力度”，“建立公共资源出让收益合理共享机制”，“完善慈善捐助减免税制度”。这些纲领性的意见，体现了党和国家对优化收入再分配调节机制的重视。下面本章将分别从税收、社保和转移制度的再分配，公共资源出让收益合理共享、慈善捐助减免税三个方面分别阐述这些再分配制度运行的现状、存在的问题以及相应的对策。

第一节 税收、社保和转移支付的再分配

（一）税收

税收是宏观调控的工具之一，在再分配中也具有重要的作用，国际经验也证实了良好的税收设计有助于缩小收入差距。当前我国税收制度存在一些问题，导致税收调节收入分配的作用无法充分发挥。

① 杨天宇，《中国居民收入再分配过程中的“逆向转移”问题研究》，《统计研究》，2009 年第 04 期。

1. 税收的现状

我国现行税收制度是在1994年分税制改革后逐步建立和完善的。到目前，税收已经成为我国国家财政收入的最主要来源，占比超过85%。在结构上以间接税为主。2012年增值税、消费税营业税等间接税占总税收收入的比重为73%，而个人所得税占6%，企业所得税占20%，房产税占1%。

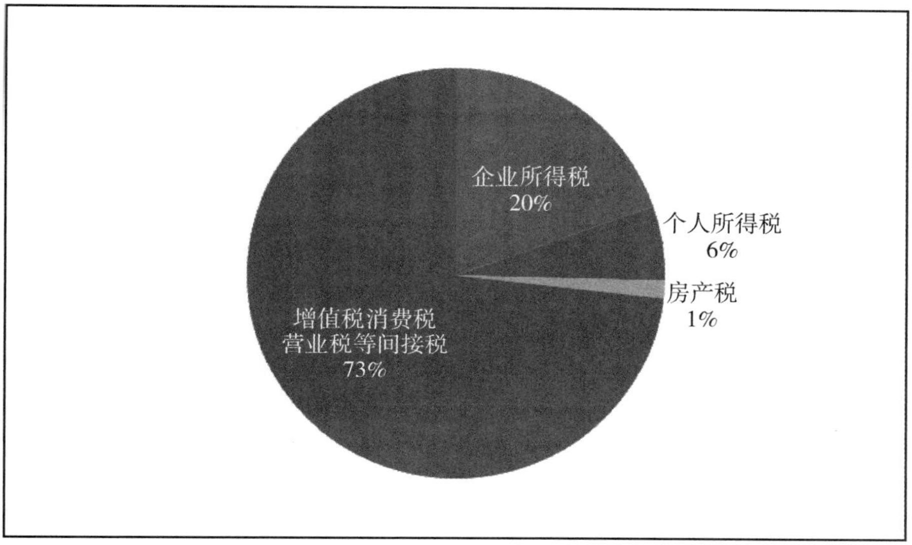

图5.2 2012年税收结构

2. 税收存在的问题

（1）税收结构问题。不同税种对收入分配的影响有差异，一般而言，直接税是对个人和企业征收的税种，包括所得税、房产税、遗产税、社会保险税等税种。间接税是对商品和劳务征收的税种，常见的有消费税、营业税、增值税、关税等。直接税的收入调节作用较大，间接税的财政收入作用较大。我国以间接税为主的税收结构会使税负通过价格渠道转嫁给消费者，在整体上不容易把握税负的归宿，不利于实现税收调节收入分配的作用，甚至使税收整体上具有累退性。如童锦治（2011）认为我国的税制对城镇居民的收入再分配呈现出较弱的逆向调节作用，直接税的收入再分配效应为正，间接税的效应为负，但直接税比重较低，导致税收的调节作用为负。

（2）个人所得税的征收问题。

国际经验看个人所得税具有较强的累进性，可以有效地缓解收入差距。但是我国在所得税上面存在的问题是征收面狭窄，而且分配的累进性效应并没有得到良好的发挥。我国的个人所得税实行收入分项征收，不同的收入来源有不同的征收标准和方法，工薪所得税占主体部分，但是这一机制目前仅仅覆盖7%～8%

的工薪阶层。隐性收入、灰色收入监管不严，一些高收入者并没有承担与其收入相对应的税收责任。另外，所得税的累进性作用小，只就占税收比重只有6%，且覆盖面很小的个人所得税而言，即使2011年对税率和免征额进行调整，提高了免征额，这一调整也没有起到有效的调节收入分配的作用。徐建炜等（2013）认为免征额的提高一方面提高了个人所得税的累进性，另一方面降低了平均税率，从而在总体上削弱了税收的分配效应，类似的结论还有岳希明（2012）。

3．改进之处

加大税收调节收入分配的力度，依赖于税收制度的改革。首先，需要提高直接税的比重，分类课税不利于对高收入者征税，难以体现公平合理的原则，应当建立综合与分类相结合的个人所得税制度，合理确定税收负担，根据国民收入增长情况逐步调整个税起征点，建立严密的征管体制。其次，除个人所得税外，其他具有收入调节作用的税种缺失，如遗产税、财产税等，因此应当加快推进设立遗产税。

（二）社会保障

社会保障体系可以通过提供安全网，为脆弱的人群提供支持，防止不平等的固化。从这一角度来讲，社会保障在再分配上具有重要的公平性作用，有助于校正收入和财富的初始分配状态①，其作用甚至大于税收。如养老保险设计中包含基金积累制和现收现付制，存在显著的再分配效应，从高收入阶层流向低收入阶层。

1．社会保障的现状

表5.1　全国财政社会保障支出情况表

项目	2007	2008	2009	2010	2011	2012	各项绝对支出年均增长率%
财政总支出	100	100	100	100	100	100	20.4
社会保障支出	10.94	10.87	9.97	10.16	10.17	9.98	18.2
其中：							
财政对社会保险基金的补助	2.56	2.61	2.33	2.57	2.89	3.05	24.6
行政事业单位离退休	3.15	2.9	2.74	2.62	2.51	2.24	12.5
就业补助	0.75	0.66	0.67	0.7	0.61	0.58	14.6

① 朱玲，《中国社会保障体系的公平性与可持续性研究》，《中国人口科学》，2010年第05期。

续表

项目	2007	2008	2009	2010	2011	2012	各项绝对支出年均增长率%
城市居民最低生活保障	0.59	0.66	0.68	0.6	0.62	0.53	17.6
自然灾害生活补助	0.18	0.57	0.16	0.37	0.21	0.21	23.8
农村最低生活保障	0.22	0.37	0.48	0.5	0.61	0.55	44.8

注：2007年政府财政收支分类科目发生了调整，与之前年度不一致，无可比性，因此本表只包含了2007年之后的数据。

改革开放以来，我国的社会保障制度从无到有，逐渐建立和完善起来。从表5.1可以看出，从增长情况看，2007年以来，财政对社会保障支出的规模呈现快速增长态势，但增长率低于财政支出的总增长率，说明社会保障与经济增长的联动机制还不太完善。从占比上看，社会保障支出占各年财政支出的比例呈现均衡的水平，一般都维持在10%左右。从构成上看，行政事业单位离退休支出所占比重最大，其次是就业和城市居民最低生活保障。2011年以来出现的一个显著变化是，一改以往大部分人口居住在农村但城市最低生活保障支出规模远远高于农村最低生活保障支出规模的态势，城乡最低生活保障支出总规模基本持平。

社会保障包括社会保险、社会救济、社会福利、社会优抚等项目。到目前为止，社会播种的覆盖面逐渐扩大，除职工的各类社会保险外，在城市地区推行了城市居民医疗保险和养老保险，在农村地区实行了新型农村合作医疗和新型农村养老保险，有效促进了社保公平，对城乡低收入群体的收入调节作用明显，有效降低了城乡的贫困发生率。

2. 社会保障存在的问题

第一，在宏观上，根据国民收入资金流量表，2000年以来，社会保障缴款与社会保险支出、社会福利支出之间的差额越来越大，说明政府部门留存的社会社保剩余资金规模越来越大。这是社会保障缴款逆向调节作用的一个重要体现。

第二，社会保障财政支出存在较大的城乡差距，社会保障支出主要面向城镇居民，行政事业单位离退休补助占社会保障补助的将近30%。另外，城乡低保的标准差距明显。2012年，全国城市低保月人均补助水平为239元，而农村地区低保月人均补助水平为104元①。另外，低保对缩小收入差距的作用还值得商榷，李实（2009）认为城市低保对缩小收入差距的作用非常有限，其缩小地区内部差距的作用大于缩小地区间差距的作用，因为城乡采取了不同的标准，各地的标准也不同。

---

① 引自《民政部2012年社会服务发展统计公报》。

第三，社会保障内容上，覆盖面不全，保障碎片化，地区之间可转移性较差，尤其是正规部门与非正规部门之间存在较大的差异，非正规部门各类社会保障参保率不高，保障标准低。这些也都影响了社会保障的公平性。

（三）转移支付

财政的转移支付是上级政府向下级政府的无偿资金拨付，通过预算进行安排。从转移支付的行政层级划分，有中央对地方的转移支付以及省以下转移支付两种。中央对地方的转移支付又包括一般性转移支付和专项转移支付两种。一般性转移支付是中央对有财力缺口的地方政府给予的补助，包括均衡性转移支付，老少边穷地区转移支付，税费改革、义务教育转移支付，基本养老金和低保等转移支付、新型农村合作医疗等转移支付等。一般性转移支付不规定具体的用途。专项转移支付是中央对承担委托事务、共同事务的地方政府给予的具有指定用途的补助，主要用于教育、医疗卫生、社保、三农等方面。转移支付体现的再分配，是财政分配“抽肥”之后，“补瘦”的再分配，既包括对欠发达地区的扶助和支持①，也包括对社会成员中低收入和困难人群的直接扶助与支持。

1. 转移支付的现状

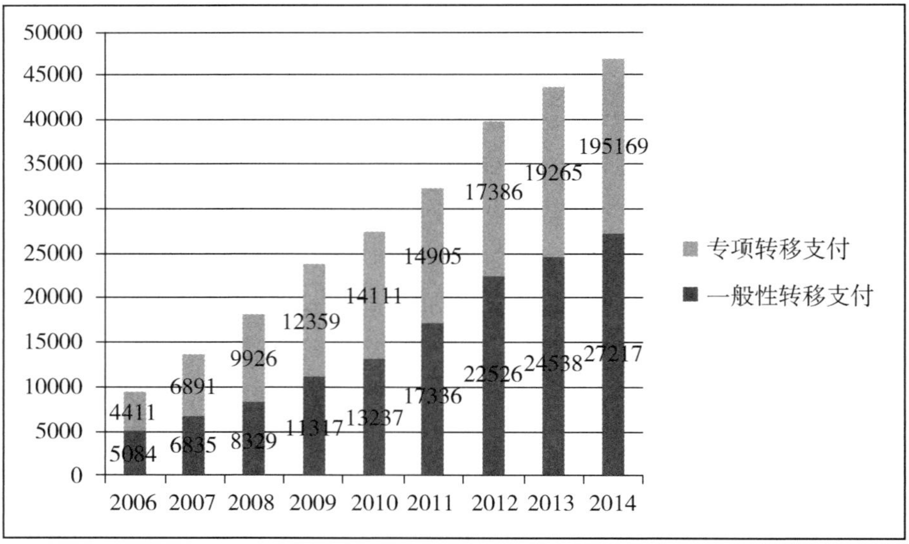

图 5.3　中央对地方转移支付的规模（单位：亿元）

转移支付是 1994 年分税制改革的配套措施。随着财力的增强，中央对地方的转移支付覆盖面和规模逐年增加，成为财政支持改革和宏观调控的重要手段。

① 最终也有利于当地的低收入阶层。

2014年中央对地方转移支付总额达到46786亿元，是1994年分税制设立之初590亿元的79倍，20年间平均增长率为24.4%。

2. 转移支付的再分配效应

从转移支付的流入方向分别来看，农村扶贫缓解了贫困，抑制了农村内部收入差距的扩大；惠农政策促进了农民增收，抑制了城乡收入差距的扩大。另外，对欠发达地区教育、卫生等方面的投入，有效地促进了农村人力资本的形成，在长期也有利于农村居民增收能力的提高。如作为社会保障体系建设的重要环节的新型农村合作医疗和城镇居民医疗保险，中央财政对中西部地区的转移支付补助比例为100%，对东部地区的补助比例从10%~50%不等。

以转移支付的地区收入再分配效果为例。转移支付成为中西部地区的重要财政收入来源，在再分配方面发挥了较大作用，明显缩小了地区间财力差距，有力促进了地区间基本公共服务均等化，有利于中西部地区的经济社会发展。具体体现在以下几个方面。首先，转移支付的流向主要集中在自身财力相对较弱的中西部省区。以2009年为例，根据测算，中西部省区所接收的转移支付占全部转移支付的87%，东部省区只占13%，相应的，中西部省区对中央转移支付的依赖程度也较高，2009年均超过了50%。另一方面，根据2012年各地区人均公共财政收支计算，以东部地区为100%，在转移支付前，中部、西部地区人均公共财政收入分别为36%和42%；通过转移支付实施再分配后，中部、西部地区人均公共财政支出提高到63%和85%[①]。

3. 转移支付存在的问题

转移支付包含一般性转移和专项转移，前者的公平性作用更大。但是，专项转移支付规模相对较大，阻碍了公共财政和公共服务均等化的实现。专项转移支付的比重在2010年之前甚至超过了50%。虽然专项转移支付也体现了向中西部地区倾斜的原则[②]，但是一般性转移支付的再分配效果更加明显，更有利于发挥平衡地方财力的作用。另外，专项资金项目交叉，资金投向分散，可能不是政府真正需要的，地方还要配套资金。

---

① 财政部《关于2013年中央对地方税收返还和转移支付预算的说明》，http://yss.mof.gov.cn/2013zyczys/201303/t20130322_784801.html.

② 从专项转移支付的地区结构看，中部地区和西部地区所获得的专项转移支付超过了80%。

表 5.2　一般转移和专项转移的比例

年份	一般转移	专项转移
2014	58.17	41.83
2013	53.3	46.7
2012	56.44	43.56
2011	53.77	46.33
2010	48	52
2009	47.5	52.5

4. 改进之处

完善一般性转移支付的稳定增长机制，提高资金分配的科学性、公平性。

第二节　公共资源出让收益合理共享

（一）公共资源出让收益的内涵与意义

公共资源内涵丰富，在狭义上，它指的是自然生成或自然存在的资源，可以为人类生存、发展和享受提供自然的物质条件，主要包括土地、矿产、森林、空气、水等资源。在广义上，所有具有公益性、垄断性和专有性的社会资源，如公用设施和公共权力等，也是公共资源的内容。经济学中常常以在使用中是否存在竞争性和在产权上是否存在排他性来定义公共品，并将其看作市场失灵的一个主要表现。公共资源与私人所有的资源是相对的，宪法规定“矿藏、水流、森林、山岭、草原、荒地、滩涂等自然资源，都属于国家所有，即全民所有”，国家政府实际上行使代管的职责，以提高资源使用的效率，弥补市场的缺陷。公共资源具有重要的作用。理论上，公共资源，特别是自然资源，以多种方式进入生产、分配、交换、消费等环节，比如作为生产资料参与生产，公共资源的收益成为政府支出筹资的重要来源，或者为居民劳动力再生产提供各种设施，都可以增进经济增长，为政府促进人类发展提供机遇，并提供就业机会。公共资源开发与减贫、包容性增长和社会转型相挂钩。

法律上的所有权包括占有权、使用权、收益权和处分权，这些权利并非密不可分。无论何种具体内容的公共资源，在使用上都多少具有竞争性，一些公共资源甚至需要资金、人力和技术的相互结合，才能转化为对人类具有使用价值的资源，如自然资源的开发利用，公共设施的提供和运行。国家在对公共资源进行管理和实际操作过程中，出于社会专业化分工等需要，会将其使用权和相对应的一部分收益权让渡给具体的机构或个人，这就是公共资源的出让，如将国有土地的使用权转让、矿产资源的开采权转让、国有企业资产的转让、公有事业经营权的转让等。在多数情况下，大部分公共资源的出让只是一定时间内的使用权（经营权）和部分收益权的转让，但是国有企业资产的转让包含了所有权的转移。

公共资源的出让，从起始到规模范围越来越大，是伴随着政府与市场关系的演进的。资源的资本化是公共资源得以出让的前提条件。在计划经济时期，土地、矿产、公共设施等的价值无法体现出来，只是通过划拨或调配来得到开发使用。资源资本化也使得过去难以估计价值的资源能够进行定价，出让使用权的，出让收益就是资源的租金。以土地为例，一级土地市场是土地从无偿划拨转变为有偿使用，国家垄断了土地市场的供应。土地的出让价是一定期限土地使用权未来纯收益的价值总和，是地租的资本化。

公共资源出让，是完全有必要的。政府不可能也不能独自承担起全部的公共资源开发和运转的职能，过去的计划经济体制已经证明了这行不通，容易造成低效率、供给不足和资源的浪费。出让公共资源，有助于在政府自身财力和专业知识受限的情况下，引进外部先进的技术和管理手段，聚集资金，发挥市场在配置资源的优势，提高公共资源的经济效益。公共资源的出让也符合我国公有制为主体、多种所有制经济共同发展的基本经济制度。但是，公共资源的出让，要建立起合理的收益共享机制。

公共资源出让收益的共享，需要坚持效率和公平同时兼顾的原则。从效率的角度来看，鼓励公共资源开发和使用上的社会参与，来补充政府自身资金、技术的不足，需要让渡出一部分收益，否则社会资本没有参与的积极性。因此，公共资源出让收益首先体现在所有者国家政府与受让方（社会资本）之间的收益如何分配上。进一步，政府再将所获得的收益进行配置，在政府预算收支项目中得到体现，在中央和地方之间，各收入阶层之间进行分配，具体体现在民生、基础设施建设、进一步经济发展上。从公平的角度来看，公共资源出让收益与政府从直接参与市场分配获得的收益不同，后者更多的是效率优先。而由于公共资源的全民共有性质，其自身产生的经济利益，以及出让后的收益，也应当体现全民共享的特点。况且，公共资源出让收益数量巨大，建立公共资源出让收益合理共享机制，是收入再分配的重要手段[①]，有助于调节收入分配，缩小收入差距，降低不同人群（纵向不平等）和地区之间的贫富差距（水平不平等），是发展成果全民共享的一个方式和体现，如 Segal（2011）研究发现如果将公共资源的出让收益以普遍的无条件的形式直接分配给个人，可以显著降低各国的贫困发生率和基

① 也有学者持不同的看法，认为资源租金不同于政府通过税收获得的收入，税收意味着再分配，资源租金是初次分配，见 Segal（2011）。

尼系数[①]。但是，出让收益共享，并不是绝对平均意义上的全民共享，这是因为公共资源具有区域性，特别是土地、矿产和公共设施，如矿产资源的开发会对当地的生态环境带来负面影响，需要适当向所在地居民倾斜。另外，全民共享，并不意味着将出让收入完全分配给个人[②]。政府对出让收益进行配置，如再投资，会产生更大的效益。一部分投向教育、医疗、社会保障等方面的收益，也属于收益共享。另外，收入共享包括政府层面的，个体和代际层面的。许多资源为不可再生资源，需要考虑到代际的收益分配。

（二）中国公共资源出让收益的现状

我国公共资源的出让，是从改革开放初期就开始的。当时各地为招商引资，利用土地、税收等优惠条件来吸引企业，这时国有土地就已经作为企业的一种生产要素，和资本与劳动力相结合，进入生产环节，产生收入。到目前为止，随着社会主义市场经济制度的确立和逐渐成熟，公共资源已经逐步形成了以招标、拍卖、挂牌为主的出让形式，进入市场，产生经济效益和社会效益。各地政府也大多建立起公共资源交易中心，承担工程建设招投标、土地和矿业权交易、企业国有产权交易、政府采购、公立医院药品和医疗用品采购、司法机关罚没物品拍卖、国有的文艺品拍卖等所有公共资源交易项目。公共资源出让的收入规模也越来越大。以土地出让收入为例，2013 年，土地出让收入为 3.9 万亿元，而 2013 年全国财政收入为 13 万亿元。

公共资源的出让收益，对于增加税收和国家与地方的财政收入起到了重要的作用，加快了地方经济发展，提高了人民群众的生活水平。同时，公共资源的出让，也有一些可以进一步完善的地方。第一，出让收益过度偏向于受让部门。在出让中，由于公共资源价格评估不科学和不合理，出让价格和租金分配比例都低于合理水平，一些公共资源以“白菜价”甚至无偿出让，出让收益完全被受让方获取，没有实现应收尽收，造成出让收益的流失，少数个人则“一夜暴富”，如一些地区承包煤矿的私人企业主，短时间内获取了巨额的利益。第二，公共资源出让收益存在区域间、城乡间的不公平。一些较发达城市地区倚重房地产业，依靠征地拆迁，形成了土地财政，欠发达地区和农村地区则很难利用这些公共资源，而且在农业用地转变为城市建设用地的过程中，存在价格剪刀差。在出让收益上，现有的制度是地方政府留存了大部分出让收益，导致不同地区公共资源出让收益苦乐不均，贫困落后地区获得的出让收益不足，中央政府调节力度不够。

---

① 见 Segal（2011）。

② 批评直接分配的理由是，除一般预算外产生一个平行的预算，增加财政政策的复杂性，而且在金融体系不健全的国家不可行，因为管理复杂，需要维持一个大的可靠的全体居民数据库，另外对于居民产生了激励去骗取收入，如何协调区域间的分配也是大问题。

第三，公共资源出让过程中存在与民争利的现象。为了提高供给的效率，政府将一些公共设施和公用事业的开发使用权转让给社会资本，如BOT方式运行的一些设施等，并赋予相应的承包方一定年限的收费运行权利。在收费运营中应当贯彻的核心是让利于民，以成本核算定价。如城市公共休闲娱乐设施、公园、旅游风景区、公路桥梁等。媒体曾多次报道一些地方为吸引社会资本建造高速公路，将固定时期的收费经营权转让，但是当累积的收费已经远远超出了建造运营的成本，仍在收费，这就违背了公共资源全民共享的本来目的，且增加了使用者的经济负担，与民争利。第四，由于公共资源出让价格扭曲现象，收益被人为操作，留出了寻租空间，出让收益的监管不严，导致其中存在寻租、腐败和权钱交易行为。王小鲁（2010）指出，一部分高收入群体灰色收入的一个重要来源就是包括土地开发转让过程中的价值流失在内的公共财产转移。以上这些存在的问题，都会影响到宏观和微观上的收入分配，恶化了社会财富分配。

由于土地、矿产、国有企业资产、公共事业经营权等是公共资源出让的主要内容，这几种公共资源的出让状况和收益分配现状又各不相同，下面将分类予以说明。

1. 土地出让

在我国，所有土地属于国有，区别在于具体的使用用途，如农业用地、城建用地、工业用地等。由于用途的不同，产生了土地价格的差异。我国的土地出让是伴随着改革开放而兴起的。土地属于国有，计划经济时期的土地使用采取国家划拨的形式，改革开放后，城市基础设施建设、工业和房地产业发展都需要用地，地方政府土地出让的数量和出让收入的规模不断增加，2013年，地方政府土地出让金决算数为39073亿元，是预算数的152.6%。2014年上半年，国有土地使用权出让收入为21129亿元。因为地方政府的财政收入严重依赖征地、卖地所得，在有些地方土地出让金等占预算内收入比重达百分之四五十，因此，目前我国地方政府的土地出让收支情况被形象地称作“土地财政”，而有研究认为土地财政的形成和1994年的分税制改革密切相关[①]。实际上，土地财政不仅包括由于出让土地获得的收入，广义上还有因土地开发带来的各种税费，如房地产税等，一些学者也将地方政府土地抵押贷款的收入看作土地财政的一部分。但是，主要部分仍然是土地出让收入。

土地出让收入是地方政府以土地所有者的身份出让国有土地使用权所取得的收入，主要以招拍挂和协议出让的方式，这一般占土地出让收入的80%，也包括向改变土地使用内容的使用者收入的收入、划拨土地收入的拆迁安置等成本性收入，以及出租土地的租金收入等。目前，土地出让收入的分配按照流向额可以

① 宫汝凯，《2012分税制改革、土地财政和房价水平》。

分为四类：国有土地收益基金、农业土地开发资金、新增建设用地土地有偿使用费和国有土地使用权出让金。土地出让收入的部门和用途分配一般是，地方财政部门按照比例计提国有土地收益基金、农业土地开发资金，缴纳新增建设用地土地有偿使用费，其余部分统称为国有土地使用权出让金。国有土地收益基金主要用于地方政府土地收购储备，包括土地补偿安置费用、地面附着物补偿费、产前补偿费和前期土地开发成本支出，具体比例由省级政府确定。农业土地开发资金专门用于农业土地开发，包括土地复垦、基本农田建设等。新增建设用地土地有偿使用费是农用地、未利用地转为建设用地时，地方市县政府向中央和省级政府缴纳的费用，中央和省级政府的分配比例为 3∶7，用途为耕地开发、土地整理、基本农田建设和保护支出。国有土地使用权出让金收入占比最多，为 80% ~ 90%，因为这是土地出让收入按比例提取或按标准缴纳前三项以后的留存部分。

通过征地和招拍挂，地方政府获取了巨额出让收入。土地出让金实际上是政府向企业一次性收入的若干年土地租金。出让的土地包括国有建设用地，也有从农村集体经济组织中征收的土地，在征收过程中给予土地使用者（主要是农民）相应的经济补偿。按照目前的土地管理法，土地补偿费和安置补助费的总和不得超过土地被征收前 3 年平均年产值的 30 倍。也就是说，一亩地一般征收补偿不超过 6 万元，折合到每平方米补偿不足 100 元钱。但在农业用地转变为建设用地后，平均出让价格上涨了很多倍。根据 2011 年《国土资源年鉴》，105 个城市的综合地面地价为 3049 元/米^2。而且，这只是土地一级市场的出让收益分配，企业在获得土地一定年份的使用权后，还可以将其转让，这就是土地二级市场。随着城市化进程的加快，城市土地价格一直在提高，这就给占有土地的企业以获利的机会。因此，在土地出让收益分配中，存在政府、企业、农村经济组织、居民之间的分配关系，政府之间，其中政府和企业所占比例相当高，有研究测算在收入分配中地方政府占 20% ~30%，企业占 40% ~50%，村集体占 25% ~30%，农民只占 5% ~10%，可见，农民从土地开发中得到的补偿微乎其微，投资者和开发商获得了巨大的利益。进一步在政府层面，土地出让收益的分配也存在中央政府和地方政府之间，其中地方政府所占比例相当高，中央政府获得的只是新增建设用地有偿使用费的 30% 以及一部分税费。土地出让收入本级政府使用，难以监督和规范，甚至一部分通过寻租和腐败，转化为个人的灰色收入。另外，土地出让收益分配存在地区间的差异，土地出让收入集中在东部地区，2011 年，东部地区 9 个省份的土地出让收入约占全国的 60%。土地出让收益分配的不均衡还和房价过高有关系，使城市中低收入居民住房问题难以得到解决。

另外，从 2003 年开始，我国的土地出让开始实施招拍挂制度，实行公开交易，且规定全部土地出让收入均应缴入地方国库，纳入地方基金预算管理，与公共财政区分，专款专用，但 2007 年，审计署对 11 个城市进行了土地出让金审计，发现这些城市3年内土地出让净收益按规定纳入基金预算管理的比例不足30%。未纳入预算管理容易造成收益流失、出让收益不能专款专用。

2. 矿产出让

石油、煤炭、天然气、金属等矿产资源也是一类重要的公共资源。这类矿产资源收益分配合不合理，产生的结果截然不同。澳大利亚、加拿大、智利等国资源丰富，通过资源的出口，经济繁荣，跻身发达国家行列，而安哥拉、赤道几内亚、尼日利亚、委内瑞拉等国虽然有大量的自然资源禀赋，但其社会经济发展状况并不良好，有的甚至陷入动荡和政权更替。因为这些政府更多关注资源带来的增长和外资，较少关心增长的收益在整个社会公平分配。

矿产资源属于国有，但国家一般不直接占有和使用，而是通过授权市场主体有偿占有和使用，因此我国现行的矿产资源出让收益分配采取税费结合的形式，具体包括资源税、矿产资源补偿费、探矿采矿权价款、探矿采矿权使用费、煤炭可持续发展基金等。其中资源税是我国为了调节资源开采中的级差收入、促进资源合理开发利用而对资源产品开征的税种，属于地方税种，实行差别税，从量征收，如原油为销售额的5%~10%，焦煤为每吨8%~20元。矿产资源补偿费是一种财产性收益，它是矿产资源国家所有权在经济上的实现形式，其征收的范围是矿产品，标准是按照矿产品销售收入的一定比例计征，征收率根据矿产品的种类进行区别设置，范围为0.5%~4%，并结合矿产品的开采回采率，由地质矿产主管部门会同财政部门征收，目前资源使用征税范围只包含了极差收入差异大、资源普遍、容易征收管理的矿产品和盐，由中央与省按比例分成，在收益分配中，矿产资源补偿费中央、省分别集中50%和22.5%。探矿采矿权价款、探矿采矿权使用费本质上属于市场主体有偿取得矿业权向国家缴纳的租金，2006年开始国家出资形成的探矿权采矿权价款收入按固定比例分成，20%归中央，80%归地方所有。各类收费比资源税种类多且占比大，导致资源税收入增幅一直低于税收收入增幅。

在山西等一些矿产资源拥有量大的省份，地方政府由于自身资金不足，引入了民营资本来开采，逐渐形成了一批“矿老板”“煤老板”。作为原材料，矿产品的价格波动较大，但资源税从量计征，使得承包矿产资源开发的机构和个人获取了不合理的资源收益，国家和居民获取的收益份额相对较小，另外，当地居民还承受了因开采资源导致的生态环境遭到破坏等社会成本。

3. 企业国有资产转让

我国的经济制度在新中国成立后经历了几个变化阶段，从计划经济转向计划为主、市场为辅，再到有计划的市场经济，最后到目前的社会主义市场经济制度，伴随经济体制改变的就是所有制制度，从一大二公，到目前的公有制为主体，多种所有制经济并存。20世纪末开始的国有企业改革，推行公有制的多种实现形式，在改制中采取重组、联合、兼并、租赁、承包经营、合资、转让国有产权和股份制等方式。企业国有资产转让过程中，国有企业所拥有的土地、厂房、设备、无形资产等类型的资产，根据相应的评估方法，折算成相应的可用数量衡量的价值，根据出让的类别，或者出售给非公类型的经济实体，或者作为股份，进入股份制企业，或者进行出租。企业国有资产转让的目的是提高效率，促使国有资产保值增值。但在实际操作中，地方政府用“甩包袱”的形式，将许多在市场竞争中由于各种原因经营状况不好、效益不佳的企业，低价折股或者低价出售，更有甚者，一些效益良好的企业也被贱卖，这些行为侵害了国有资产权益，造成国有资产流失，使原有的企业职工、国有资产的实际所有者利益受到损害。

4. 公用事业经营出让

公用事业一般和自然垄断有关，如交通、供水、供电等。公用事业由政府提供还是市场提供是经济学的热点问题。处于提高效率、减轻政府财政负担的考虑，公共事业的市场化成为趋势，受到政府的鼓励和支持。公用事业的出让一般采取合同外包、特许经营、股份出让、公私合作等方式。政府由经营者变为监管者。在一些出让行为中，由于对公用事业经营权的价值进行合理的评估，导致公用事业的经营权被少数利益集团控制，收益被内部分配。在公用事业使用的定价上，通过长期独占型经营，经营者获得了远远高于其投资的回报，另外还获得了来自政府的不合理补贴。

（三）对公共资源出让收益共享可行的政策建议

1. 国际经验

公共资源包括自然资源、社会资源和行政资源。即使是实行私有化的资本主义国家，仍然存在相当数量的公共资源。其中一类重要的公共资源在经济学上具有公共品的性质。在公共资源（在国外主要是矿产资源）出让收益方面，各国主要采取以下几种做法：（1）直接现金分配。资源收入也可以通过现金的方式直接分配给居民，类似累进税，此类措施在美国的阿拉斯加州和加拿大的阿尔伯特省实施过。阿拉斯加永久基金 1977 年就开始设立，该州石油收入的 10% 进入基金，每年将利息平分给居民，作为分红。基金由一个独立的公司运作，投资于股票、债券和房地产，以确保收益最大化[①]。成立基金的好处，一些学者认为是，公平分配收益，减少腐败、寻租和政府的无效率。（2）建立主权财富基金。主权财富基金是一个国有的基金，进行长期投资，确保增值。（3）通过公共投资来分配。通过公平的公共开支来广泛地分配收益，特别是在基本服务方面。政

① Ross, Michael L., 2004.

府支出，所提供的产品和服务通过投资于基础设施、教育、人民健康、减少贫困等方式。

2. 可行的政策路径

公共资源收益应该由全民共享，但是，公共资源的分布在一个国家不是均衡的，会产生水平的不平等。因此，合理的分配收益有助于降低不同人群（纵向不平等）和地区之间的贫富差距（水平不平等）。促进公共资源出让收益共享，可以从以下几个方面做起。第一，事实上关于土地出让、矿产出让企业资产转让等方面，有关部门已经制定了相应的法律法规，主要在执行过程中出现了偏差，或者让利益群体钻了空子，需要完善法律法规制度，加大审计、监察力度，防范利益群体对资源租金的攫取和引发的腐败。第二，公共物品由于产权难以界定，很容易被无效率过度使用，或者被私人侵占。因此，需要明细产权，避免公地的悲剧。近期国家着手确立的不动产产权登记，是让土地、矿产等产权明晰的一个重要措施。第三，提高公共资源的收租分红比例。第四，平衡地区、部门之间的公共资源出让收益。出让收益存在资源丰裕地区和贫乏地区之间的差距，资源部门和非资源部门的差距，另外也和地方政府获取资源收入的能力有关。地方政府获得资源收入有三种途径，包括直接征税、获得直接的转移支付、间接的转移支付，但前两种方式都有弊端。收益共享机制是一个良好的选择。如果资源运转处于虚耗，且地方政府无征税权利，则公共资源开采和利用部门的繁荣对地区生活水平的提高帮助不大。应当鼓励与公共资源有关的企业招聘本地工人，购买本地产品，鼓励资源企业投资于本地发展。第五，通过公平的公共开支来广泛地分配收益，特别是在基本服务方面。向民生倾斜，促进公共服务均等化，让利于民。第六，打击非法收入，围绕国企改制、土地出让、矿产开发、工程建设等公共资源出让的重点领域，强化监督管理，堵住获取非法收入的漏洞。

第三节 慈善捐助减免税

慈善捐助是出于人道动机，捐赠资助慈善事业的行为。从财富流向来看，慈善捐赠这种自愿和无偿行为发生了财富由高收入群体向低收入弱势群体的单方面流动。这种转移会降低不同群体间的收入差距，有助于降低整个社会的不平等程度，因此，慈善事业也可以促进社会福利的帕累托改进，减少社会阶层间的冲突，增加社会的凝聚力，是政府再分配的有益补充，因此有学者将其称为“第三次分配”。利他式的慈善事业，与市场经济追求利益最大化并非相互排斥，这在亚当·斯密的《道德情操论》中就已经有相应的论述。

慈善事业可以弥补社会保障和转移支付的不足。从20世纪80年代到现在，社会保障概念的内涵和外延以及社保政策的作用范围，在全世界都出现了扩展的趋势。社保的焦点从最低生活保障和应对风险，扩展到促进弱势群体发挥自身潜力和赢得发展机会的领域。除了社会保险和社会救助以外，其他社会良善产品（如生产性扶贫）的提供，也被作为社会保障的一种政策工具。2003 年以来，中国在改善社会保障和公共服务方面，取得了显著进展。“十一五”规划中的社会保障目标基本实现。但是，目前的保障水平相比发达国家来说，还不是很高，保障层次属于基本型的保障，保障内容还需扩展和深化，城乡之间、地区之间、行业之间，以及不同户籍、性别、职业和地位的人群之间，社保覆盖差别巨大。最需要社会保护的弱势群体，依然保障不足。发展慈善事业，可以弥补社会保障制度单一导致一部分人群排斥在外的弊端，满足人民群众多元化的社会保障需求，扩充社会保障的资金来源。

（一）慈善捐助与税收的关系

慈善捐助属于收入再分配调节的手段，但与税收、社会保障、转移支付等再分配调节方式不同，主要体现在以下几个方面。第一，主导部门不同。税收、社会保障、转移支付以政府为主导，而慈善事业一般以市场和社会非营利组织为主导。税收、转移支付等行为的参与人、待遇标准都有国家法律进行明确规定。无论是守夜人式的政府还是威权式的政府，都无法解决市场失灵和政府失灵同时存现的问题，所以，非政府组织的参与就很有必要。一些理论，如社会投资理论、社会资本理论、福利多元理论、能力促进型国家理念等，也都探讨了国家、市场、社会力量和非政府组织在经济社会协调发展中的作用，把非政府组织放在与政府和市场相提并论的位置。诺贝尔经济学奖奥斯特罗姆的公共选择理论颠覆了公共资源只有交由中央权威机构或者完全私有化才能有效率的理论，指出自我组织和管理的团体能够灵活地调整和改变地方性的制度安排。从国内外的时间来看，慈善捐助所涉及的资金物品的援助、入户服务、专业咨询等内容，社会组织在其中发挥了巨大的作用。第二，强制性不同。税收、社会保障等具体的缴纳方式和缴纳金额通过国家法律法规来设置，源自国家机器的权威，可以预测和控制，违背相应的规则会有对应的惩罚，而慈善捐助是自发自愿行为，源自社会道德和同情怜悯之心，一般捐款的额度、受捐的机构和捐助的项目由捐助方自由决定，捐助行为和金额也难以约束控制。慈善捐助的最显著特点就是自愿，虽然政府部门不能直接主导慈善捐赠，或者强制要求捐赠，但是，由于捐助本质上是一种经济行为，政府可以通过恰当的经济手段，来引导慈善捐助行为，这一经济手段就是税收。

一般而言，再分配中的税收，是政府部门向企业部门和住户部门强制收取的资金，是政府财政收入的一个重要组成部分，用于履行国家的职能。税收作为一种政府管理的经济手段，也会影响企业和个人的行为。对慈善捐赠减免税，直接看来，会减少政府的税收总量和财政收入，但归根到底，从目的和用途来看，两者产生的作用类似，都与社会公平正义有关，而且慈善捐助的方式和对象所能享受到的影响更直接。慈善捐助的内容突出体现在扶老助残、扶贫救助、支教助学、妇幼保护等公益性活动方面。慈善捐助的对象主要是老年人、残疾人、低收入群体、遭受自然灾害的群体等特殊困难人群。对慈善捐赠进行减免税，虽然直接减少了政府的税收收入，但是同时也增加了民生方面的公共资源，从实质上看，对社会福利的影响较小。应当注意的是，由于减免税可能会对公共财政产生压力，影响政府职能的发挥，因此，要设计和优化减免税的机制和方式，使其能够刺激社会参与慈善的积极性，又不会给公共财政带来压力。

慈善捐助减免税可以促进慈善捐助，这已经被国外学者多次论证①。慈善捐助税收可被视为慈善捐助的成本或价格。有关税收减免与慈善捐助的研究发现，税收减免有助于增加慈善捐助。Peloza & Steel（2005）对关于慈善捐助和税收减免政策的有关研究文献进行元分析②，总结出减免税政策是有财政效率的，减税引起的财政损失小于带来的慈善捐助增加。捐助的价格弹性为 -1.44，这意味着慈善捐助成本（税收减免等方式）下降1%，会带来捐助数额增加1.44%。但是也有一些不同的研究结论，在加拿大，高收入捐赠者的慈善捐助价格弹性为 -0.15，这表明慈善捐助对税收减免无弹性，减少的税收收入高于税收刺激带来的捐助增加。

表5.3 国外关于慈善捐助税收弹性的研究结论

研究	弹性（范围）	税收效应	数据类型
Auten & Joulfaian (1996)	-1.1 ~ -2.5	短期	横截面
Bakija (2002)	-0.2 ~ -2.52	长期	面板
McClelland (2004)	-1.85 ~ -2.14	短期	横截面
Joulfaian and Rider (2004)	-1.14 ~ -2.15	短期	横截面
Feenberg (1987)	-1.63	短期	面板
Ricketts & Westfall (1993)	-1.06	长期	面板
Christian & Boatsman (1990)	-2.0	短期	横截面

由于税收减免对慈善捐助的刺激作用，许多发达国家都制定了针对慈善捐助的税收优惠政策，如美国税法的501条款。国外慈善捐赠减免税的税种主要包括

① 如 William S & Zieschang, Kimberly D, 1985.

② Meta - analysis，对以往的研究结果进行系统的定量分析。

所得税及遗产税两种。慈善捐赠可以在个人或企业应缴所得税种扣除，扣除的数额最高是全额扣除。在遗产税方面，西方实行遗产税的国家其税率都比较高，有助于抑制贫富分化，大多规定了慈善捐助可以在税前进行全额扣除，这也是美国等遗产税国家的慈善捐赠比例较高的原因。慈善捐赠扣税政策一般还涉及对可免税慈善机构的资质认定，免税的限度也有规定。有批评认为慈善捐赠税前全额扣除容易让企业偷税，因此，许多国家对税前扣除设定了限制性条款。

表 5.4　美国的慈善捐赠总额和税收抵扣总额①

年份	1979	1980	1983	1985	1987	1989	1990	1993
慈善捐赠总额	43	49	63	73	90	107	112	126
税收抵扣总额	24	26	38	48	50	55	57	—

（二）中国的慈善捐助发展状况与改革方向

慈善行为在我国古代就已经存在，春秋战国时就有“君子喻于义”“兼济天下”的相应思想，并逐渐成为一种文化传统和道德规范，如积德行善、扶危济困、架桥修路、施粥舍衣等行为，虽然内容和方式等发生了变化，但慈善行为一直延续至今。总的看来，我国的慈善捐助活动对扶贫济困起到了有益的补充作用，如希望工程、西部母亲水窖项目等，受到社会的广泛赞誉。但是，中国的慈善事业和慈善捐助目前仍处于发展阶段，具有较大的发展空间。根据 2013 年国民经济与社会发展统计公报，按照人均纯收入 2300 元的扶贫标准计算，农村地区仍然有贫困人口 8200 多万。另外，还有大量的因疾病、年老等原因导致的低收入群体。大力发展慈善事业，可以对转移支付起到有效的补充作用。

2013 年民政部发布了《2012 年度中国慈善捐助报告》，从中可以了解到我国慈善捐助的现状和特征。第一，慈善捐助的规模与我国的经济总量不相符合。一般慈善捐助的数量和社会经济发展水平和收入水平密切相关，但从表 5.5 可以看出，在 2008 年之前，我国慈善捐款总额一直在低水平徘徊，增幅并不明显。2008 年汶川地震显著激发了社会各界参与慈善捐助的热潮。当年的慈善捐助迅猛上升。不过此后年份的捐助水平有所下降。这从某种程度上说明我国的减免税作为慈善捐助的经济调节手段还没有发挥较大的作用。2012 年全年社会各界捐赠款物合计 817 亿元，占当年 GDP 的 0.16%。对比来看，2012 年美国慈善捐助总额占其 GDP 的比例为 2%。从人均水平来看，2012 年我国人均捐赠约 60.4 元，占人均可支配收入的 0.25%。另外，根据《全球捐助指数 2013 年报告》，中国

① 引自王则柯（2009）。

慈善捐助总体比例为16%，在全球位居第133位，这也表明慈善捐助规模与中国总体经济规模不相符。第二，企业是慈善捐赠的主体，2012年，企业的捐助总额达到474亿元，是全部捐助的58%。根据企业所有制类型细分，民营企业又称为企业捐助的第一大主体。另外，个人捐助的主要贡献者也是企业家。可见，企业是慈善捐助的主要参与者和贡献者，所制定的慈善捐助引导性税收政策也要根据我国慈善事业的状况进行制定和调节。第三，社会组织是接受捐赠的主体。2012年我国社会组织获得了73.63%的慈善捐助款物，其中又以各类基金会和慈善会为主。

表5.5　我国慈善捐助情况统计表（2006—2012）

年度	捐助总额（亿元）	年增长率（%）
2006	127	—
2007	309	—
2008	1070	246.28
2009	630	-41.12
2010	1032	63.81
2011	845	-18.12
2012	817	-3.31

我国对慈善捐助的减免税规定，主要存在于企业所得税法和个人所得税法之中，主要措施是设置了封顶线，规定了最高扣除限额，在限额以下部分的慈善捐助可以在税前全额扣除，超过限额的，只扣除限额的部分。根据财税［2008］160号规定："企业通过公益性社会团体或者县级以上人民政府及其部门，用于公益事业的捐赠支出，在年度利润总额12%以内的部分，准予在计算应纳税所得额时扣除。""个人通过社会团体、国家机关向公益事业的捐赠支出，按照现行税收法律、行政法规及相关政策规定准予在所得税税前扣除。"

表5.6　慈善捐助减免税政策的演变

年份	企业捐助	个人捐助
2000	内资企业应纳税所得额的3%；外资企业应纳税所得额12%	个人所得的30%；红十字事业、农村义务教育特定内容和机构的捐助可以全额扣除
2008	年度利润总额12%；非货币资产以公允价值计算；汶川地震等特定事项捐助可以全额扣除	未变化

根据上文所引的统计，企业是我国慈善捐助参与的主体，因此，对企业捐助减免税比例进行调整，有助于鼓励和刺激慈善事业。根据企业所得税对慈善捐助扣减的规定，2008 年前后关于企业慈善捐助减免主要有两个大的变化。其一是扣减比例从 3% 上升到 12% 。与国际上相比，12% 的扣除限额比例，已经算是很超前了，因为在德国，扣除比例一般只有 5% 。第二个主要变化体现在减免税税收基础上。2008 年之前，对于内资企业是按照应纳税所得来计算扣除额，2008 年开始按照年度利润总额。前者是税前利润，后者是年度会计利润，后者的额度要大于前者，在同样的扣除比例下，这样的调整实际上是提高了企业慈善捐助减免税的封顶线。

虽然中国慈善捐助的减免税扣除比例相比于一些发达国家较高，但从上文所描述的慈善捐助总额来看，说明税收政策的积极作用并没有得到充分发挥。当然，我国慈善捐助规模与整体经济发展不相符的原因，是由多方面原因造成的，这些原因包括传统的社会管理体制制约、民众的捐助理念还没有形成、慈善组织的非独立性等。正如上文所述，国外慈善捐助主要由非政府组织参与和推动，中国的非政府组织缺少足够的权威性，在设立、业务内容等方面受到限制，许多非政府组织背后还有政府色彩。目前慈善捐助减免税没有发挥应有作用，主要与制度设计有关。第一，“在我国，直接向捐赠对象进行捐赠，不能享受任何税收减免，而必须通过我国境内的非营利的社会团体、国家机关进行捐赠，才能享有税收减免的资格。”但是，有减免税资格的受捐机构数量有限。参与慈善事业的基金会、慈善组织等公益性社会团体，可以按程序申请公益性捐赠税前扣除资格，民政部门负责对公益性社会团体的资格进行初步审核，财政、税务部门会同民政部门对公益性社会团体的捐赠税前扣除资格联合进行审核确认。财政部和民政部每年都会公布获得慈善捐助税收减免资格的社会团体名单。由于享受捐助减免税的社会团体数量有限，有统计表明获得减免税资格的慈善组织不足 10% ，甚至还有 70% 在民政部登记的社会组织没有自身收入免税资格，而且有慈善捐助减免税资格的大都具有政府色彩。第二，免税申请的程序复杂，退税需要经历的环节多。第三，目前中国慈善捐助税收减免只针对现金捐赠，股权、实物等捐赠很难享受减免税的待遇。

（三）促进慈善捐助减免税政策发挥良好作用的建议

目前针对慈善捐助的减免税政策存在一些需要改进的地方。在扣税比例上，相对于国外一些发达国家地区已经算是比较高了，因此，首要的是从制度安排入手，来激发社会捐助的热情。具体来说，首先，在企业捐助方面，允许年度结转扣除，在个人捐助方面，扩大捐赠的范围和捐赠机构，在抵扣流程上减少各种限制和审批的流程，提高便利性。其次，加强立法工作和部门的协调。除个别省份出台了针对慈善的法规外，全国性的专门的慈善法还没有出台，有关慈善捐助的减免税措施存在于税法等其他一些法条当中。顶层设计使得慈善捐助为需要的人群和事业提供支持，促进社会公平。

促进社会组织的健康发展，也有助于减免税作用的发挥。发达国家的经验也表明非政府组织在经济社会发展中可以起到应有的作用。日本非政府组织与民众生活密切相关，并以社会福利、社区发展、医疗保健等领域最为集中，而且有调查显示超过一半的非政府组织从事面向老年人、残疾人等社会弱势群体开展社会福利活动，日本政府通过各种方式促进非政府组织的健康发展，并提供经费委托非政府组织参与公共物品的提供，相应的，这些组织对于民众的日常需要能够迅速地给予回应和满足。美国的非政府组织在 20 世纪飞速发展，在文化、教育卫生、消除贫困、弱势群体服务、妇女儿童权益保护等方面也发挥着巨大的作用，美国政府通过减免税的方式鼓励非政府组织的发展。

第四节 小结

再分配制度的改革，需要财税体制改革密切配合。无论是税收、社会保障和转移支付等再分配机制，还是公共资源出让收益的共享，以及慈善捐助的减免税，其中都要落实在政府这一有形之手的政策调控上面。而且，这三个方面最终都需要依赖财政税收体制的改革。包括逐步提高直接税比重，清理、整合、规范专项转移支付项目，逐步取消竞争性领域专项和地方资金配，建立事权和支出责任相适应的制度。由于目前我国收入分配的主要构成是城乡差距和地区差距，更需要进一步加大地区间均衡的力度。

再分配制度的改革，需要法律法规的完善，这涉及慈善事业、扶贫开发、企业工资支付保障、国有资本经营预算、财政转移支付管理、土地管理、矿产资源管理、税收征管、房产税等方面法律法规，还包括建立健全财产登记制度，完善财产法律保护制度。

参考文献

[1] 杨天宇. 中国居民收入再分配过程中的“逆向转移”问题研究. 统计研究，2009 (04).

[2] 童锦治. 我国城镇居民税收的收入再分配效应变动及原因探析. 财贸经济，2011 (06).

[3] 徐建炜，马光荣，李实. 个人所得税改善中国收入分配了吗. 中国社会科学，2013 (06).

[4] 岳希明. 2011 年个人所得税改革的收入再分配效应. 经济研究，2012 (09).

[5] 朱玲. 2010 中国社会保障体系的公平性与可持续性研究. 中国人口科学 (05).

[6] 李实，杨穗. 中国城市低保政策对收入分配和贫困的影响作用. 中国人口科学，

2009（05）.

［7］Segal，Paul. 2011. Resource Rents，Redistribution，and Halving Global Poverty：The Resource Dividend. World Development，Elsevier，vol. 39（4），pages 475 –489，April.

［8］王小鲁. 灰色收入与国民收入分配. 比较，2010（48）.

［9］宫汝凯. 分税制改革、土地财政和房价水平. 世界经济文汇，2012（04）.

［10］Ross，Michael L. 2004. How Do Natural Resources Influence Civil War? Evidence from Thirteen Cases. International Organization，Cambridge University Press，vol. 58（01），pages 35 –67，February.

［11］Reece，William S & Zieschang，Kimberly D. 1985. Consistent Estimation of the Impact of Tax Deductibility on the Level of Charitable Contributions. Econometrical，Econometric Society，vol. 53（2），pages 271 –93，March.

［12］Peloza，P. & Steel，P. 2005. The Price Elasticities of Charitable Contributions：A Meta –Analysis. American Marketing Association，24（2），260 –272.

［13］王则柯. 慈善事业在美国. 经济社会体制比较，1999（06）.

第六章　工资制度和规范收入秩序

较高的劳动生产率增速和相对较低的工资上升速度构成了中国的低劳动力成本竞争优势，这是中国在国际市场竞争中获得成功并实现长期高速增长的重要原因。然而，高生产率增速和低工资上升速度也表现为劳动收入份额下降，相应地，资本收入份额则在增加。这必然导致个体间收入差距扩大。研究表明，劳动收入份额下降和收入差距扩大是导致消费低迷进而内需增长乏力的重要原因。一方面，低工资带来的劳动力成本优势为提高中国产品的出口竞争力进而促进经济增长做出了重要的贡献，另一方面，较低的工资增速却不利于消费需求的增长。因此，工资制度以及工资政策的制定需对此进行权衡。中国长期以来实施的以出口为导向的经济战略对外部市场过度依赖，经济增长缺乏内在的稳定性。为实现经济的持续稳定增长，必须转变经济增长方式，提高内需尤其是消费需求在经济增长中的作用，这在经济危机出口增长乏力时显得尤为重要，也对制定合理的政策以保持工资的正常稳定增长提出了必然的要求。十八届三中全会提出“健全工资决定和正常增长机制，完善最低工资和工资支付保障制度，完善企业工资集体协商制度”，将工资的正常稳定增长作为政府改革的一项重点。最低工资和工资集体谈判是国际通行的调节劳动市场和劳动收入的工资制度，而工资支付保障制度则对工资的及时、正常支付提供保障。本章第一小节主要从这三个方面对中国的工资制度进行分析。

近4000万规模的机关事业单位工作人员的收入分配是整个社会收入分配的重要组成部分。新中国成立以来机关事业单位工资制度经历了1956年、1985年、1993年和2006年四次改革，逐步消除了机关事业单位工作人员工资的平均主义问题，并建立起将工资与岗位职责和绩效挂钩的工资制度，提高了工作人员的工作积极性和工作效率。但与此同时，机关事业单位的津贴制度还不完善，机关事业单位工作人员工资的地区和行业差距的不合理部分仍然需要改进。十八届三中全会对“改革机关事业单位工资和津贴补贴制度”提出了明确的要求，因此，本章第二小节通过回顾机关事业单位的四次工资制度改革，提出机关事业单位工资和津贴制度的不足及可能的改进方向。

市场化改革为中国经济带来了长期的高速增长，但与此同时，中国的收入差距也呈扩大的趋势。市场化改革过程中的制度因素是导致中国居民收入差距扩大的一个主要原因。政府行为不规范和收入分配系统不透明两项与制度相关的因素使城镇居民基尼系数上升了5.2个百分点。制度缺陷会带来大量的隐性收入，其中有较大的比例是灰色收入，或者称非法非正常收入。隐性收入已经成为收入差距扩大的重要原因，而与要素回报差异带来的合理收入差距相比，公众显然对隐性收入有更严重的抵触情绪，进而构成社会不稳定因素，阻碍经济的发展。因此，清理和规范隐性收入，取缔非法收入，不仅对改善收入分配状况有重要意义，而且有利于社会的和谐稳定。十八届三中全会要求“清理规范隐性收入，取缔非法收入”，规范收入分配秩序。本章第三小节在对隐性收入规模估计和灰色收入来源的分析的基础之上，提出清理和规范隐性收入的相应政策建议。

个人收入和财产信息系统对规范收入分配秩序，完善收入分配调控体制机制和政策体系有重要作用，尤其是在中国当前收入差距扩大、收入分配状况恶化的背景下，这一系统的建立对社会公平的实现有着重要的意义。建立个人收入和财产信息系统是十八届三中全会提出的一项重要决议。本章第四小节通过介绍个人所得税的征收和信息化管理系统以及不动产联网登记制度，探讨建立个人收入和财产信息系统的可能途径。

第一节　工资制度

一、引言

较高的劳动生产率增速和相对较低的工资上升速度构成了中国的低劳动力成本竞争优势，这是中国在国际市场竞争中获得成功并实现长期高速增长的重要原因（Ceglowski and Golub, 2007；都阳和曲玥, 2009）。然而，高生产率增速和低工资上升速度也表现为劳动收入份额下降。根据白重恩和钱震杰（2009），使用要素成本法计算的劳动收入份额在1995—2006年间从59.1%下降到47.31%，相应的资本收入份额则增加了11.79%。由于资本在个体间的分配比劳动力更不均等，资本收入份额的增加必将导致个体间收入差距扩大（白重恩等, 2008）。有研究表明，劳动收入份额下降和收入差距扩大是导致消费低迷进而内需增长乏力的重要原因（方福前, 2009；邹红和喻开志, 2011）。因此，一方面，低工资带来的劳动力成本优势为提高中国产品的出口竞争力进而促进经济增长做出了重要的贡献，另一方面，较低的工资增速却不利于消费需求的增长。工资制度以及工资政策的制定需对此进行权衡。以欧洲国家为例，欧洲一体化减少了要素在欧洲国家之间的流动障碍，为了在竞争中获取优势，欧洲国家自20世纪90年代中期以来调整了工资政策，工资以较低的速率增长（Keune and Galgoczi, 2008）。然而，对于中国而言，长期以来实施的以出口为导向的经济战略对外部市场过度依赖，经济增长缺乏内在的稳定性（王伟光等，2010），为实现经济的持续稳定增长，必须转变经济增长方式，提高内需尤其是消费需求在经济增长中的作用，这在经济危机出口增长乏力时显得尤为重要，也对制定合理的政策以保持工资的正常稳定增长提出了必然的要求。此外，实现劳动者工资尤其是低收入劳动者工资合理增长也是改善我国收入分配状况的关键（张车伟，2012）。

十八届三中全会提出“健全工资决定和正常增长机制，完善最低工资和工资支付保障制度，完善企业工资集体协商制度”，将工资的正常稳定增长作为政府改革的一项重点。最低工资和工资集体谈判是国际通行的调节劳动市场和劳动收入的工资制度（王湘红，2012），本部分将简单介绍中国的工资增长状况以及最低工资制度和工资集体协商制度的发展。此外，工资正常支付是实现工资稳定增长的前提，然而，工资支付问题在农民工群体中较为突出，拖欠农民工薪酬的事件时有发生，为保障农民工薪酬的正常支付，中国制定了工资支付保障制度，最后部分将简单介绍这一制度。

二、工资增长状况

改革开放以来，中国城镇居民的工资水平经历了较大幅度的增长，从国家统计局的数据可以看出，名义平均工资从 1978 年的 615 元上升到 2011 年的 41799 元，年均增长 13.64%，经过城镇居民消费价格指数平减后实际工资年均增长率也达到7.60%。然而，工资在部门和行业间的增长不平衡，不同部门和行业的工资水平存在较大的差异。

（一）工资增长速度与人均 GDP 增速

图 6.1 给出了 1980—2011 年工资增长率以及人均 GDP 增长率的变化趋势。可以看出，除了 1981 年、1988 年和 1989 年，实际工资增长率均大于 0，说明实际工资在逐年上升。1998 年以来，实际工资更以每年超过 10% 的速率稳定增长，不过 2010 年和 2011 年增长速度有所下滑，分别为 9.8% 和 8.6%。由于较为严重的通货膨胀率，1985—1989 年以及 1991—1996 年，实际工资增长率大大低于名义工资增长率，其他年份，实际工资增长率与名义工资增长率较为接近。但与人均 GDP 增速相比，除了 1998—2003 年实际工资增速超过人均 GDP 增速，其他年份实际工资增速均低于人均 GDP 增长速度。

（二）国有部门和非国有部门工资

国有部门和非国有部门工资水平及其增速存在较大的差异。从图 6.2 可以看出，国有单位、集体单位以及除国有和集体单位以外的私人部门的工资水平均有

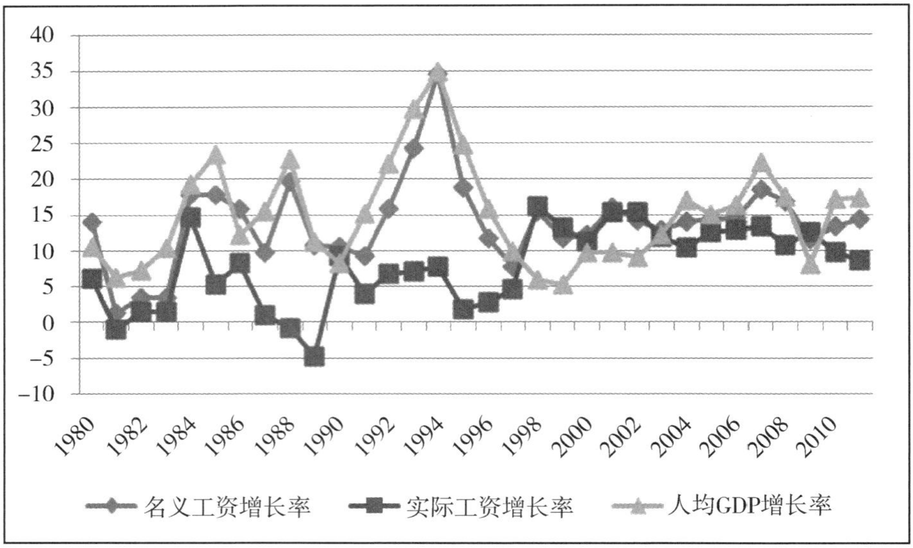

图 6.1　工资增长率与人均 GDP 增长率：1980—2011（单位：%）

数据来源：国家统计局。

较大幅度的增长，但总体来看，国有部门的工资增速快于私人部门的工资增速，这导致国有部门工资水平与私人部门的工资水平的差距在逐渐缩小，并于 2005 年开始出现逆转，国有部门工资水平超过私人部门工资水平，工资差距也呈逐渐扩大的趋势。集体单位的工资水平相对较低，但近年来也以较快的速度增长。

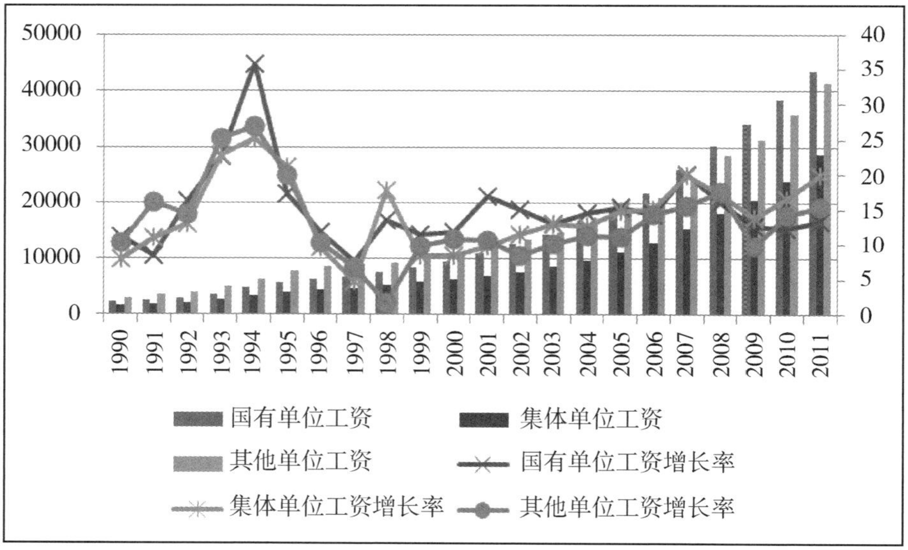

图 6.2　不同登记注册类别单位的工资（左轴，单位：元）及其增长率（右轴，单位：%）

数据来源：2012 年《中国劳动统计年鉴》。

国有部门工资水平的快速增长与中国劳动力市场的所有制结构有关。我国劳动力市场化程度的提高是靠非国有经济的逐步发展实现的（蔡昉等，2005），中国的劳动力市场在所有制结构上存在市场分割（薛欣欣，2008）。尽管随着市场化改革的深入，劳动力市场竞争性增强，人力资本报酬机制在国有部门的工资决定中起着越来越重要的作用。有研究表明，国有部门与非国有部门的工资差异中，80%来自于人力资本优势（张车伟和薛欣欣，2008）。但与非国有部门相比，国有部门的工资决定依然带有较强的制度化特征（薛欣欣，2008），拥有再分配权利和寻租能力仍然是国有部门工资增长的重要原因（张义博，2012），这一问题的改善依赖于市场化和制度改革的进一步推进。

（三）行业的工资差异

图 6.3 是不同行业的平均工资水平。从中可以看出，所有行业的平均工资都呈上升趋势，但不同行业的工资水平存在巨大的差异，其中金融业、“信息传输、计算机服务和软件业”“科学研究、技术服务和地质勘查业”“电力、燃气及水的供应业”、“采矿业”、“交通运输、仓储和邮政业”等行业的工资水平较高，而农林牧渔业、制造业、建筑业、批发和零售业、住宿和餐饮业、服务和其他服

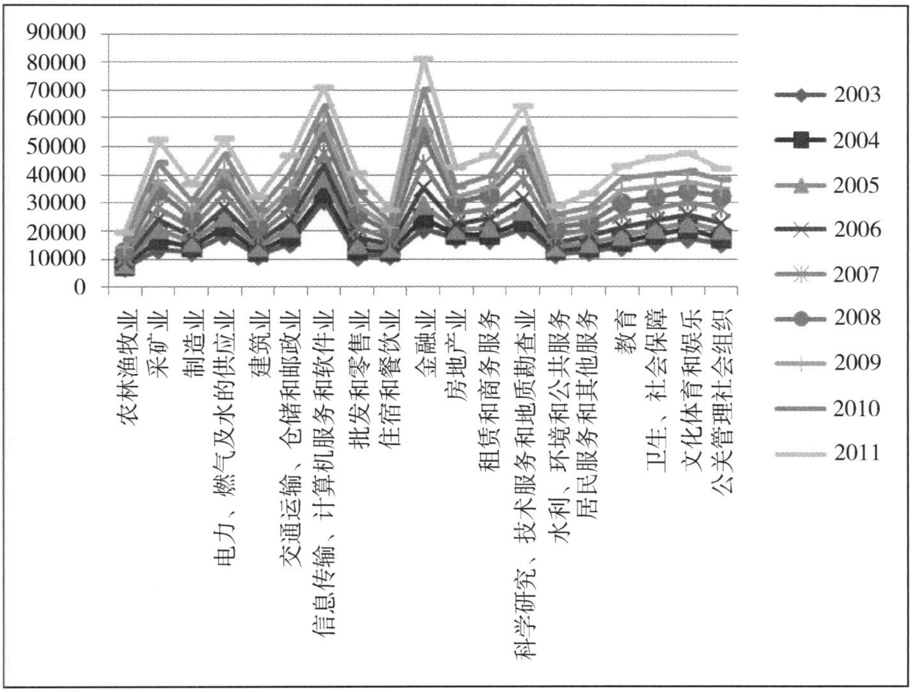

图 6.3 不同行业的工资水平（单位：元）

数据来源：2012 年《中国劳动统计年鉴》。

务业等行业的工资水平则相对较低。这里的高工资行业与岳希明等（2010）对垄断行业的分类基本一致，而低工资行业则对应着竞争性行业，他们的研究表明，垄断行业与竞争性行业之间收入差距的50%以上是不合理的，是由行业的垄断地位造成的。除了行业的垄断地位，劳动力的行业进入障碍也是造成行业间收入差距的一个必要条件，而社会关系、父亲的教育、政治身份以及城镇户籍等非市场因素是形成行业进入障碍的重要方面（陈钊等，2009），这会造成不公平竞争，扭曲市场机制的作用。打破行业垄断、消除劳动力市场进入障碍不仅是完善工资决定机制的重要条件，而且有利于实现行业收入均等化，创造公平竞争环境，缩小行业间收入差距。

三、最低工资制度

尽管近年来工资水平有较大幅度的上升，但低收入带来的工作中的贫困仍然存在（姚建平，2011）。最低工资制度以保障劳动者个人及其家庭成员的基本生活为目标，发挥着反贫困和缩小收入差距的作用（Neumark and Wascher，2008）。

中国自1993年发布《企业最低工资规定》开始建立最低工资制度，1994年颁布的《劳动法》使最低工资制度以法律的形式确立下来。1995年，130个城市执行了最低工资制度，20世纪90年代末则发展为几乎所有地级市都执行最低工资制度（都阳和王美艳，2008）。但在最低工资执行初期到1999年以前，各地最低工资标准调整较少，直至1999年、2000年起一些地区才开始逐年微调（罗小兰，2007）。2004年，劳动和社会保障部颁布了《最低工资规定》，各地政府开始频繁且较大幅度地提高最低工资标准（丁守海，2010）。2006年，在286个地级及以上的城市中，将近90%的城市对最低工资标准进行了调整（都阳和王美艳，2008）。除了最低工资标准调整频率在提高，最低工资标准也有了显著的增长，全国名义最低工资从1995年的平均每月195元增长到2006年的498元，但与相应的城市平均工资相比（分别为514元和1750元）（都阳和王美艳，2008），最低工资占城市平均工资的比例有所下降。此外，最低工资标准的地区差异也较大，2014年，上海提高最低工资标准后，其月最低工资标准居全国首位，达到1820元，而贵州省的最低工资标准全国最低，为1030元。

最低工资标准的上升除了直接提高原本处于最低工资水平的劳动者的工资，还会对高于最低工资的人群的工资水平产生波纹效应，提高这部分劳动者的工资水平（Pollin et al.，2008），因此，最低工资标准的提高对工资水平的上升有明显的正向作用。有研究显示，最低工资每上涨10%，制造业企业平均工资将整体上涨0.4%～0.5%（马双等，2012）。由于农民工大多工资水平较低，最低工资标准对农民工工资增长有显著作用（孙中伟和舒玢玢，2011）。此外，最低工资标准的提高对缩小收入差距也有显著的作用。使用北京市农民工的样本研究发现，法定最低工资标准的提高显著地缩小了农民工群体内部的收入差异，最低工资标准提高分别解释了农民工全样本和受雇样本基尼系数下降的28.82%和58.71%，阿特金森指数下降的26.13%和49.19%，泰尔指数下降的22.79%和38.67%，对收入的10－50分位比值和10－90分位比值的上升也具有很强的解释力（叶静怡和杨洋，2013）。

尽管最低工资为劳动者的工资水平提供了保障，但仍然存在低工资和工作中的贫困，除了最低工资标准可能过低而难以保障工人的基本生活以外，最低工资违规导致最低工资的保障功能无法发挥也是一个重要原因。2004年在《最低工资规定》出台后不久，国务院颁布了《劳动监察条例》，要求企业执行最低工资规定并对违规进行处罚，2008年《劳动合同法》的出台更对最低工资制度的执行起到强化作用，使监管环境变得更为严格（丁守海，2010）。监管环境的变化对最低工资执行情况有重要的影响。以北京市农民工为例，受《劳动合同法》的影响，2006—2009年，低于月最低工资标准的农民工的比例在下降，从15.2%下降为1.9%，但2010年和2011年，这个比例又有所回升（叶静怡和王琼，2013），除了受经济危机的影响，宏观经济形势有所恶化导致劳动力就业环境恶化以外，监管力度有所松动也可能是一个重要原因。与月最低工资标准执行情况相比，小时最低工资标准的执行情况更差，这在以农民工为主体的外来劳动力群体中表现得更为明显。月最低工资的覆盖情况在城市本地劳动力和外来劳动力之间没有显著的差异，但外来劳动力多在非正规部门工作，与正规部门相比，工作时间更长，劳动强度更大，小时最低工资的覆盖率也比城市本地劳动力要低（都阳和王美艳，2008）。因此，要减少低工资和工作中的贫困的发生率，使最低工资的保障功能得以发挥，除了制定合理的最低工资标准以外，加强最低工资监管以及严格执行小时最低工资标准是两个重要的方面。

四、工资集体协商

中国处于典型的二元经济发展阶段，农村大量的剩余劳动力造成劳动力市场长期处于供大于求的局面，劳动者在工资议价中缺乏谈判势力，工资增长缺乏动力和保障机制。而工资集体协商是市场经济条件下，建立企业工资分配共决机制、正常工资增长机制和工资支付保障机制的重要内容和措施（关明鑫，2008），实行工资集体协商，有利于提高劳动者的工资议价能力。具体而言，工资集体协商是指职工代表与企业代表依法就企业内部工资分配制度、工资分配形式、工资收入水平等事项进行平等协商，在协商一致的基础上签订工资协议的行为①。

中国的工资集体协商制度始于20世纪90年代。1994年颁布的《劳动法》

① 参见《工资集体协商试行办法》第三条。

对集体协商和集体合同制度做了原则性规定。2000 年，劳动部发布《工资集体协商试行办法》，要求工资集体协商在全国推行。2001 年修改的《工会法》强化了工会在集体谈判中的中心地位。2008 年实施的《劳动合同法》则对开展平等协商、签订集体合同做了进一步的明确规定。2009 年，全国总工会发布《中华全国总工会关于积极开展行业性工资集体协商工作的指导意见》，提出在产业集群、中小企业、劳动密集型企业相对集中的地区和行业，推行行业工资集体协商。2010 年，全国总工会发布了更多的官方文件，呼吁在所有的企业实施集体协商制度，使这一制度获得了更大的推广与发展。

经过近 20 年的发展，中国的工资集体协商制度已经初步建立。截至 2011 年 6 月底，我国工资集体合同覆盖企业 174.2 万家，覆盖职工首次破亿，达到 1.04 亿人，比 2010 年分别增长 56.1% 和 37.3%①。2011 年年底，全国工资集体合同对企业的覆盖率达到 17.4%②。工会在企业中的覆盖率在上升，并在工资集体协商中起着重要的作用。根据 2011 年《中国工会统计年鉴》，2010 年，全国内资企业和港澳台及外资企业的基层工会组织覆盖的单位数为 2519747，与当年相应的 6517670 家内资企业和港澳台及外资企业总数相比，工会组织的覆盖率为 38.66%，其中内资企业的覆盖率为 37.40%，而港澳台和外资企业的覆盖率达到 75.20%。2011 年，全国总工会制定下发《2011—2013 年深入推进工资集体协商工作规划》，提出“从 2011 年起用 3 年时间，到 2013 年底已建工会组织的企业 80% 以上建立工资集体协商制度”的目标，同时明确“世界 500 强在华企业全部建立工资集体协商制度”。从工资集体协商的特点来看，中国主要实行在政府主导下的以企业层面的工资集体协商为主的分散型工资集体协商，行业层面的工资集体协商还在发展中（黄任民，2009）。

工资集体协商对工资增长有正向作用。有工会的企业的平均工资要明显高于没有工会的企业（Ge，2005）。对不同的收入群体，工资集体协商产生的影响不同。有研究显示，工资集体协商显著增加了蓝领工人的平均工资，但对管理层职工的平均工资没有显著的影响（WANG and Nie，2012），说明工资集体协商有缓解企业内职工收入不平等的作用。

尽管工资集体协商制度已经逐渐建立起来，但仍然存在一些问题，主要表现在：首先，现有工资集体协商形式化的问题比较严重，中国的工资集体协商制度是由国家推动，而非企业和职工自发形成。在实际的操作过程中，国家更偏重于对指标完成手段的管理，实行的是目标管理的策略，对地方政府与工会具体完成指标的技术与技巧并不加以太多的干预，在这种只注重指标结果而不注重完成过

① 数据来源：http：//news.xinhuanet.com/local/2012－07/18/c_112471288.htm.
② 数据来源：http：//sh.eastday.com/m/2013shlh/u1a7167947.html.

程的治理模式下，往往会出现集体协商形式化的现象，具体而言，用数字化的指标来指引全国集体协商工作，注重的仅是集体合同的数量和覆盖面，对于合同的质量问题并没有设定明确的目标，使得集体协商并非是劳资博弈，而成为一场以指标为导向的体制内部考核与评估（吴清军，2012）。其次，法律配套制度不健全。尽管现有法律法规对工资集体协商的实施给出了指导性的建议，但对具体操作程序并未给出明确规定，对企业拒绝进行集体协商及违约所应承担的法律责任并不明确（黄任民，2009）。再次，职工参与工资集体协商缺乏内在动力。在劳动力市场供大于求进而竞争激烈的情况下，多数劳动者只想保住劳动岗位，不敢提出工资集体协商的要求（关明鑫，2008）。因此，健全法律体系，明确集体协商的具体操作，对企业违约行为制定相应的惩罚机制，提高劳动者的维权意识和政府的监察执法能力，有利于摆脱当前工资集体协商覆盖率不高且形式化的困境。

五、工资支付保障制度

工资正常支付是实现工资稳定增长的前提。然而，工资支付问题在农民工群体中较为突出，拖欠农民工薪酬的事件时有发生。早在1994年《劳动法》颁布时就对工资支付保障做了原则性规定，并于1994年专门出台了《工资支付暂行规定》，但工资拖欠问题仍然较为严重。2003年，温家宝总理在考察三峡库区移民安置时，有农民工向总理陈述工资拖欠问题，此后，国家对农民工工资拖欠问题越来越重视。2004年，劳动和社会保障部、建设部发布《建设领域农民工工资支付管理暂行办法》，规定农民工工资拖欠的解决办法，并提出缴纳工资保障金。2005年，全国已有16个省区市建立了工资支付保障制度①。2006年，国务院发布《国务院关于解决农民工问题的若干意见》，明确要求建立工资支付监控制度和工资保证金制度。此后，各地开始陆续建立工资准备金制度、保证金制度和应急垫付机制。2011年，云南省政府出台中国第一部专门规范农民工工资支付保障工作的省级政府规章《云南省农民工工资支付保障规定》，建立了工资准备金制度、保证金制度、应急周转金制度。准备金制度要求在办理施工许可证前，支付工程款中不低于10%的资金预存入工资准备金账户，每月由银行按月代发农民工工资；保证金制度要求按照施工合同约定工程款预算的3%向农民工工资保证金账户缴存农民工工资保证金；应急周转金制度则由州和县人民政府建立，在用人单位确实无能力支付或逃避支付工资时，动用周转金先行垫付被拖欠的农民工工资，以保障农民工工资得到及时支付。此外，相关部门还多次发文要求建立和健全工资支付保障制度，并开展农民工工资支付情况专项检查活动。农

① 参见 http：//news. xinhuanet. com/mrdx/2005－11/29/content_3851083. htm.

民工工资支付保障制度已得到一定程度的完善。例如2011年，人力资源和社会保障部开展农民工工资支付情况专项调查，为129.2万名农民工补发拖欠工资及赔偿金29.4亿元；至2011年年底，湖南省建筑行业农民工工资支付保障金开户超5000户，累积存入的保障金超40亿元，惠及农民工超过80万人次①。

尽管工资支付保障制度经过近20年的发展已开始逐渐建立起来，但是农民工工资拖欠问题仍然存在，工资支付保障制度还存在一些问题，影响工资支付保障制度作用的发挥。首先，保障金制度的相关立法以地方性法规、规章为主，对保障金的筹集、运作、管理方式的规定差异较大，且效力等级不高、覆盖范围窄，影响保障金制度的全面实施（朱俊华，2013）。其次，工资支付保障金制度落实力度不够，有些县市尽管建立了工资保障金制度，但工资保证金收取额为零，或保障金结存额为零（王新刚，2013），工资保障金制度形同虚设。再次，劳动保障行政执法部门的监察执法力度不严，执法部门间缺乏配合，影响执法的及时性和有效性（王新刚，2013）。加强对工资支付制度的落实和监管，将对保障农民工工资的支付有重要意义。

六、小结

劳动者工资尤其是低收入劳动者工资合理增长是扩大内需、实现经济持续稳定增长的必然要求，也是改善我国收入分配状况的关键。改革开放以来，中国的工资水平经历了较大幅度的增长，但也表现出工资在部门和行业间的增长不平衡、不同部门和行业的工资水平存在较大的差异等特点。最低工资和工资集体谈判是国际通行的调节劳动市场和劳动收入的工资制度。经过近20年的发展，中国逐步建立了最低工资制度和工资集体协商制度，并对提高工资水平和缩小收入差距起着重要的作用。此外，工资支付保障制度也为农民工欠薪问题提供了较好的解决方案，保障了工资的及时、正常支付。但是，当前的最低工资制度、工资集体协商制度和工资支付保障制度均还存在一定的问题，这些制度的完善将对保障工资正常稳定增长目标的实现有重要意义。

参考文献

[1] Ceglowski, J., Golub, S.. 2007. Just How Low Are China's Labour Costs?. The World Economy, 30 (4): 597-617.

[2] Ge, Y.. 2005. What Do Unions Do in China. Freeman, 39.

[3] Keune, M., Galgoczi, B.. 2008. Wages and Wage Bargaining in Europe: Developments since the Mid-1990s. European Trade Union Institute for Research, Education and Health and Safety (ETUI-REHS).

---

① 数据来源：2012年《中国人力资源和社会保障年鉴》。

［4］Neumark, D. , Wascher, W. L. , 2008, Minimum Wages. MIT Press.

［5］Pollin, R. , Brenner, M. D. , Wicks – Lim, J. , Luce, S. , 2008, A Measure of Fairness: The Economics of Living Wages and Minimum Wages in the United States. Cornell University Press.

［6］WANG, X. S. , Nie, H. . 2012. The Impact of Collective Wage Agreements in China: A Firm – Level Study. 64 th Annual Meeting.

［7］白重恩，钱震杰．国民收入的要素分配：统计数据背后的故事．经济研究，2009（3）：27 – 41.

［8］白重恩，钱震杰，武康平．中国工业部门要素分配份额决定因素研究．经济研究，2008（8）：16 – 28.

［9］蔡昉，都阳，王美艳．中国劳动力市场转型与发育．北京：商务印书馆出版社，2005.

［10］陈钊，陆铭，佐藤宏．谁进入了高收入行业？——关系，户籍与生产率的作用．经济研究，2009（10）：121 – 132.

［11］丁守海．最低工资管制的就业效应分析——兼论《劳动合同法》的交互影响．中国社会科学，2010（1）：85 – 102.

［12］都阳，曲玥．劳动报酬，劳动生产率与劳动力成本优势——对 2000—2007 年中国制造业企业的经验研究．中国工业经济，2009（5）：25 – 35.

［13］都阳，王美艳．中国最低工资制度的实施状况及其效果．中国社会科学院研究生院学报，2008（6）：56 – 62.

［14］方福前．中国居民消费需求不足原因研究——基于中国城乡分省数据．中国社会科学，2009（2）：68 – 82.

［15］关明鑫．企业工资集体协商制度研究．中国劳动关系学院学报，2008，22（4）：5 – 9.

［16］黄任民．中国工资集体协商的特点及工会的作用．中国劳动关系学院学报，2009（5）：53 – 57.

［17］罗小兰．我国最低工资标准农民工就业效应分析——对全国，地区及行业的实证研究．财经研究，2007，33（11）：114 – 123.

［18］马双，张劼，朱喜．最低工资对中国就业和工资水平的影响．经济研究，2012（5）：132 – 146.

［19］孙中伟，舒玢玢．最低工资标准与农民工工资——基于珠三角的实证研究．管理世界，2011（8）：45 – 56.

［20］王伟光，陈锡文，李扬等．“十二五”时期我国经济社会发展改革问题笔谈．经济研究，2010.

［21］王湘红．工资制度对劳动收入的影响．政治经济学评论，2012（2）：177 – 195.

［22］王新刚．完善企业依法支付农民工工资长效保障机制．企业家信息，2013（5）：15 – 16.

［23］吴清军．集体协商与“国家主导”下的劳动关系治理．社会学研究，2012（3）：1 – 22.

［24］薛欣欣．我国国有部门与非国有部门工资决定机制差异的实证研究．产业经济评论，2008. 7（1）：60 – 81.

［25］姚建平．中国城市工作贫困者：问题的形成，群体特征与积极社会政策．社会保障

研究，2011.

[26] 叶静怡，王琼. 进城务工人员相对收入研究——以北京市为例. 学习与探索，2013 (6)：92－99.

[27] 叶静怡，杨洋. 最低工资标准与农民工收入不平等——基于北京市农民工微观调查数据的分析. 北京大学经济学院发展经济学讨论会，2013.

[28] 岳希明，李实，史泰丽. 垄断行业高收入问题探讨. 中国社会科学，2010 (3)：77－93.

[29] 张车伟. 中国劳动报酬份额变动与总体工资水平估算及分析. 经济学动态，2012 (9)：10－19.

[30] 张车伟，薛欣欣，国有部门与非国有部门工资差异及人力资本贡献，经济研究，2008 (4)，15－25.

[31] 张义博. 公共部门与非公共部门收入差异的变迁. 经济研究，2012 (4)：77－88.

[32] 朱俊华. 试论劳动者薪酬支付保障机制建设. 中外企业家，2013 (5)：214－216.

[33] 邹红，喻开志. 劳动收入份额，城乡收入差距与中国居民消费. 经济理论与经济管理，2011 (3)：45－55.

第二节　改革机关事业单位工资和津补贴制度

一、引言

据统计，目前我国事业单位有 111 万个，事业编制 3153 万人①，公务员数量在 2012 年也已达到 708.9 万人②。近 4000 万规模的机关事业单位工作人员的收入分配是整个社会收入分配的重要组成部分。新中国成立以来机关事业单位工资制度经历了 1956 年、1985 年、1993 年和 2006 年四次改革，逐步消除了机关事业单位工作人员工资的平均主义问题，并建立起将工资与岗位职责和绩效挂钩的工资制度，提高了工作人员的工作积极性和工作效率。但与此同时，不同地区和不同行业机关事业单位工作人员工资水平的差距也逐渐拉大，尤其在 1993 年改革中消除工资区制度改行地区津补贴制度以后更为明显。1993 年建立的工资制度由于允许各地根据财力情况解决地区性津补贴，地方和单位在国家统一工资政策外普遍自行出台津补贴，且项目繁多，资金来源比较复杂，水平相互攀比，造成地区间、单位间的工资差距不断拉大（何凤秋，2008）。2006 年工资制度改革对地区津补贴进行了调整和规范，逐步使同一地区不同部门的津贴补贴水平大体相当，一定程度地缩小了不同地区间的收入差距（何凤秋，2010）。但是，机关事业单位的津贴制度还不完善，机关事业单位工作人员工资的地区和行业差距的不合理部分仍然需要改进。本小节通过回顾机关事业单位的四次工资制度改革，

① 数据来源：http：//www. farmer. com. cn/xwpd/rdjj1/201405/t20140516_961380. htm.

② 数据来源：http：//www. chinanews. com/edu/2013/06－27/4977003. shtml.

提出机关事业单位工资和津贴制度的不足及可能的改进方向。

二、机关事业单位工资制度改革

（一）1956 年工资制度改革

1956 年工资制度改革的主要内容可以概括为：取消工资分制度，建立货币工资制度；实行十一个工资分区的等级工资标准，并对少数物价水平过高的地区另加生活费补贴。

1951 年前后，适应工资制度改革的需要，在物价尚不稳定的情况下，实行以实物为计算基础的工资分作为工资计算单位的制度，工资分标准由生活所需消费品决定，其代表的货币值随当地物价而变化，物价水平决定工资分区，至 1955 年，全国共有 285 个工资分区（朱家骥，1986）。但随着物价稳定，工资分值长期变动不大，职工生活水平提高，工资分所含实物不能满足生活需要（朱家骥，1986），1955 年 8 月 31 日发布《国务院关于国家机关工作人员全部实行工资制和改行货币工资制的命令》以及 1955 年 11 月 21 日发布的《国务院关于地方事业单位实行货币工资制和调整工资标准问题的通知》，国家机关和事业单位率先取消工资分制，改为货币工资标准和物价津贴制度。实行的包干制待遇制度也改为工资制待遇，工作人员个人及其家属的一切生活费用，均由个人负担。为解决各地区之间所存在的物价差额，对某些交通不便、物资缺乏的特殊地区，在实行货币工资制的同时，一律实行实物供应办法①。货币工资标准以工资分中较低的分值（0. 22 元）为基础规定，工资分值高于 0. 22 元的地区，除执行统一的货币工资标准外，高出部分折算为物价津贴（物价津贴是标准工资的百分比），全国物价津贴标准有 78 个（朱家骥，1986）。

由于工资的平均主义现象较为严重，不符合按劳取酬原则和生产发展需要，根据按劳取酬和工资提高与劳动生产率增长相适应的原则，1956 年 7 月 4 日发布《国务院关于工资改革的决定》，进行全面的工资制度改革。全面取消工资分制度和物价津贴制度，实行货币工资标准制度。根据各地区发展生产的需要、物价生活水平和现实工资状况，规定不同的货币工资标准。全国分为 11 个工资标准区，对少数物价水平过高的地区另加生活费补贴。工作人员根据自己的等级以及所在的工资区，对应自己的工资标准。

（二）1985 年工资制度改革

1985 年的工资制度改革，企业与国家机关和事业单位的工资改革、工资调

① 参见《国务院关于某些特殊地区工作人员实行实物供应的决定》。

整脱钩；机关事业单位实行结构工资制，工资由基础工资、职务工资、工龄津贴和奖励工资四部分组成；依据原有的工资区工资标准的差异，计算地区工资。

1985 年 1 月 5 日，国务院发布《关于国营企业工资改革问题的通知》，提出企业与国家机关、事业单位的工资改革和工资调整脱钩。企业实行工资总额随同本企业经济效益浮动办法以后，企业职工工资的增长应依靠本企业经济效益的提高，国家不再统一安排企业职工的工资改革和工资调整。

为了逐步消除现行工资制度中的平均主义和其他不合理因素，初步建立起能够较好地体现按劳分配原则、便于管理和调节的新工资制度，1985 年 6 月 4 日，国务院、中共中央发布《关于国家机关和事业单位工作人员工资制度改革问题》的通知，改革国家机关、事业单位工作人员工资制度。实行结构工资制，工资由基础工资、职务工资、工龄津贴和奖励工资四个部分组成。其中，基础工资相同，职务工资由职务等级决定，工龄每增加 1 年，工龄津贴增加 0.5 元，用于工龄津贴增加的工龄最多不超过 40 年。尽管此次改革提出建立正常的晋级增资制度，但实际上这一制度直到 1993 年的工资制度改革才建立起来。

1956 年到 1985 年期间，进行了三次工资区调整，1985 年的工资区已从 1956 年的 11 区改至仅保留第 5 区至第 11 区共 7 个工资分区。在 1985 年工资制度改革后，基础工资和职务工资不再分为 7 个工资分区，而是实行全国统一的基础工资和职务工资标准，只是在此基础上根据工资分区的不同，计发地区工资，即工作人员最终得到的工资为基础工资、职务工资、工龄津贴、奖励工资和地区工资之和，地区工资的计算方法参见《关于四类工资区提高到五类工资区和计发地区工资办法的具体规定》。此外，已经实行企业化管理、经济上能够自立的事业单位，按企业对待，与国家机关、事业单位的工资调整脱钩。

（三）1993 年工资制度改革

根据改革开放和建立社会主义市场经济体制的要求，进一步贯彻按劳分配原则，克服平均主义，建立起符合机关和事业单位各自特点的工资制度与正常的工资增长机制，1993 年 11 月 15 日发布《国务院关于机关和事业单位工作人员工资制度改革问题的通知》，实行新中国成立以来第三次机关、事业单位工资制度改革。经过此次改革，事业单位工资制度与国家机关的工资制度脱钩。机关实行职级工资制，事业单位的工资包括固定部分和浮动部分。建立了正常增资制度。建立艰苦边远地区津贴，实行西藏特殊津贴。尽管国家未出台地区附加津贴的具体实施方案，但各地开始自行出台各种津补贴，导致地区之间国家机关和事业单位工作人员工资差距拉大。

具体而言，国家机关改革的主要内容包括：（1）实行职级工资制度，工资分为职务工资、级别工资、基础工资和工龄工资，每一职务设三至八档，级别分为十五级，每一职务和级别设不同的工资标准；基础工资相同，为90元；工龄每增加一年，工龄工资增加一元。（2）建立正常增资制度，通过考核晋升职务档次和级别工资，并根据经济发展和物价变化定期调整工资标准。（3）实行艰苦边远地区津贴和地区附加津贴。（4）改革奖金制度，对考核为称职和优秀的人员发放一次性奖金。（5）对机关工人实行岗位技术等级工资制度，工资由岗位工资、技术等级工资和奖金三部分构成。普通工人实行岗位工资制，其工资由岗位工资和奖金两部分构成。

事业单位改革的主要内容包括：（1）工资由固定部分和浮动的部分组成，根据事业单位和职务类别的特点，工资构成有所差异。其中浮动的部分主要是津贴，津贴的发放按照国家规定的比例实行总额控制、政策指导、单位自主分配的办法。（2）不同类别的事业单位采取不同的工资制度。全额拨款单位和差额拨款单位实行工资总额包干制，但固定部分和浮动的部分比例有差异（全额拨款单位比例为7：3，差额拨款单位为6：4），自收自支单位依照企业工资制度管理。3建立正常增资制度，通过考核晋升职务和技术等级工资，并根据经济发展和物价变化定期调整工资标准。（4）建立地区津贴制度，实行艰苦边远地区津贴和地区附加津贴。

实行地区津贴制度是1993年改革不同于以往工资制度的重要方面，但地区附加津贴的相关规定并未出台，艰苦边远地区津贴标准则由1993年12月4日发布的《国务院办公厅关于印发机关、事业单位工资制度改革三个实施办法的通知》规定。西藏地区自1994年1月1日开始实行西藏特殊津贴，原则是使西藏地区机关事业单位职工的平均工资达到全国平均工资的2.5倍。为支持西部大开发战略的实施，2001年2月8日又出台了《人事部、财政部关于实施艰苦边远地区津贴的方案》。

尽管国家并未出台地区附加津贴的实施方案，但根据《国务院关于机关和事业单位工作人员工资制度改革问题的通知》中实施地区附加津贴的精神：使不同地区机关、事业单位工作人员工资的提高与经济发展联系起来，允许省、自治区、直辖市运用地方财力安排一些工资性支出，用于缩小机关、事业单位工作人员工资水平与当地企业职工工资水平的差距，各地开始巧立名目，自行设立津补贴，被认为是地区间机关事业单位工作人员工资差距拉大的重要原因。

（四）2006年工资制度改革

2006年在1993年改革的基础上进行了第四次国家机关和事业单位工资制度改革。此次改革的内容可以概括为：调整工资结构，公务员仍然实行职级工资制，只是工资由职务工资和级别工资构成，而事业单位建立岗位绩效工资制，工资由岗位工资、薪级工资、绩效工资和津贴补贴构成；完善津贴补贴制度。

2006年6月14日，国务院发布《国务院关于改革公务员工资制度的通知》，此次公务员工资制度改革的目的是解决公务员地区间收入差距扩大的问题，规范津贴补贴的发放，促进党风廉政建设。改革的主要内容有：（1）仍然实行职级工资制，只是工资构成由职务工资、级别工资、基础工资和工龄工资改为仅包含职务工资和级别工资。职务区分为领导和非领导职务，每一职务对应一个职务工资标准。扩大级别工资的级次，将级别从15级扩大到27级，每个级别若干工资档次，每个级别档次对应一个级别工资标准。（2）调整基本工资正常晋升办法。（3）机关工人在原来的工资结构的基础上去掉奖金部分。（4）完善津贴补贴制度。完善艰苦边远地区津贴制度，实施地区附加津贴制度，完善岗位津贴制度，清理规范岗位津贴。（5）实行年终一次性奖金，年度考核称职（合格）及以上的工作人员，发放年终一次性奖金，奖金标准为本人当年12月份的基本工资。（6）提出建立工资调查制度，定期进行公务员和企业相当人员工资收入水平的调查比较，但这一制度至今还未建立起来。

与此同时，为了建立符合事业单位特点、体现岗位绩效和分级分类管理的收入分配制度，完善工资正常调整机制，2006年6月15日出台了《事业单位工作人员收入分配制度改革方案》，进行事业单位工作人员工资制度改革。改革的主要内容包括：（1）建立岗位绩效工资制。岗位绩效工资由岗位工资、薪级工资、绩效工资和津贴补贴四部分构成。其中岗位工资和薪级工资为基本工资。岗位分为专业技术岗（15个级别）、管理岗（10个级别）和工勤技能岗（技术工岗位5个等级，普通工无等级），每个岗位级别对应一个岗位工资标准。专业技术人员和管理人员设65个薪级，工人40个薪级，每个薪级对应一个薪级工资标准。国家对事业单位绩效工资分配进行总量调控和政策指导，事业单位在核定的绩效工资总量内，按照规范的程序和要求，自主分配。取消年终一次性奖金，将一个月基本工资的额度以及地区附加津贴纳入绩效工资。津贴补贴分为艰苦边远地区津贴和特殊岗位津贴补贴，由国家统一规定和管理。（2）对不同类型的事业单位实行工资分类管理，基本工资执行国家统一的政策和标准，绩效工资根据单位类型实行不同的管理办法。（3）完善工资正常调整机制。考核合格的基础上，每年增加一级薪级工资，岗位工资随岗位变动进行调整，基本工资标准和津补贴由国家适时调整。

2006年机关事业单位工资制度改革的一个重点是整顿和规范1993年工资制度改革以来津补贴乱发的现象，以防止机关事业单位工作人员收入差距扩大。2006年的事业单位工资改革将地区附加津贴纳入绩效工资中进行规范管理，而公务员的工资制度改革也要求出台地区附加津贴制度以规范和完善津补贴制度，只是地区附加津贴制度迟迟未能出台。为规范津补贴问题，中纪委在2006年出台了《中共中央纪委关于规范公务员津贴补贴问题的通知》，要求地区内部实行统一的津贴补贴标准，规范津贴补贴的资金来源，实行“收支两条线管理”，实现个人收入与单位占有的国有资产和掌握的行政权力脱钩，津贴补贴通过财政部门集中统一发放等。2013 年 6 月 13 日，监察部、人力资源和社会保障部、财政部、审计署又发布《违规发放津贴补贴行为处分规定》，规定对违规发放津贴补贴进行纪律处分。

三、机关事业单位工资制度的问题及可能的改进方向

机关事业单位的四次工资制度改革总结起来可以分为两条线。一条线是基本工资构成的改革，逐步建立起针对不同职务和等级的工作人员实行不同的工资标准、工资差异体现其所在的职务和等级的岗位责任和工作表现的工资制度，基本实现了消除平均主义、按劳分配、对工作人员进行激励以提高其工作效率的目标。另一条线是针对地区工资差异的改革，即在工资中如何体现不同地区物价水平和经济发展水平之间的差异，表现为：1956 年不同工资分区的工资标准不同；1985 年在工资分区的基础上实行地区工资，每个工资分区有相应的地区工资，机关事业单位工作人员的工资水平由基本工资加上地区工资构成；1993 年取消工资分区，将工资的地区差异纳入艰苦边远地区津贴和地区附加津贴中，放开了地方政府发放津贴补贴的权限；2006 年工资制度改革，事业单位的地区附加津贴并入绩效工资中进行管理，公务员的津贴补贴发放也相应出台了政策进行规范和整理。

尽管经过四次改革，机关事业单位工作人员的工资制度已经得到逐步完善，但现有的公务员工资制度在激励机制和导致地区工资差异扩大的津补贴制度方面还存在一定的问题。

激励机制方面，首先，级别工资内部各工资档次的工资差异太小，激励效果不足。其次，奖金制度规定，对考核合格的工作人员发放年终一次性奖金，奖金标准为本人当年 12 月份的基本工资。但是，基本工资在工资中的构成比例较低，同时考核合格的比例较高，考核结果没有区分度，从而激励效果打了折扣。再次，晋级增资制度也有待完善。晋升包括职务晋升和级别晋升。我国的行政体系呈金字塔结构，职级越高，职位越少，获得晋升的可能性也越小，因此每个职级都存在“天花板”现象。此外，级别晋升也要求在本职务所对应的级别范围内晋升，级别达到本职务对应的最高级别后，不再晋升，因而级别的晋升也存在“天花板”现象。

津补贴制度方面，1993 年工资制度改革放开地方发放津补贴的权限以后，地方开始自行设立各种津贴补贴，提高本地区机关事业单位人员的工资水平，机关事业单位工作人员工资的地区差距开始拉大；尽管 2006 年多次出台政策规范津补贴的发放，但由于地方附加津贴制度至今未出台，工资中的地区差异部分仍然由各个地区掌握，从而地区乱发津补贴的问题无法从根本上解决。

机关事业单位工资制度的进一步改革仍然可以从两条线出发，一方面继续完善绩效工资制度，使工资与工作绩效挂钩，制定更合理的激励机制，调动工作人员的工作积极性，另一方面建立和完善合理的津贴制度，既要让地区之间的工资差异体现地区的物价水平和经济发展水平差异，又要从源头上杜绝津贴的随意发放问题，以保证机关事业单位工作人员工资的地区差距保持在合理的水平内。建立全国统一的地区津贴制度，使地区津贴水平与当地企业职工的收入水平挂钩，限制地方政府随意发放津贴的权利，是解决机关事业单位工资水平地区间不合理差距的根本途径。此外，建立工资调查制度，定期进行公务员和企业相当人员工资收入水平的调查比较，则是建立地区津贴制度的基础，也是工资制度改革的重点内容。

参考文献

[1] 何凤秋. 合理调控公务员地区收入差距的途径分析. 人才资源开发，2008（7）：9－11.

[2] 何凤秋. 实现公平分配目标进一步深化机关事业单位工资制度改革. 劳动保障世界，2010，1（1）：5－8.

[3] 朱家骥. 工资地区类别. 中国劳动科学，1986（4）：28－29.

第三节　清理和规范隐性收入

一、引言

市场化改革为中国经济带来了长期的高速增长，但与此同时，中国的收入差距也呈扩大的趋势。居民收入基尼系数从 1984 年的 0.26 上升到 2001 年的 0.45（王小鲁，2012），2008 年达到历史最高值 0.491，接近收入差距悬殊国际警戒线，尽管此后有小幅下降，但 2013 年的基尼系数仍然达到 0.473①。根据世界银行《2006 年世界发展报告：公平与发展》提供的 127 个国家近年来收入分配不平等状况测量指标，基尼系数高于中国的国家只有 29 个，除了马来西亚和菲律宾两个亚洲国家，其他 27 个国家均是拉丁美洲或非洲国家（世界银行，2006）。收入差距扩大导致消费低迷进而内需增长乏力（方福前，2009；邹红和喻开志，2011），同时，严重的收入差距还会造成社会不稳定，阻碍经济增长（Deininger 和 Squire，1996），加大中国经济陷入“拉美陷阱”的风险。中国收入分配状况亟待改善。

市场化改革过程中的制度因素是导致中国居民收入差距扩大的一个主要原因

① 数据来源：国家统计局，http：//money.163.com/14/0121/01/9J2U02EL00253B0H.html.

（陈宗胜和周云波，2001；王小鲁和樊纲，2005）。政府行为不规范和收入分配系统不透明两项与制度相关的因素使城镇居民基尼系数上升了5.2个百分点（王小鲁和樊纲，2005）。制度缺陷会带来大量的隐性收入，其中有较大的比例是灰色收入，或者称非法非正常收入，而经过隐性收入调整后测算的收入不平等程度更有了大幅的提高。与未考虑非法非正常收入前相比，加入非法非正常收入后，1988—1997年的居民收入基尼系数提高了13%～23%，并使这一期间每年的基尼系数均上升到0.4以上（陈宗胜和周云波，2001）。国家统计局的统计数据显示，2005年，全国最高与最低收入10%家庭间的人均收入差距约21倍，而经过隐性收入的调整后，这一差距提高到55倍（王小鲁，2007）。类似的，2008年，这一数据也由23倍提高到65倍（王小鲁，2010）。

隐性收入已经成为收入差距扩大的重要原因，而与要素回报差异带来的合理收入差距相比，公众显然对隐性收入有更严重的抵触情绪，进而构成社会不稳定因素，阻碍经济的发展。因此，清理和规范隐性收入，取缔非法收入，不仅对改善收入分配状况有重要意义，而且有利于社会的和谐稳定。本小节的第二部分简单介绍现有文献中对隐性收入规模的估计，第三部分对灰色收入的来源进行分析，并在此基础上提出相应的政策建议，最后是小结。

二、隐性收入的规模

规范隐性收入首先想到的问题就是隐性收入的规模有多大，本部分主要回答这个问题。隐性收入的构成有多种，其中非法收入、违规违纪收入、按照社会公认的道德观念其合理性值得质疑的收入等类型的收入，通常被称为灰色收入（王小鲁，2007）或非法非正常收入（陈宗胜和周云波，2001），因此，隐性收入包括但并不限于灰色收入或非法非正常收入。由于灰色收入的合法性和来源值得质疑，灰色收入通常会在调查时被隐瞒，不会被统计在官方收入数据中，这就使得对隐性收入的估算存在困难。已有较多的研究尝试对隐性收入的规模进行了估算（胡和立，1989；国家信息中心经济预测部，2007；王小鲁，2007；2010）。

胡和立（1989）第一个估算了计划经济向市场经济转轨初期寻租现象产生的租金价值总额。20世纪80年代末期，经济正处于计划经济向市场经济的转轨过程中，由于双轨差价过大，在流通领域中，公司骤增，环节加多，不少政府机构、企事业单位以及个人竞相寻租，由此加剧了通货膨胀，助长了腐败现象，恶化了资源配置，加剧了分配不公。1988年，经济严重过热，总需求大于总供给，双轨牌市差价明显增大，形成巨额的租金总量。根据胡和立（1989）的估算，1988年，我国控制商品的价差总额在1500亿元以上，国家银行贷款的利差总额在1138.8亿元以上，进口所用牌价外汇的汇差总额在930.43亿元以上，这三项合计的价差总额在3569亿元以上，约占当年国民收入的30%，是国民经济中租金价值的主要部分。其他杂项包括关税流失、应征而未能征到的国内税收、流失的地租、进出口许可证体现的价差、亏损企业的合理与不合理的补贴、由定价不合理造成的行业租金、中央和地方分成比例不同造成的租金以及各种福利待遇的租金等类型的租金总额不少于 1000 亿元。因此，1988 年，粗略估算的租金价值高达 4000 多亿元，占 1988 年国民收入的 40% 左右。

尽管随着分税制的改革和汇率的并轨，绝大部分一般商品和服务的价格已经市场化，旧的双轨制由此淡出，但是国有企业、垄断行业的改革与资金、土地、劳动力等要素价格的改革都还没有到位，构成了新的资源要素价格双轨制（国家信息中心经济预测部，2007）。国家信息中心经济预测部（2007）将研究范围从租金延展至整个我国收入分配中非正常活动领域，估算了 2004 年和 2005 年收入分配中非正常成分的价值。

根据国家信息中心经济预测部（2007）的估计结果，2004 年，我国商品差价带来的价差租金 378.47 亿元、利率差 6526.9 亿元、进出口许可证带来的租金 512.8 亿元、地价差 5285 亿元、劳动力价格差为 10621 亿元、为洗钱放行的租金 200 亿元、“三公”消费 12086 亿元、政府机构灰色收入 8000 亿元、违规使用财政资金 1000 亿元、企业偷漏税 4500 亿元、垄断行业（煤炭、石油和天然气、金属矿采选业、烟草制品业、电信行业、医疗）2125 亿元、国有企业应交税金 3717.7 亿元、教育租金 475 亿元，总计 54952.9 亿元，占当年国内生产总值现价比重为 34.4%。如果假设国有资产流失和社会医疗保障欠缺均为 1000 亿元，全部国民收入非正常分配价值规模为 56952.9 亿元，占当年国内生产总值现价比重为 35.64%。

用类似的估计方法，国家信息中心经济预测部（2007）估算了 2005 年收入分配中的非正常成分。2005 年，我国商品差价带来的价差租金为 407.03 亿元、利率差为 5365.2 亿元、地价差为 5317 亿元、劳动力价格差为 5100 亿元、“三公”消费为 11386 亿元、垄断行业（煤炭、石油和天然气、金属矿采选业、烟草制品业、电信行业、医疗）为 5166.26 亿元、国有企业应交税金为 4564 亿元、教育租金为 497.4 亿元，总计为 37802.89 亿元，占当年国内生产总值现价比重为 20.56%，比 2004 年对应的比重下降了 1.9 个百分点。加上企业偷漏税和社会医疗保障两项（其中，企业偷漏税 6250 亿元、社会医疗保障欠缺均为 4799 亿元，但它们与 2004 年的估算方法不可比）之后，2005 年国民收入非正常分配规模总计为 48851.89 亿元，占国内生产总值现价比重为 26.6%。再假设为洗钱放行的租金、政府机构灰色收入、违规使用财政资金（2004 年为洗钱放行的租金为 200 亿元、政府机构灰色收入为 8000 亿元、违规使用财政资金为 1000 亿元）均与 2004 年相同，则全部非正常收入分配规模为 58994.69 亿元，占当年国内生产总值现价比重为 31.9%。

胡和立（1989）和国家信息中心经济预测部（2007）使用的方法相似，均是采用对造成非正常收入的可能来源分项估计非正常收入水平并对分项数据进行加总来获得非正常收入规模的方法。王小鲁（2012）则通过使用社会学方法获得居民较为真实的收入和消费调查数据，根据“一定的恩格尔系数与一定的人均收入水平对应”的原理，将统计局各收入分组的恩格尔系数与调查数据的恩格尔系数对应，用调查数据的收入调整统计局的收入数据来推算统计局调查样本的实际收入，推算的实际收入与统计局数据计算的收入之间的差额即为统计遗漏的收入，或者说调查时被隐瞒的收入，也即隐性收入规模。

根据王小鲁（2007）的估算结果，2005 年，城镇居民人均收入水平至少应该有 1.96 万元，而非统计数据显示的 1.05 万元。城乡居民收入总和约为 13.5 万亿元，而不是现有城乡居民收入调查数据推算的 8.7 万亿元，其中的差额 4.8 万亿元即为 2005 年的隐性收入，相当于国内生产总值或国民收入的 26%。隐性收入主要发生在占城镇居民家庭 10% 的高收入阶层，占全部隐性收入的 3/4。根据粗略推算，包括金融腐败、企业用于行贿的旅行和娱乐支出、土地收益流失、垄断行业灰色收入等，已经接近 3 万亿元的规模，占 4.8 万亿元隐性收入的一多半（王小鲁，2012）。

王小鲁（2010）估算的 2008 年的隐性收入规模比 2005 年有较大幅度的增加。2008 年，城镇居民人均可支配收入达到 3.2 万元，比原来统计的人均可支配收入 1.689 万元高了近 1 倍。推算的城乡居民可支配收入总额为 23.24 万亿元，而按国家统计局城乡住户收入统计计算的可支配收入总额为 13.97 万亿元，隐性收入高达 9.27 万亿元，占国内生产总值的 29.5%。23.24 万亿元的可支配收入总额也远远高出国家统计局资金流量表基于经济普查资料计算的住户可支配收入总额 17.87 万亿元，高出的 5.37 万亿元即为经济普查也无法查到的灰色收入。占城镇居民家庭 10% 的最高收入家庭，人均可支配收入至少应为 13.9 万元，而不是统计数据显示的 4.4 万元，其次 10% 的高收入家庭，其人均可支配收入应为 5.5 万元，而不是 2.6 万元，进而推算出 80% 以上的隐性收入集中在 20% 的城镇最高收入和高收入家庭，其中 10% 的城镇最高收入家庭至少占隐性收入的 2/3。

胡和立（1989）、国家信息中心经济预测部（2007）和王小鲁（2007；2010）的估算结果均显示隐性收入的规模超过国内生产总值的 26%，表明隐性收入的规模庞大。由于统计口径和估算方法不同，不同学者估算的隐性收入的可比性不大，而王小鲁（2007）和王小鲁（2010）对 2005 年和 2008 年的隐性收入和灰色收入的估算方法基本一致，因而这两个研究之间有一定的可比性。从王小鲁（2007；2010）的估算结果来看，与 2005 年相比，2008 年无论是约 9.3 万亿元的隐性收入，还是约 5.4 亿元的灰色收入，都比 2005 年相应的 4.8 万亿元和 2.67 万亿元增加了差不多 1 倍，增长速度明显快于 2005—2008 年期间名义国内生产总值的增长速度（王小鲁，2010），隐性收入和灰色收入均呈扩大的趋势。

三、灰色收入的来源

从对隐性收入的分项估计可以看出，隐性收入的来源是多样的，而导致隐性收入尤其是灰色收入的根本原因是向市场经济转轨过程中政治制度和法律制度的错位或缺位。尽管随着各项制度的逐步完善，灰色收入的来源发生了变化，但财政和其他公共资金的流失，金融腐败导致的信贷资金收益转移，由行政审批、许可、监管权力产生的钱权交易，土地收益流失以及垄断性行业的垄断收入等方面仍然在灰色收入的形成过程中有重要作用（胡和立，1989；于祖尧，1998；陈宗胜和周云波，2001；国家信息中心经济预测部，2007；王小鲁，2012）。

王小鲁（2012）对灰色收入的主要来源做了较好的总结。灰色收入的来源主要包括：（1）公共资金的流失。财政资金在下达地方时，大部分未纳入地方预算，脱离了财政管理程序，资金的使用透明度低、管理不严，漏失和滥用的情况普遍。此外，固定资产投资过程中的贪污腐败以及各级政府和公共服务部门不受监管的预算外收入均会形成规模较大的灰色收入。（2）金融腐败。全国正规金融机构贷款需要在正常利息之外额外付费已经成为一项潜规则，这部分额外付费就形成了全国金融机构及其相关人员的灰色收入。（3）行政权力与腐败。在制度不完善、透明度低、监管不严的情况下，特别是在缺乏社会监督、舆论监督的情况下，必要的政府监管、审批、许可等行政权力就演变成为寻租和索贿的手段。（4）土地收益流失。通过征用和出让土地寻租是灰色收入的一大来源。“招拍挂”与其他土地出让方式之间存在较大的价差，而市场定价的“招拍挂”出让方式仅占土地出让的一小部分，其他土地大多以低价方式转让或干脆未采用有价出让的方式流入市场，价差就成为房地产开发商的暴力和部分权力相关者大宗灰色收入的来源。在土地征用过程中，部分本该用于补偿失地农民和用于社会长远发展的土地收入，也由于使用缺乏监管而在多数情况下被作为地方政府的额外收入花掉。（5）垄断性行业收入。垄断性行业与竞争性行业之间的实际收入差距已经发展到畸形的程度，尤其是行政性垄断行业，工资收入已经远远高于竞争性行业，非工资性收入的规模更是庞大。

由于灰色收入产生的根源主要是制度的不健全，因此，要清理规范隐性收入，取缔非法收入，就必须从制度这一根源入手。推动政治体制改革，建立规范和透明的制度，形成严格的监督体系，让公众参与监督，使权利在阳光下运行，是减少监督不善导致的灰色收入形成的重要措施。对垄断尤其是行政性垄断等非市场因素带来的灰色收入，应该进一步推进市场化改革，引入竞争机制，打破垄断，进而减少由于垄断带来的灰色收入。

四、小结

向市场经济转轨过程中由于政治制度和法律制度的错位或缺位产生了规模庞大的隐性收入和灰色收入，并有扩大的趋势。隐性收入已经成为收入差距扩大的重要原因。清理和规范隐性收入，取缔非法收入，不仅对改善收入分配状况有重要意义，而且有利于社会的和谐稳定。灰色收入的来源主要包括财政和其他公共资金的流失，金融腐败导致的信贷资金收益转移，由行政审批、许可、监管权力产生的钱权交易，土地收益流失以及垄断性行业的垄断收入等。从根源上解决隐性收入问题有赖于政治体制改革和市场化改革的进一步推进。

参考文献

[1] Deininger, K. , Squire, L. . 1996. A New Data Set Measuring Income Inequality, World Bank Economic Review, 10 (3): 565 - 591.

[2] 陈宗胜，周云波. 非法非正常收入对居民收入差别的影响及其经济学解释. 经济研究，2001 (4): 14 - 23.

[3] 方福前. 中国居民消费需求不足原因研究——基于中国城乡分省数据，中国社会科学，2009 (2), 68 - 82.

[4] 国家信息中心经济预测部. 2004 年和 2005 年我国收入分配中非正常成分的价值估算，2007.

[5] 胡和立. 1988 年我国租金价值的估算，经济社会体制比较，1989 (5): 10 - 15.

[6] 世界银行. 2006 年世界发展报告: 公平与发展 . 北京: 清华大学出版社，2006.

[7] 王小鲁. 灰色收入拉大居民收入差距. 中国改革，2007，7: 9 - 12.

[8] 王小鲁. 灰色收入与发展陷阱 . 北京: 中信出版社，2012.

[9] 王小鲁. 灰色收入与国民收入分配. 比较，2010，3: 1 - 29.

[10] 王小鲁、樊纲. 中国收入差距的走势和影响因素分析. 经济研究，2005 (10): 24 - 36.

[11] 于祖尧. 转型时期暴富群体的政治经济学分析. 经济研究，1998 (2): 70 - 79.

[12] 邹红、喻开志. 劳动收入份额，城乡收入差距与中国居民消费. 经济理论与经济管理，2011 (3): 45 - 55.

第四节　建立个人收入和财产信息系统

一、引言

建立个人收入和财产信息系统是十八届三中全会提出的一项重要决议。通过整合个人的收入和财产信息，个人的收入分布情况可以得到实时监控，为政府税收制度的设计等收入分配政策的制定提供依据。同时，通过对个人收入和财产信息的来源和变化情况的追踪，可以识别个人收入和财产的合法性，有利于规范收入分配秩序。因此，个人收入和财产信息系统对规范收入分配秩序，完善收入分配调控体制机制和政策体系有重要作用，尤其是在中国当前收入差距扩大、收入分配状况恶化的背景下，这一系统的建立对社会公平的实现有着重要的意义。

建立个人收入和财产信息系统的主要内容是搜集和整合个人的收入和财产信息。个人收入信息的主要来源渠道是各类金融机构，而个人金融信息属于个人隐私，受到法律的严格保护。目前，各国法律对金融机构守密义务的例外基本仅限于司法调查、金融监察和稽核、税务调查以及反洗钱调查（李朝晖，2008），因此，直接通过整合个人在金融机构的收入和货币财产信息来建立个人收入和财产信息系统受到限制。

个人所得税系统是整合个人收入信息的一个可行途径。完善的个人所得税征收和信息化管理系统可以保障个人当期的各项应税收入被完整而准确地记录在案，对个人收入信息的整合有重要作用，因此，个人所得税的信息化管理是搜集和整合个人收入信息进而建立个人收入和财产信息系统的一个重要途径。此外，不动产作为中国人民普遍拥有的财产种类，其数据的整合也是建立个人收入和财产信息系统的关键。目前，中国的个人所得税在征收和信息化管理方面都存在一定的问题，不动产登记制度也还有待完善，这对建立个人收入和财产信息系统提出了难题。国外尤其是发达国家经过长期的探索和实践，已经拥有较为完善的个人所得税系统，了解发达国家的个人所得税系统对中国建立个人收入和财产信息系统有重要意义。

本小节将主要通过介绍个人所得税的征收和信息化管理系统以及不动产联网登记制度，探讨建立个人收入和财产信息系统的可能途径。具体而言，首先介绍国外个人所得税系统中确保应税收入被完整并准确记录的各项制度条件，然后针对中国个人所得税系统的现状，从整合个人收入信息的角度提出可改进的思路。此外，基于不动产尤其是房产作为个人财富的普遍性，本小节还重点考察了不动产登记制度的现状和进展。

二、个人所得税系统

（一）个人所得税系统的国际经验

个人所得税作为发达国家的主体税种，承担着筹集财政收入和调节收入分配的重要功能（贾康和梁季，2010）。发达国家经过多年的探索和实践，已经基本建立了较为完善的个人所得税征收和信息化管理系统，在征收个人所得税的同时，由于统一的纳税编码制度、涉税信息共享制度以及源泉代扣和自行申报相结合的征收制度，保证了所得税及应税收入信息的完备性和准确性，对个人收入信息的整合有重要的意义。

1. 普遍推行纳税人登记编码制度

欧盟和 OECD 成员国普遍推行纳税人登记编码制度，每个纳税人拥有唯一的纳税代码，并通过税务代码运用计算机信息系统监控管理纳税人所有涉税信息及信用记录（李晓曼，2013）。如美国采用统一的税务代码利用计算机系统对纳税人进行登记和涉税信息数据监控管理。税务代码和社会安全号码一致，如果没有税务代码，且纳税信用较低，就无法享受社会保险，不能在银行开户（李晓曼，2013）。纳税人依据税务编码申报纳税和缴纳税款，雇主按税务编码代扣代缴雇员的个人所得税。这样，税务局就可以按编码通过网络汇总纳税人来自不同地区和不同岗位的收入，将该数据与纳税人的申报相核对，从而可以确认纳税人是否缴纳了应纳税款。另外，税务部门发给纳税人的税卡还是公民合法就业的前提（吴佑坤，2006）。所有澳大利亚公民及在澳大利亚工作的人都必须到澳大利亚税务局申请或在网上登记，以获得一个永久的税务档案号码，纳税人无论是就业、买车、到银行存款、领取失业救济金，还是进行投资，都要向银行或雇主提供税号（周优，2009）。如果纳税人在领取薪金时不提供税号，澳大利亚税务局将按最高个人所得税税率从该纳税人的收入中扣除税金[①]。

通过税号系统将银行、就业单位和服务保障机构等相关部门联网，可以实现各部门的信息共享，便于税务机构对纳税人及其收入进行源头上的监控，同时，根据纳税人的就业单位及其收入信息，还可以监控不同行业和岗位的收入状况，有利于收入分配政策的制定。因此，纳税人登记编码制度是实现信息共享以及建立个人收入和财产信息系统的前提。

2. 涉税信息共享制度

整合部门资源，实现包括来自企业行业主管部门的信息、执照发放部门的信息、银行资金流信息等部门信息的共享，通过稽核比对，基本上可以掌握纳税人较真实的涉税信息数据，有效解决了征纳双方信息不对称问题，既有利于监控纳税人逃避纳税的遵从风险，更重要的是为实施信息管税提供了丰富的、高质量的基础涉税信息数据资源（李晓曼，2013）。

OECD 国家普遍制定了针对涉税信息报告的法律制度，为税务机关获取第三方信息、有效实施信息管税提供明确而有力的法律保障。如美国规定了包括任何政府单位及其机构或部门在内的几乎所有主体应向财政部长（税务机关）报送五大类源头信息，美国联邦政府、州政府、社会保障局、银行、海关、电信、新闻、商品期货交易委员会、农业部、国防部、能源部、法院、移民及归化局、国债局、邮政局等部门都要依据法律向税务部门提供包括货币和交易收付报告、国外银行账户、犯罪活动情况、车辆登记、不动产转让、遗嘱文件、租赁权证等多

① 参见 http：//www. e－gov. org. cn/xinxihua/news003/200509/9034. html.

种源头信息（李晓曼，2013）。

值得指出的是，实行纳税编码制度是实现涉税信息共享的前提。基于纳税代码的唯一性和广泛使用，税务部门很容易与其他部门交换信息，如税务部门与银行通力合作，就可以通过大型计算机集中处理，准确掌握纳税人的各项应税收入情况、基本经济情况和资金流动情况，实现有效监督（吴佑坤，2006）。

3. 征收方式上实行源泉扣缴和自行申报相结合的制度

源泉扣缴也称预提税，是个人所得税征收的主要方式，被世界多数国家采用，其好处在于税款支付与现有收入水平联系起来，保证税款及时入库，同时也可以有效控制税源，防止漏税。如在 OECD 国家中，除法国和瑞士外，其他国家的工薪所得均采用源泉扣缴，22 个成员国的股息所得以及 21 个国家的利息所得也采用此方式征缴。美国 90% 的个人所得税收入通过源泉扣缴来取得（贾康和梁季，2010）。据美国联邦税务局统计，实行代扣代缴和第三方信息报告的收入，如工资薪金、利息、股息等收入，申报准确率达到 96%；未实行代扣代缴和没有第三方信息报告的收入，申报准确率仅为 50%。因此，第三方信息报告和代扣代缴制度有利于提高诚信纳税人纳税申报的效率，同时有利于从源头上遏制不诚信纳税人的逃税行为（邵峰等，2013）。

自行纳税申报包括日常自行申报和年终综合申报两类。日常自行申报主要是针对不适用源泉扣缴的收入所规定的申报制度，几乎所有国家对不适用于源泉扣缴的纳税方式均采用这种制度，而年终综合申报主要是为弥补源泉扣缴和日常自行申报的不足（贾康和梁季，2010），还能起到便于税务部门交叉稽核的作用（倪才龙和马雯，2008），确保涉税收入信息的准确性和完备性。如美国不管收入多少，纳税人都必须在规定的申报期内进行汇总申报，将其所有收入填入相应的纳税申报表中，在进行年终汇总申报时，对于由雇主预扣缴纳的税款和自行预缴的税款可从全年应缴纳的税款中扣除，实行多退少补（汪昊和许军，2007）。澳大利亚也实行类似的源泉扣缴和自行申报相结合的制度（刘华等，2010）。

总的来看，纳税人登记编码制度是实现信息共享的前提，基于纳税代码的唯一性和广泛使用，税务部门很容易与其他部门交换信息；涉税信息共享制度则为税务部门核查申报信息的准确率提供了条件；源泉代扣和自行申报相结合，便于税务部门对个人的税收申报进行交叉稽核，确保涉税收入信息的准确性和完备性。因此，完善的个人所得税征收和信息管理系统为完整而准确地搜集个人当期的收入创造了可行的途径。

（二）中国的个人所得税系统

自 1980 年《中华人民共和国个人所得税法》颁布以来，经过 30 多年的发展，中国的个人所得税制度已经建立起来。但目前个人所得税占税收收入的比例还较低①，征收和信息管理方面还有待完善，偷税漏税现象较为严重，因而对收入信息的整合功能也还有所欠缺。

1. 财产实名制为建立纳税人编码制度的建立提供了条件

财产实名制的实施是识别和整合个人收入和财产信息的前提，而基于身份证明的财产实名制为使用身份证号码作为纳税人纳税代码创造了条件。我国早在2000 年就开始实行存款实名制，近年来，房产、股票等资产也基本实现了实名制（贾康和梁季，2010），财产实名制可以使各部门的收入和财产信息归总至个人名下。

尽管财产实名制已经基本建立起来，但还存在一定的问题，主要表现为用于财产登记的身份证号码的唯一性还不能得到保证。据了解，2009 年以来，公安部共清理纠正公民身份证号码重号 160 万个。2014 年 2 月，公安部召开全国公安机关电视电话会议，深入推进部署户口管理专项清理整顿工作，预计用 3 年时间彻底解决户口和身份证信息“错、重、假”问题，实现全国户口和公民身份号码准确性、唯一性、权威性②。基于身份证号码的唯一性和权威性及其在包括财产实名等经济活动中的强制使用，身份证号码可以自然地成为纳税人的唯一纳税代码，进而通过身份证号码整合个人的收入和财产信息。

2. 涉税信息共享程度低

我国涉税信息共享程度还较低。不仅税务系统与其他相关部门的信息不共享，而且国、地税税务部门内部亦不能实现信息共享（李林和杨国栋，2013）。具体而言，税务机关内部各部门间存在不衔接、不协调、信息不共享问题，国税、地税、银行、海关、工商等部门缺乏信息交流机制，税务机关外的第三方信息资料难以获得。此外，还没有形成全国范围内的网络数据共享机制，无法实现对纳税人涉税信息进行横向比较（邵凌云，2011）。这就加大了税收稽查和核实的难度，难以保证申报的涉税信息的准确性，从而个人所得税系统整合收入信息的功能也大大受损。

《税收征管法》修订稿将涉税信息共享作为一个重要内容纳入其中，但由于各方的利益冲突，至今还未被确定下来③。加快《税收征管法》修订的进程，推动涉税信息共享平台的建立，对解决征纳税双方信息不对称问题、为税收稽查和核实提供条件、提高税收征管水平进而提高税收收入有重要意义，同时，也有利于个人所得税系统整合个人收入信息功能的实现。

---

① 2012 年个人所得税占税收总收入的比重为 5.8%，参见 http：//www.nbd.com.cn/articles/2013－02－11/713794.html.

② 参见 http：//cqcbepaper.cqnews.net/cqcb/html/2014－02/22/content_1720429.htm.

③ 参见 http：//www.cb.com.cn/economy/2012_1215/433967_2.html.

3. 个人申报制度还有待完善

我国目前个人所得税实行个人申报的纳税人仅包括年收入超过12万元或者在两处或两处以上取得工资薪金收入、在境外取得收入以及取得应税收入但无扣缴义务人的纳税人。源泉扣缴仍然是当前主要实施的征税方式。纳税人的应纳税款由各类收入的支付人或扣缴义务人代为计算、代为扣缴，除非有无扣缴义务人或扣缴不实的收入项目，否则纳税人按综合口径自行归集并申报的收入和纳税信息并不作为重新核定税款并实行汇算清缴的依据，从而纳税人自行申报的积极性不高（高培勇，2009）。此外，在源泉扣缴而又没有第三方涉税信息报告的前提下，纳税人无法准确掌握自己的应税收入。基于此，现行的个人所得税自行申报，既难以保证纳税人自身申报信息的准确性，也必然导致纳税人申报信息与收入支付人或扣缴义务人报送信息的非一致性（高培勇，2009）。

因此，实行第三方涉税信息报告制度，让纳税人明确地了解自己的应税所得；培养个人所得税自行申报的意识，将自行申报与源泉扣缴结合起来，核对并清算税款，多退少补，提高自行申报的积极性；在具备一定条件时将自行申报义务推广到所有纳税人。这些措施均有利于完善个人申报制度进而提高个人所得税征收的完整性和准确性。

总的来看，个人所得税系统是整合个人收入信息的有效途径，要使个人所得税系统较为全面和准确地覆盖个人的收入信息，同时减少偷税漏税现象，可以从以下方面进行改进：（1）进一步推进财产实名制，强制要求在经济活动的相关领域使用纳税代码，建立以身份证号码作为唯一纳税代码的纳税编码制度，为整合收入信息提供条件。（2）加快《税收征管法》修订的进程，推动涉税信息共享平台的建立。（3）实行第三方涉税信息报告制度，培养个人所得税自行申报的意识，在具备一定条件时将自行申报义务推广到所有纳税人，提高个人所得税征收的完整性和准确性。此外，有效的处罚和约束机制可以通过增加偷税漏税以及错误申报的违法成本提高纳税人完整、正确申报的内在动力，因此，严惩偷逃税行为也是完善个人所得税征收的有效措施。

三、不动产登记制度

我国实施不动产统一登记的主要目的，是建立城乡统一、海陆统筹，涵盖土地、房屋、林地、草原、海域等不动产的权利登记、确认、保护体系[①]。因此，不动产统一登记的主要作用是整合不动产信息以及保护不动产所有权人的合法权益。然而，不动产尤其是房产登记联网被认为是开征房产税的前提条件，同时也被期待发挥房地产调控和防治腐败的作用，这些附带功能更使得这一制度受到各

---

① 参见 http：//news. youth. cn/jsxw/201404/t20140425_5089827. htm.

界关注。

早在2007年实施的《物权法》中就已经规定“国家对不动产实行统一登记制度”，但由于缺乏具体的实施细则，目前中国的不动产登记尚处于分散的状态，主要表现为：首先，不动产登记制度的内容分散于不同的法律法规中，法律依据分散①。我国目前没有专门的不动产登记法，不动产登记制度的内容分散规定于《土地管理法》《城市房地产管理法》《森林法》《草原法》《土地管理法实施条例》等法律法规中，各种不动产登记基本上都有各自配套的登记办法，还有各部委、各地方政府制定的法规、规章、通知、决定等。这些法律法规对不动产登记的规定不尽一致，甚至在有些方面互相矛盾，不仅造成登记机关的权责不明、登记效力不明、权利内容不清的局面，还影响到不动产登记的工作效率和不动产交易的顺利进行。其次，不同类型的不动产登记分别由不同的部门负责，其中仅土地的登记职责就分散在不同的部门，如林地由林业部登记，农村的承包地由农业部登记，沿海的滩涂由海洋局登记②，不同部门使用的登记系统不同，且并未实现信息互通，造成“信息孤岛”现象③。

目前，不动产统一登记制度的建立正在加快推进中。2013年3月28日，国务院办公厅发布关于实施《国务院机构改革和职能转变方案》任务分工的通知，要求出台并实施不动产统一登记制度，并明确在2014年6月底前出台不动产登记条例④。2013年11月20日召开的国务院常务会议决定，由国土部负责指导监督全国土地、房屋、草原、林地、海域等不动产统一登记职责，基本做到登记机构、登记簿册、登记依据和信息平台四统一⑤。随后，2014年3月，由国土资源部牵头，中央编办、财政部、住房城乡建设部、农业部、国家税务总局、国家林业局、国务院法制办、国家海洋局等9部门组成联席会议，制定了不动产登记制度的明确时间表。从2014年开始，通过基础制度建设、逐步衔接过渡、统一规范实施，用3年左右时间能够全面实施不动产统一登记制度，用4年左右时间能够运行统一的不动产登记信息管理基础平台，实现不动产审批、交易和登记信息实时互通共享以及依法查询，形成不动产统一登记体系。2014年建立统一登记的基础性制度，2015年推进统一登记制度的实施过渡，2016年全面实施统一登记制度，2018年前，不动产登记信息管理基础平台投入运行，不动产统一登记体系基本形成⑥。

---

① 参见 http：//www. mlr. gov. cn/tdsc/lltt/201312/t20131227_1298505. htm.

② 参见 http：//house. ifeng. com/news/detail_2013_03/12/22999037_0. shtml.

③ 参见 http：//news. qq. com/a/20140329/007234. htm.

④ 参见 http：//news. sina. com. cn/c/2013－03－29/023926673571. shtml.

⑤ 参见 http：//www. dyxtw. com/news/2013112222587. html.

⑥ 参见 http：//www. mlr. gov. cn/xwdt/jrxw/201404/t20140421_1313233. htm.

当前分散的不动产登记制度不利于不动产信息的联通和共享，而正在推进中的不动产统一登记制度则为整合不动产信息创造了条件，进而有利于个人收入和财产信息系统的建立。

四、小结

个人收入和财产信息系统对规范收入分配秩序，完善收入分配调控体制机制和政策体系有重要作用，尤其是在中国当前收入差距扩大、收入分配状况恶化的背景下，这一系统的建立对社会公平的实现有着重要的意义。个人所得税是整合个人收入信息的一个可行途径，其征收和信息化管理的国际经验值得借鉴。针对当前中国在这方面的不足，要使个人所得税系统较为全面和准确地覆盖个人的收入信息，需要进一步推进财产实名制，强制要求在经济活动的相关领域使用纳税代码，建立以身份证号码作为唯一纳税代码的纳税编码制度；加快《税收征管法》修订的进程，推动涉税信息共享平台的建立；实行第三方涉税信息报告制度，培养个人所得税自行申报的意识，在具备一定条件时将自行申报义务推广到所有纳税人，提高个人所得税征收的完整性和准确性。此外，不动产作为中国人民普遍拥有的财产种类，其数据的整合也是建立个人收入和财产信息系统的关键。目前分散的不动产登记局面造成的“信息孤岛”现象阻碍了不动产信息的联通和共享，而正在推进中的不动产统一登记制度为整合不动产信息创造了条件，从而有利于个人收入和财产信息系统的建立。

参考文献

[1] 高培勇. 个人所得税改革的内容，进程与前瞻. 理论前沿，2009（6）：5－7.

[2] 贾康，梁季. 我国个人所得税改革问题研究. 经济学动态，2010（3）：37－43.

[3] 李朝晖. 个人金融信息共享与隐私权的保护. 特区实践与理论，2008（3）：88－90.

[4] 李林，杨国栋. 我国税务信息化建设存在的问题及发展建议. 经济研究参考，2013（46）：43－47.

[5] 李晓曼，建立管税信息化及国际借鉴. 中国科技信息，2013（10）：222－222.

[6] 刘华，应譞，阳尧. 澳大利亚个人所得税代扣代缴制度简介. 税务研究，2010（001）：92－93.

[7] 倪才龙，马雯. 论中国个人所得税制度的改革. 上海大学学报：社会科学版，2008，15（3）：27－32.

[8] 邵峰，蒋震宇，张海波. 美国税务机关信息管税的经验与启示. 税务研究，2013（6）：90－93.

[9] 邵凌云. 纳税评估的国内外比较. 涉外税务，2011（002）：58－62.

[10] 汪昊，许军. 美国个人所得税征管制度的特点. 涉外税务，2007（12）：32－35.

[11] 吴佑坤. 美国税收信息化的观感与借鉴. 中国税务，2006（6）：58－59.

[12] 周优. 澳大利亚个人所得税信息化管理的经验及借鉴. 涉外税务，2009（1）：60－63.

第七章　城乡最低生活保障制度

社会保障是各种具有经济福利性的、社会化的国民生活保障系统的总称。社会保障以政府或社会为责任主体，为社会成员的基本生活权利提供安全保障，能够起到维持社会稳定、调节收入分配、促进社会公平以及充当经济增长调节器的功能（郑功成，第10～11页）。

一般而言，社会保障制度由社会保险、社会救助、社会福利等部分组成。其中，社会保险包括养老保险、失业保险、医疗保险、工伤保险、生育保险。社会福利则是指政府和社会向老年人、妇女、儿童、残疾人等脆弱人群所提供的必要的社会援助。社会救助则是社会保障制度中的最后一道安全网，旨在以收入再分配的手段，对无法维持最低生活水平的公民提供实物和货币形式的救助，以保障其基本生活水平。社会救助在我国包括城乡最低生活保障制度、农村五保供养、农村特困户生活救助以及城乡医疗救助。

《中共中央关于全面深化改革若干重大问题的决定》指出，要推进城乡最低生活保障制度统筹发展。最低生活保障制度是社会救助的重要组成部分。最低生活保障制度简称低保制度，其实质是一项收入补差制度。低保制度对家庭人均收入在当地低保线以下的居民进行货币形式的转移支付，低保家庭所获得的低保补助金额等于低保标准与该家庭人均收入之间的差额。

城乡低保制度是随着我国社会经济的发展而逐步建立起来的，并得到了快速发展。城乡低保制度对确保低收入群体维持基本生活水平、缓解贫困起到了重要作用。本章将分析城乡低保制度在我国的发展历程、城乡低保制度的运行机制以及低保对缓解贫困与缩小收入差距的作用，并探讨低保制度的完善途径。

第一节　最低生活保障制度在我国的发展历程

与中国经济二元分割的现状相一致，中国城镇和农村地区的社会保障制度也呈现着不同的特征。最低生活保障制度的发展历程和实施背景在城乡之间存在较大的差异。因此本章将分城乡论述最低生活保障制度在我国的发展历程。

一、城镇低保制度

在城镇低保制度实施之前，我国城镇地区只存在着规模有限且保障程度较低的社会救助制度。传统社会救助制度的主要对象是缺乏劳动能力，没有稳定收入来源，没有法定赡养人或抚养人的特殊社会成员。

传统的社会救助制度是与当时的社会经济环境相一致的。新中国成立后，有劳动能力的适龄城镇居民基本被吸纳就业，单位成为职工及其家属的保障网，职工的工作一般而言非常稳定，单位为职工及其家属提供了稳定的收入流，并能够提供贯穿整个生命周期以及覆盖“生老病死”等多个方面的可靠保障。对职工及其家属而言，只有当因遭受自然灾害或者不可抗力事件而导致收入水平急剧下降或支出急剧增加时，才会产生对社会救助的需求。因此，职工及其家属并不是传统社会救助制度的主要服务对象，而未被单位体制所覆盖的极少数城市居民成为传统社会救助制度的主要救助对象。

传统的社会救助制度能够有效减缓暂时性贫困以及程度较轻的贫困。但随着国有企业改革的深入以及城市食品价格的上涨，城镇贫困问题在 20 世纪 90 年代后期开始显现并迅速形成一定规模。企业改革的深入导致了国有企业的大幅重组，失业下岗人员随之大量出现。这是导致城镇贫困状况恶化的重要原因。在个人层面上，失业的影响因人而异。部分城镇职工在失业一段时间后，能够实现再就业（Giles et al.，2006b）。然而，即使这些城镇职工实现了再就业，以前的失业经历也可能会对再就业收入有着显著的负面影响（Knight and Li，2006b）。一些城镇职工则干脆以提前退休的形式退出了城市劳动力市场。一般而言，提前退休者能够获得较为稳定的收入，尽管其退休金要大大低于退休前的工资水平。未能实现再就业的下岗失业人员则从再就业服务中心领取 3 年的下岗生活补贴。如果在再就业中心期满 3 年仍未实现再就业，下岗失业人员可以享受为期 2 年的失业保险待遇。然而，对特定城市内的所有下岗失业人员而言，下岗生活补贴和失业保险的保障水平都是相同的，并没有根据家庭经济状况的差异而进行调整，因此不能很好地起到缓解贫困的作用（Leung，2006）。

在家庭层面上，失业所致的负面经济后果可以因其他家庭成员仍处于就业状态而得以缓冲。然而，公共和私人的安全网并不是没有缝隙的。由于部分失业人员无法实现再就业，下岗生活补贴和失业保险金不能按时足额发放，而社会保障制度又无法补位以弥补收入缺口，因此城市贫困现象随之出现。具体而言，尽管城镇地区养老金的替代率较高，但养老保险的覆盖范围是有限的。类似地，医疗保险也没有做到全民覆盖。因此，健康状况低下以及随之而来的高昂医疗费用支出，可能会使医疗保险制度所遗漏的城镇居民在经济上不堪重负。子女的支出负担也增加了家庭的经济压力。例如，子女的教育费用支出往往成为家庭支出的重要组成部分。尽管西方福利国家通常给予有小孩的家庭补贴，但中国城镇并没有类似的补贴。

此外，改革开放以后，城镇地区的商品和服务市场得到了迅速发展。配给制的取消一方面丰富了城镇居民的生活，另一方面也在一定程度上加深了城镇的贫困状况。随着粮票的取消和粮价的放开，粮食价格开始上涨，而且其上涨幅度要远高于同期物价指数。由于粮食构成了最低收入五等分组城镇居民50%～60%的热量来源，因此粮价上涨导致了贫困居民实际收入的大幅减少。此外，随着改革的深入，住房、教育、医疗等服务不再由政府免费提供，而且相应的政府补贴也在逐渐减少，从而导致了城镇居民支出负担的增加。据统计，1986—2000年，教育、医疗和住房等支出在最低收入五等分组城镇居民总支出中的比例增加了1倍（Meng et al.，2005）。

研究表明，虽然城镇地区的人均实际收入在1995—1999年增长了25%，但与此同时城镇的贫困发生率上升了9%（Knight and Li，2006）。面对日益严重的城镇贫困问题，传统的救助制度因覆盖面偏低和救助力度不足而显得力不从心。为了缓解城镇居民的贫困状况、保障低收入家庭的基本生活，最低生活保障制度在20世纪90年代以来得以大力推行。

上海市政府在1993年首先对传统的救助体系进行改革，这一改革扩大了低保制度的覆盖面，提高了最低生活保障水平。在上海和其他试点地区成功经验的基础上，低保制度随之在全国范围内得以推广。国务院分别在1997年和1999年发布了《国务院关于在各地建立城市居民最低生活保障制度的通知》和《城镇居民最低生活保障条例》，为低保制度的实施提供了法规上的保证和支持。

到1999年9月底，中国的668个城市和1638个县城都建立了低保制度（《人民日报》，1999）。城市低保对象从1998年的184万人增加到1999年的266万人（民政部，1998，国家统计局，2003）。而2000年、2001年、2002年的城市低保对象分别比前一年份增加了51%、191%、76%（国家统计局，2003）。在2003—2011年，城市低保对象的规模较为稳定，人数在2205万和2346万之间变动（国家统计局，2007，2013）。从2012年开始，城市低保对象的规模有所缩减。2012年和2013年的城市低保对象分别为2144万人和2064万人。

随着低保制度建设的不断完善，低保标准以及人均补差收入也在不断上涨。图7.1描述了城市低保标准与人均补差在2004—2013年的变动。可以看到，全国平均的城市低保标准在2004年为152元/月，到2008年则突破200元/月。2012年和2013年的城市低保标准则分别上调到了330元/月和373元/月。城市人均补差收入在2004—2013年也得到了大幅上涨。2004年、2005年和2006年的人均补差收入分别为65元/月、72元/月和84元/月。2007年，人均补差收入首次突破百元大关，达到了103元/月。此后几年，人均补差收入继续增长并在

2010 年达到 240 元/月。2013 年，人均补差收入进一步增长到 264 元/月。

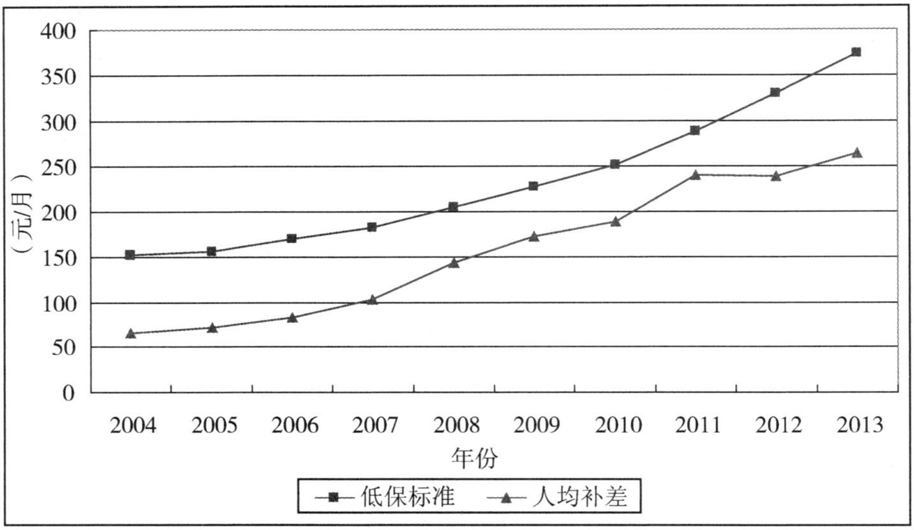

图 7.1　城市低保标准与人均补差（2004—2013 年）

注：数据来自历年《民政事业发展统计报告》与《社会服务发展统计公报》，民政部网站 http：//cws. mca. gov. cn/article/tjbg/。低保标准与人均补差未根据城市物价水平的时序变动进行调整。

随着低保对象规模的扩大以及低保标准的提高，城市最低生活保障方面的财政支出也随之大幅增加。图 7.2 给出了 2002—2013 年各级财政以及中央财政的城市低保资金支出。可以看到，据统计，用于城市低保的财政支出从 2000 年的

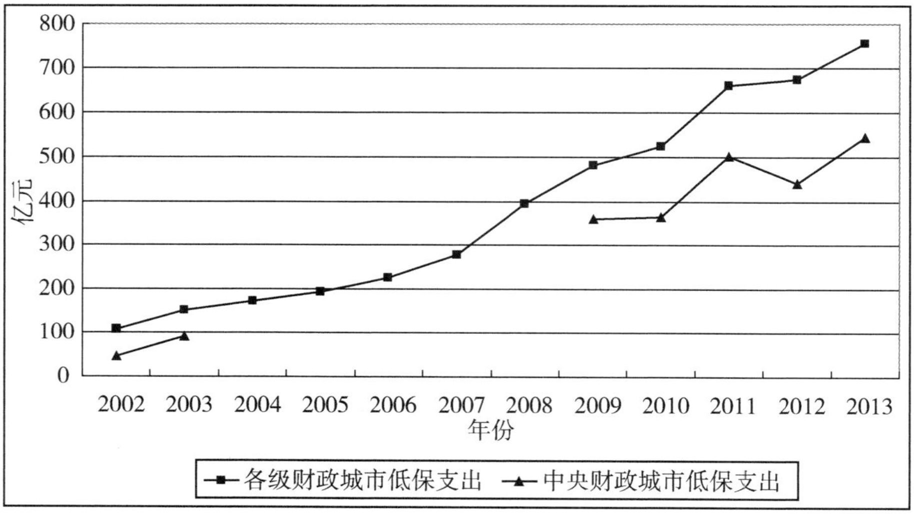

图 7.2　2002—2013 年各级财政以及中央财政的城市低保资金支出

注：数据来自历年《民政事业发展统计报告》与《社会服务发展统计公报》，民政部网站 http：//cws. mca. gov. cn/article/tjbg/.

27.2 亿元迅速增加到了2002 年的108.7 亿元。2003 年，各级财政的城市低保资金支出进一步增加到151 亿元。此后的3 年中，各级财政的城市低保支出的增长势头略有平缓，增长率在11% ~17%之间变动。2007 年和2008 年，财政对城市低保的资金投入的增加较为迅猛，财政低保支出达到了277 亿元和393 亿元，分别比上年增长24%和42%。从财政低保支出的结构来看，中央财政在财政低保支出占据极为重要的地位。2002 年，中央财政低保支出为46 亿元，仅占各级财政低保支出的42%。中央财政在财政低保支出中的比率在2003 年得到了迅速增加，占当年各级财政低保支出的61%。此后，中央财政在各级财政低保支出的比率较为稳定，2009—2013 年在65%和76%之间波动。

二、农村低保制度

改革开放以来，中国迎来了持续而又稳定的经济增长。然而，城乡发展的不平衡性以及若干制度性约束的存在，导致了城乡居民之间存在着较大的收入差距。相对农村居民而言，城镇居民能够获得较为稳定的收入流，并且还受到福利制度的较好保护，能够享受额外的福利性补贴。① 如果城市内部和农村内部有着相同的收入分配不均等程度，那么城乡内部的居民在收入平均水平上的差异，就意味着农村的贫困发生率更高。由于农村居民在拥有较低收入水平的同时，其内部的收入分配不均等程度反而要高于城市居民，因此也就不难理解中国的贫困现象主要发生于农村这一事实。根据世界银行的估计，2003 年9.5%的农村居民收入水平低于世界银行设定的贫困线，而同期城市的贫困发生率只有0.2%（世界银行，2009）。

经济增长并不能自动导致贫困现象的消失。为了缓解贫困，中国政府采取了一系列扶贫措施，取得了巨大的成效。以官方贫困线标准来衡量，农村贫困人口从1981 年的1.52 亿下降到了2004 年的2600 万（世界银行，2009）。如果使用1.25 美元每人每天的贫困线标准，全国的贫困人口在1981—2005 年减少了6.81 亿，贫困缓解幅度达到了83.4%（Chen and Ravallion，2008）。

农村社会保障制度无疑对缓解贫困做出了重大贡献。在低保制度实施之前，农村原有的社会保障项目包括五保供养政策、农村特困户救助制度、优抚政策、医疗救助等。五保供养体系是农村地区最早建立的农村社会保障制度。早在新中国成立初期，农村地区就建立了五保供养体系。五保对象为无劳动能力，无生活来源，没有法定赡养人、抚养、扶养义务人的“三无”人员。五保供养体系为五保对象提供食品、衣着、居住、教育、丧葬等费用。国务院于1994 年公布实

---

① 城乡之间生活成本的差异会导致对城乡实际收入水平差距的高估，而忽略城市居民所享受的福利性补贴又会低估城乡实际收入水平差距。研究表明，这两类估计偏差能够大致抵消（李实和罗楚亮，2008）。

施的《农村五保供养工作条例》规定，五保供养是农村的集体福利事业，五保供养所需经费和实物从村提留或者乡统筹费中列支。2006 年，新修订的《农村五保供养工作条例》开始施行，明确五保供养由政府主导，供养资金在地方人民政府预算中安排，中央财政对财政困难地区的农村五保供养给予补助，实现了五保供养从困难农民生活救助由集体内部互助为主向政府提供救助为主的根本性转变。

农村特困户救助的是极端贫困家庭，主要是因病因残丧失劳动力、鳏寡孤独、因灾害等造成家庭生活常年困难的农户。很明显，五保供养体系有着一定的“身份”限制，着眼于为没有法定赡养人、抚养、扶养义务人的“三无”人员提供基本保障。农村特困户救助并不局限于鳏寡孤独，而是更多地以收入作为是否进行救助的依据。因此，农村特困户救助可以被看作农村低保制度的雏形。在实际操作中，农村特困户救助和五保供养的对象会有所重叠，一般根据就高不就低的原则进行救济。

农村五保供养和特困户救助为农村极端贫困家庭提供了一定的生活保障，起到了缓解贫困的作用。然而，农村五保供养和特困户救助具有范围过窄和标准过低的局限性，影响了其进一步扩大对缓解贫困的贡献。为建立缓解贫困的长效机制，更好地为农村贫困家庭提供收入保障，使改革开放的成果进一步惠及农村困难群众，我国于 20 世纪 90 年代在若干省份进行了农村低保制度的试点，在试点地区初步建立起了适合自身社会经济状况的农村低保制度。没有开展农村居民最低生活保障工作的地区，则通过农村特困户救助制度为极端贫困家庭提供收入保障。

农村低保制度的推广是一个渐进的过程。1992 年，山西省左云县率先开展了农村低保试点。此外，上海也于 1994 年在 3 个区进行了农村低保的试点。1996 年民政部总结试点地区的经验，印发了《关于加快农村社会保障体系建设的意见》，制订了农村社会保障制度建设指导方案，把建立农村最低生活保障制度作为农村社会保障体系建设的重点，试图以点带面，在全国进行试点工作。党的十六大以来，中央提出要探索和逐步建立农村最低生活保障制度，农村低保试点工作稳步推进。开展农村低保试点的省份在 2004 年达到 8 个，2005 年增加到 13 个。随着试点区域的扩大，农村低保对象也随之增加。民政部的汇总数据表明，农村低保对象从 2004 年的 488 万人增加到 2005 年的 825 万人（见表 7.1）。农村低保的试点省份在 2006 年进一步增加到 23 个，低保对象也增加到了 1593 万人。2007 年，国务院发布《国务院关于在全国建立农村最低生活保障制度的通知》，决定在全国范围内建立农村低保制度。到 2007 年年底，全国 31 个省市自治区（不含港澳台）都实施了农村低保制度。农村低保对象的规模也在 2007 年大幅增长，当年有 3566 万农村居民享受到了低保，低保对象的数量比 2006 年增加了124%。农村低保对象的规模在随后的两年继续保持着两位数的扩张态势，农村低保对象的数量在2008年和2009年分别达到了4306万人和4760万人。农村低保制度在接下来的几年步入了稳定发展期，2010—2013年农村低保对象的规模在5300万人上下浮动。

表7.1还提供了农村低保标准及人均低保补差收入等信息。可以看到，农村低保标准经历了逐年上涨的过程，年增长幅度在16%～23%之间变动。农村低保标准在2007年和2008年分别为70元/月和82元/月，2009年增长到了101元/月,2013年则进一步提高到了203元/月。人均补差收入也在逐年增加。2007—2010年，人均月补差收入100元/月。2011年以后，人均月补差收入突破百元大关。2011年、2012年、2013年的人均月补差收入分别达到了106元/月、104元/月、116元/月。

农村低保对象的增加以及人均补差收入的提高，意味着低保的财政支出也随之增加。从表7.1可以看到，各级财政对农村低保的支出在2007年为109亿元，在2008年就增长到了229亿元，增长幅度达到了110%。此后，各级财政的农村低保支出继续保持着快速增长的势头，年增长率在8%～59%之间变动。在农村低保的各级财政支出中，中央财政占了大头。2009—2013年，中央财政在农村低保的各级财政支出中的比率都在60%以上，个别年份甚至超过了75%。

表7.1 农村低保制度的发展

年份	覆盖省份	低保对象（万人）	人均低保标准（元/月）	人均补差（元/月）	各级财政农村低保支出（亿元）	中央财政农村低保支出（亿元）
2004	8	488	-	-	-	-
2005	13	825	-	-	-	-
2006	23	1593	-	35	-	-
2007	31	3566	70	39	109.1	-
2008	31	4306	82	50	228.7	-
2009	31	4760	101	68	363.0	255.1
2010	31	5214	117	74	445.0	269.0
2011	31	5306	143	106	667.7	502.6
2012	31	5345	172	104	718.0	431.4
2013	31	5388	203	116	866.9	612.3

资料来源：历年《民政事业发展统计报告》与《社会服务发展统计公报》，民政部网站http：//cws. mca. gov. cn/article/tjbg/。“-”表示没有数据。

第二节 最低生活保障制度的运作

低保标准的核定是低保制度的重要环节。当地人均收入、生活水平、地方政府财力是决定低保标准的主要因素。在低保标准确定以后，地方政府对辖区内本地户籍居民的收入进行核查，将家庭人均收入低于低保标准的居民划定为低保对象，根据家庭人均收入与低保标准之间的差额发放低保补助金。

一、低保标准的核定

中央政府对低保标准的核定与调整都做了原则性的规定。在城市低保标准方面，国务院于 1999 年颁布的《城市居民最低生活保障条例》指出，城市居民最低生活保障标准，按照当地维持城市居民基本生活所必需的衣、食、住费用，并适当考虑水电燃煤（燃气）费用以及未成年人的义务教育费用确定。直辖市、设区的市的城市居民最低生活保障标准，由市人民政府民政部门会同财政、统计、物价等部门制定，报本级人民政府批准并公布执行；县（县级市）的城市居民最低生活保障标准，由县（县级市）人民政府民政部门会同财政、统计、物价等部门制定，报本级人民政府批准并报上一级人民政府备案后公布执行。城市居民最低生活保障标准需要提高时，依照前两项规定重新核定。

在农村低保标准方面，国务院于 2007 年下发的《关于在全国建立农村最低生活保障制度的通知》规定，农村低保标准由县级以上地方人民政府按照能够维持当地农村居民全年基本生活所必需的吃饭、穿衣、用水、用电等费用确定，并报上一级地方人民政府备案后公布执行。农村低保标准要随着当地生活必需品价格变化和人民生活水平提高适时进行调整。

在实际操作过程中，地方政府采用了多种方法制定低保标准。有些地方政府对当地低收入群体的规模、生活状况以及生活必需品的价格进行了统计调查，并在此基础上对低保标准进行核定。有些地方政府则指定民政、劳动、财政、统计等相关部门进行部门间协商，在协商的基础上形成低保标准。有些地方政府也会依照地理位置相近、经济发展状况类似的兄弟城市的低保标准，在适度调整后形成当地的低保标准。尽管中央财政为低保制度的运作提供了坚实的财政基础，中央低保资金占到了全部低保资金的一半以上，但地方政府仍需为低保提供配套的财政资金。部分地方政府在核定低保标准时，也会根据当地的财政实力对低保标准进行相应的调整。因此，也就不难理解，低保标准存在一定程度的地区差异。例如，在 2007 年第四季度，中国城镇的平均低保线为 182.4 元/月，其中最高的低保线为540元，而最低的只有72元（民政部，2008）。[①]

二、低保对象的确定

低保对象的确定过程充分利用了基层组织的信息优势，极大地降低了低保制度的瞄准偏差。根据《城镇居民最低生活保障条例》，县级民政局、街道办事处和镇政府负责管理低保制度和审核低保申请。根据上级管理部门的需要，居委会负责低保制度的日常事务（国务院，1999）。在实际操作中，贫困家庭首先向居委会提出正式申请，居委会对申请者的条件进行初步审查。街道办或镇政府对申请者的情况进行核实并张榜公布，由县民政局做出最终决定。

《关于在全国建立农村最低生活保障制度的通知》规定："申请农村最低生活保障，一般由户主本人向户籍所在地的乡（镇）人民政府提出申请；村民委员会受乡（镇）人民政府委托，也可受理申请。受乡（镇）人民政府委托，在村党组织的领导下，村民委员会对申请人开展家庭经济状况调查、组织村民会议或村民代表会议民主评议后提出初步意见，报乡（镇）人民政府；乡（镇）人民政府审核后，报县级人民政府民政部门审批。乡（镇）人民政府和县级人民政府民政部门要核查申请人的家庭收入，了解其家庭财产、劳动力状况和实际生活水平，并结合村民民主评议，提出审核、审批意见。"

家庭人均收入是否低于最低生活保障线是决定居民能否享受低保的关键因素，对有资格成为低保对象的家庭而言，通过各种途径和来源得到的家庭收入的总和，必须少于低保线和家庭人口规模的乘积。因此，对收入概念的界定直接关系到居民是否能够成为低保对象以及领取低保补助金的具体金额。《城镇居民最低生活保障条例》规定："收入是指共同生活的家庭成员的全部货币收入和实物收入，包括法定赡养人、扶养人或者抚养人应当给付的赡养费、扶养费或者抚养费，不包括优抚对象按照国家规定享受的抚恤金、补助金。"而《关于在全国建立农村最低生活保障制度的通知》指出："在核算申请人家庭收入时，申请人家庭按国家规定所获得的优待抚恤金、计划生育奖励与扶助金以及教育、见义勇为等方面的奖励性补助，一般不计入家庭收入，具体核算办法由地方人民政府确定。"

在制度设计层面，收入应该是决定能否享受低保的唯一考量指标。然而，在实际操作中，收入以外的一些因素也在审批低保对象时得到了考虑。例如，贵州省规定，拥有手机、摩托车、电脑或空调的住户不能享受城市低保（贵州省民政厅，2004）。在湖南省，参与炒股的家庭不允许申请城市低保（湖南省人民政府，

① Chen et al.（2006）使用2003年和2004年35个大城市的数据，也发现了保障标准在城市之间的差异。

2003）。而在某些省份，从炒股中获得的资本收益则被当作家庭收入的来源之一，这也默认了低保家庭在股市上的投资行为。

三、低保资金的筹集

《城镇居民最低生活保障条例》规定："城市居民最低生活保障所需资金，由地方人民政府列入财政预算，纳入社会救济专项资金支出项目，专项管理，专款专用。国家鼓励社会组织和个人为城市居民最低生活保障提供捐赠、资助；所提供的捐赠资助，全部纳入当地城市居民最低生活保障资金。"而《关于在全国建立农村最低生活保障制度的通知》则规定："农村最低生活保障资金的筹集以地方为主，地方各级人民政府要将农村最低生活保障资金列入财政预算，省级人民政府要加大投入。地方各级人民政府民政部门要根据保障对象人数等提出资金需求，经同级财政部门审核后列入预算。中央财政对财政困难地区给予适当补助。

地方各级人民政府及其相关部门要统筹考虑农村各项社会救助制度，合理安排农村最低生活保障资金，提高资金使用效益。同时，鼓励和引导社会力量为农村最低生活保障提供捐赠和资助。农村最低生活保障资金实行专项管理，专账核算，专款专用，严禁挤占挪用。"

比较城镇低保和农村低保的法规（或规范性文件），不难看出，低保资金的筹集原则上以地方为主。对城市低保资金而言，地方财政要承担起筹资的全部责任。而农村低保资金的来源也以地方财政资金为主，中央财政只是对财政困难地区给予适当补助。此外，社会捐赠对低保资金的补充性作用也得到了强调。然而，由于经济较为不发达、财政状况较差的地区，往往是低保对象较多、低保资金负担较重的地区，因此，主要依靠地方财政向低保注资的做法，会使得低保制度对缓解贫困的效果大打折扣。事实上，正如前面的分析所表明的，中央财政不仅是对城市低保还是对农村低保，都提供了相当多的低保资金，并逐渐成为低保资金的主要来源，从而有力地促进了低保制度功能的发挥。

四、低保支出的地区差异

前已述及，低保标准是地方政府根据当地的经济发展状况、生活水平和物价水平而划定的。由于低保资金部分来源于地方政府，因此低保标准的高低也在一定程度上反映了地方政府财力的多寡。然而，民政部并未公布各地的低保标准这一信息，但公布了县以上低保的平均支出。本章以政府对低保对象的人均支出为分析对象，计算低保支出的地区差异并对其进行分解。需要指出的是，政府对低保的平均支出一方面与低保标准的高低有关，另一方面也与当地居民的收入水平有关。很明显，设定的低保标准越高，低保对象的规模就越大，而低保救助的总财政支出也就越多。因此，分析低保支出的地区差异有助于理解低保标准的地区差异。

本章根据民政部网站所提供的2014年5月全国县以上的低保人均支出，计算了泰尔指数并将其分解为组内差异和组间差异两大部分。从表7.2可以看到，在2010年5月和2014年5月，城市在县级层面上的低保对象人均支出的泰尔指数分别为0.0358和0.0376，而农村低保人均支出的泰尔指数则分别为0.0606和0.0655。这说明，农村低保人均支出的不均等程度要高于城市低保人均支出。一个可能的原因就是，相比城市低保支出而言，农村低保支出受到地方财政的影响更大。从时序比较的角度来看，2014年城市和农村低保对象人均支出的泰尔指数都要高于2010年，低保人均支出的不均等程度有所提高。

本章也对泰尔指数进行了分解，将其分解为组内差异和组间差异两部分。表7.2显示，如果将泰尔指数根据东中西三大区域进行分解，那么城市低保人均支出的东中西三大区域内部的不平等是城市低保人均支出分布不均等的主要原因，2010年和2014年组内差异的贡献分别达到了96%和91%；而东中西三大区域之间的差异分别仅占城市低保人均支出的泰尔指数的4%和9%。与城市类似，组内差异贡献在2010年和2014年分别占据了农村低保人均支出分布不均等的91%和89%，而东中西三大区域之间的差异的贡献在这两年分别仅为9%和11%。

由于按区域分解低保人均支出的泰尔指数，掩盖了区域内部不同省份之间的差异，因此，表7.2也按省份对低保人均支出的泰尔指数进行了分解。由于按省份分解使得区域内部不同省份之间的差异被归入了组间差异，因此按省份分解得到的组间差异的份额要大于按区域分解得到的组间差异的份额。可以看到，如果按省份对农村低保人均支出的泰尔指数进行分解，2010年和2014年组间差异的贡献分别为39%和48%，都要高于按区域进行分解所得到的组间差异。值得注意的是，2014年按省份分解得到的组间差异与按区域分解得到的组间差异之间的差值要远高于2010年的相应差值。这说明，2014年同一区域内部不同省份之间农村低保人均支出分布的不均等程度要高于2010年。

表7.2 全国县以上低保人均支出的地区差异

	城市			农村		
	泰尔指数	组内差异	组间差异	泰尔指数	组内差异	组间差异
2010年5月	0.0358	0.0344	0.0014	0.0606	0.0550	0.0056
区域	100%	96.09%	3.91%	100%	90.76%	9.24%
省份	0.0358	0.0204	0.0154	0.0606	0.0372	0.0234
	100%	56.98%	43.02%	100%	61.39%	38.61%

续表

	城市			农村		
2014 年 5 月						
区域	0.0376	0.0342	0.0034	0.0655	0.0586	0.0069
	100%	90.96%	9.04%	100%	89.47%	10.53%
省份	0.0376	0.0185	0.0190	0.0655	0.0339	0.0316
	100%	49.20%	50.53%	100%	51.76%	48.24%

资料来源：民政部网站（http：//cws. mca. gov. cn/article/tjyb/c/?）。泰尔指数的计算以及分解都根据当地的低保对象人数进行了加权。

第三节　低保制度的运行效果

低保制度通过对低收入人群提供一定额度的货币形式的转移支付，能够起到缓解贫困和缩小收入差距的作用。很明显，低保制度对贫困和收入分配的作用，取决于低保对象的瞄准精度、低保标准的高低、低保补助金的规模等因素。本章接下来将以考察低保制度运行绩效的实证性经验研究文献为基础，对我国低保制度的实际运行效果进行评述。

一、低保对象的识别与瞄准

前已述及，我国低保制度发挥了基层组织的信息优势，能够很好地获知辖区居民的收入状况，从而可以将低保制度的瞄准误差控制在最低限度。为了分析低保对象的识别效率和瞄准精度，本章首先考察低保对象和非低保对象在特征上是否存在显著差异，进而分析低保中的“漏保”和“错保”，以直接考察低保对象的瞄准精度。

古斯塔夫森和邓曲恒利用 2002 年的收入分配调查数据，对城市低保制度的实际运行状况进行了考察（Gustafsson and Deng，2011），其中对城市低保对象和城市非低保对象的特征进行了比较分析。表 7.3 报告了古斯塔夫森和邓曲恒文中关于城市低保户、城市非低保户以及所有城市家庭的描述性统计信息。从表 7.3 可知，城市低保户和城市非低保户之间的特征差异非常明显。城市低保户的收入和财产要远少于城市非低保户。城市低保户的教育和健康等人力资本存量也要低于城市非低保户。此外，相比城市非低保户而言，城市低保户中的就业人员数量更少，抚养和赡养负担更重。具体而言，城市低保户中非就业者的数量要远多于城市非低保户。城市低保户的金融资产不到城市非低保户的 1/3，家庭人均收入也只是城市非低保户的 1/3 强。15% 的城市低保户中存在至少一个未被养老保障制度覆盖的老年人，而城市非低保户的这一比例只是前者的一半。城市低保户和城市非低保户的户主特征也存在着较大的差异。18%的城市低保户户主健康状况欠佳，这一比例是城市非低保户的3倍。城市低保户中16岁以下的小孩数量也比城市非低保户要高。城市低保户户主的文化程度要低于城市非低保户户主。此外，城市低保户的分布也具有较强的地域特征。38%的城市低保户居住在西部地区，而东部地区的城市低保户只占全国的20%。

表7.3　城市低保户和城市非低保户的特征

变量	城市低保户	城市非低保户	全部城市家庭
小孩数量	0.515	0.435	0.438
有退休金的老年人的数量	0.153	0.279	0.275
没有退休金的老年人的数量	0.153	0.071	0.073
就业成年人的数量	1.140	1.504	1.491
非就业成年人的数量	0.634	0.219	0.233
家庭金融资产（元）	12557	40703	39736
家庭人均收入（元）	3088	8069	7884
户主的健康状况（%）			
良好	47.23	60.56	60.11
一般	34.89	33.36	33.41
欠佳	17.87	6.08	6.48
户主的文化程度（%）			
小学及小学以下	14.89	6.98	7.25
初中	42.98	28.46	28.96
高中或中专	35.74	36.94	36.90
大学及大学以上	6.38	27.62	26.89
居住在大城市（%）	33.62	40.53	40.30
居住在东部地区（%）	19.57	36.48	35.90
居住在中部地区（%）	42.55	36.15	36.37
居住在西部地区（%）	37.87	27.36	27.72
观测值	235	6600	6835

资料来源：Gustafsson and Deng（2011），表2。

农村低保对象和非低保对象之间也存在明显的特征差异。邓曲恒和李实(2010)的研究利用2008年农村贫困监测调查，分析了农村低保户和农村非低保户的特征差异。表7.4显示，农村非低保户的家庭人均纯收入要高于农村低保户，两者的差异达到了392元。农村低保户的家庭人口规模要大于农村非低保户，但劳动力的比例则要低于农村非低保户。从劳动力的文化程度看，农村非低保户的劳动力要比农村低保户拥有更多的人力资本。在农村低保户的全部劳动力中，小学或小学文化程度以上者占了60%，而农村低保户的这一比例为44%。初中文化程度者以及高中或高中以上文化程度者在农村低保户劳动力中的比例分别为32%和6%，而在农村非低保户中则分别达到了45%和10%。从房屋类型看，农村非低保户居住在砖木和钢筋混凝土结构住房的比例要高于农村低保户。

表7.4　农村低保户和农村非低保户的特征差异

	农村低保户	农村非低保户
家庭人口规模	4.34	4.28
劳动力占家庭人口的比例	0.66	0.72
劳动力中		
小学或小学以下比例	0.60	0.44
初中文化程度比例	0.32	0.45
高中或高中以上比例	0.06	0.10
房屋类型		
砖木	0.37	0.47
竹草屋	0.02	0.01
土坯屋	0.24	0.20
钢筋混凝土	0.09	0.16
其他	0.28	0.15
家庭人均纯收入	2226	2618
观测值	3835	49435

资料来源：邓曲恒和李实(2010)，表2和表3。

从上述的特征分析可以很容易看出，相比非低保对象而言，低保对象的收入和财产更低，健康和教育等人力资本状况也处于劣势。此外，低保对象的就业状况不容乐观，并且有着更重的人口负担。然而，仅仅对低保对象和非低保对象的特征进行比较分析，并不能获知低保制度的瞄准精度。低保制度的运行过程中，可能会出现“漏保”和“错保”两种瞄准偏差，其中“漏保”是指家庭人均收入处于低保标准之下的居民并未获得低保，而“错保”则是指家庭人均收入高出低保标准的居民却得到了低保。在部分居民被“漏保”或“错保”的情况下，低保对象和非低保对象可能仍会在平均意义上的特征方面存在显著的差异。

考虑到低保对象的确定是以家庭为单位，当家庭人均收入低于低保标准时，该家庭被核定为低保对象，因此，从户级层面入手，分析每一家庭是否被“漏保”或“错保”，可以更为准确地分析低保制度是否存在“漏保”和“错保”等瞄准偏差以及偏差的幅度。研究人员通常利用收入、家庭特征、地区特征等信息，通过概率模型或非参数性质的匹配方法等判断每一家庭是否应该获取低保，并与该家庭实际获取低保的情况进行比较。如果一家庭在理论上应该获得低保，但实际上没有获得低保，那么该家庭被“漏保”了。相反，如果一家庭在理论上不应获得低保，但实际上却获得低保，那么该家庭就被“错保”了。如果住户属于理论上应该得到低保而实际上也得到了低保（“应保实保”）以及理论上不应获得低保而实际上也没有成为低保对象（“不应保未报”）这两种情形，那么低保制度对这些住户不存在瞄准偏差。

在将所有家庭分成“应保实保”“不应保未报”“漏保”“错保”这几个类别后，就可以很方便地计算低保制度的瞄准偏差。基于研究目的和所考察问题的不同，研究人员设计了不同的指标，对低保制度的瞄准偏差进行度量。一个直观的指标即是瞄准率（targeting rate），也就是家庭人均收入低于低保标准的低保对象在全部低保对象中的比率。另一个指标则为覆盖率（coverage rate），即家庭人均收入低于低保标准的住户中获得低保补助的比率。很明显，瞄准率度量了低保制度的“错保”偏差，而覆盖率则度量了低保制度的“漏保”偏差。综合瞄准率和覆盖率，我们可以对低保制度的总体瞄准偏差进行度量。

世界银行和国家统计局的专家学者使用2003年与2004年35个大城市的城市调查数据，分析了城市低保的瞄准精度（Chen，Ravallion and Wang，2006）。其研究表明，城市低保制度的“漏保”偏差、“错保”偏差和总体瞄准偏差分别为0.0169、0.0548、0.0771。在农村低保方面，邓曲恒和李实（2010）的研究表明，2008年农村低保制度的“漏保”偏差、“错保”偏差和总体瞄准偏差分别为0.0104、0.0549和0.0653。总体来看，尽管中国低保制度存在“漏保”偏差和“错保”偏差，但瞄准偏差的幅度非常低，低保制度很好地瞄准了需要救助的对象。

二、低保制度对缓解贫困和缩小收入差距的作用

本节试图分析低保制度对居民贫困状况和收入分配的影响。古斯塔夫森和邓曲恒使用了2002年的城镇住户调查数据（Gustafsson and Deng，2011），考察了城市低保制度对缓解贫困和缩小收入差距的作用。为了观察低保补助的规模及其分

布状况，古斯塔夫森和邓曲恒将家庭总收入按收入来源分解为低保金、工资、个体经营收入、财产性收入、养老金、下岗生活补贴等几大部分，并分析了低保金等各项收入来源的相对规模及其分布状况。表7.4报告了城市低保户、城市非低保户以及全部城市家庭不同收入来源的集中系数。从表7.4可以看到，城市低保户年人均收入为3088元，仅为城市非低保户收入的38%。低保金在城市低保户收入中的比重并不高。2002年城市低保户的人均低保金为295元，只占到总收入的10%。

与城市非低保户一样，工资收入和退休金构成了城市低保户收入的两项主要来源。低保金在城市低保户总收入的比重只能排到第三位。然而，与工资收入和退休金等收入来源不同的是，城市低保金起到了有利于穷人的作用。表7.5很清楚地反映了这一点。对全部城市住户而言，低保金的集中系数约为-0.72，这意味着低保金很好地瞄准了处于收入分配底层的住户。对城市低保户而言，低保金的集中系数约为0.06，低于城市低保户家庭人均收入的基尼系数。这说明低保金能够减缓城市低保对象内部的收入差距。

表7.5　城市低保户、城市非低保户、全部城市家庭的人均收入及其分解

收入及其来源	城市低保户			城市非低保户			全部城市家庭		
	金额（元）	占总收入的比例（%）	基尼系数或集中率	金额（元）	占总收入的比例（%）	基尼系数或集中率	金额（元）	占总收入的比例（%）	基尼系数或集中率
工资	1899	61.48	0.2554	5962	73.89	0.3222	5811	73.71	0.3323
个体经营收入	221	7.16	0.0004	270	3.34	0.0364	268	3.40	0.0387
财产性收入	20	0.65	0.1566	55	0.68	0.4132	54	0.68	0.4164
退休金	575	18.62	0.4304	1761	21.83	0.3420	1717	21.78	0.3520
下岗生活补贴	79	2.54	0.3777	21	0.26	0.0277	23	0.29	-0.0241
低保金	295	9.54	0.0628	-	-	-	11	0.14	-0.7173
总收入	3088	100	0.2538	8069	100	0.3169	7884	100	0.3247

资料来源：Gustafsson and Deng（2011），表5。

为了评估低保对缓解贫困的作用幅度，我们需要对贫困状况进行测量。测量贫困较为常用的指标为FGT指数，能够测度贫困发生率、贫困距、加权贫困距。其中贫困发生率是贫困人口在全部人口中的比例。贫困距为贫困人口平均收入与贫困线的距离，测度了贫困的深度。加权贫困距则赋予了贫困人口平均收入与贫困线的距离更大的权数，能够更好地反映贫困的深度。表7.6报告了用FGT指数度量的城市低保户和城市非低保户的贫困状况，表中的FGT（0）、FGT（1）、

FGT（2）分别表示贫困发生率、贫困距、加权贫困距。

表 7.6 城市低保户和城市非低保户的贫困状况：2002 年

行号	贫困线	1774 元			2534 元		
	FGT 指数	FGT(0)	FGT(1)	FGT(2)	FGT(0)	FGT(1)	FGT(2)
	低保户						
1	排除低保金	0.2708	0.0856	0.0472	0.4935	0.1768	0.0911
2	加上低保金	0.1745	0.0515	0.0240	0.4141	0.1255	0.0563
3	低保制度对贫困的缓解幅度（%）	36	40	49	16	29	38
4	非低保户	0.0148	0.0039	0.0018	0.0464	0.0112	0.0045
	所有家庭						
5	排除低保金	0.0243	0.0069	0.0034	0.0630	0.0173	0.0078
6	加上低保金	0.0207	0.0056	0.0026	0.0601	0.0154	0.0065
7	低保制度对贫困的缓解幅度（%）	15	19	24	5	11	17

资料来源：Gustafsson and Deng（2011），表 6。

注：第三行是由第一行的数字减去第二行的数字除以第一行的数字，再乘以 100 得到。类似可得第七行的数字。

遵循 Khan（2008）的分析，我们采用了 1774 元每人每年和 2534 元每人每年这两条城市贫困线。表 7.5（第 6 行）显示，根据所使用的贫困线不同，城镇居民的贫困率分别为 0.0207、0.0601。利用贫困发生率、贫困距、加权贫困距等 FGT 指数，我们可以看到城市低保户（第 2 行）的贫困状况要比城市非低保户严重得多（第 4 行）。例如，当使用较高的贫困线时，城市非低保户居民的 4.6% 处于贫困状态，而城市低保户的这一比例为 41.4%。

如果进行一项思想实验，假设城市低保制度并不存在（也即将低保金归零），那么通过比较假想状态与实际情形的城镇贫困状况，我们就可以获知城市低保制度对城镇贫困的缓解作用。当然，这里假设领取低保并不会影响到城市住户的劳动供给等行为。表 7.6 显示，在不存在城市低保制度的情况下，基于不同的贫困线，城市低保户的贫困率分别为 0.2708 以及 0.4935（第 1 行）。如果使用较低的贫困线，那么与实际情形相比，城市低保制度的实施使得所有城市住户的贫困率降低了 15%，而城市低保户的贫困率则降低了 36%。可以看到，尽管城市低保制度并没有使很多城市家庭跨越贫困线，但它更为显著地降低了贫困的深度。事实上，如果用加权贫困距［FGT（2）］来衡量贫困，并且使用较低的贫困线，那么城市低保户的加权贫困深度将降低49%（表7.5第3行）。

陈少华等人（Chen et al.，2006）则利用各地的低保线作为贫困线，考察了城市低保对缓解贫困的作用幅度。其研究表明，如果不实施低保制度，那么城市低保对象的贫困率将达到0.569。城市低保制度的实行使得低保对象的贫困率降低为0.455，下降幅度达到了20%。此外，城市低保制度的贫困距和加权贫困距也因低保制度的实行而有所下降。然而，对城市居民总体而言，城市低保制度的减贫效果较为有限。表7.7显示，城市低保制度使得所有城市居民的贫困率从0.0771下降到了0.0726，下降幅度仅约为6%。

表7.7　城市低保制度对贫困的缓解作用：2003/2004年

	去掉低保金	加上低保金
(a) 低保户+非低保户		
贫困率	0.0771	0.0726
贫困距	0.0228	0.0206
加权贫困距	0.0102	0.0088
(b) 低保户		
贫困率	0.5685	0.4549
贫困距	0.1992	0.1423
加权贫困距	0.1021	0.0644

资料来源：Chen et al.（2006），Table 2.

古斯塔夫森和邓曲恒以及陈少华等人的研究都表明，低保制度不仅使得一部分城镇居民摆脱了贫困状态，而且对仍然陷入贫困状况的城镇居民而言，低保制度能够有效地减轻贫困深度。因此，低保制度成功地缓解了城镇地区的贫困状况。然而，上述两项研究使用的数据已较为久远，而城市低保制度处在不断完善过程之中，其对缓解贫困的贡献也在发生变化，因此，有必要使用晚近的数据，考察低保制度在近期的减贫效果。李实和杨穗（2010）使用2007年的收入分配调查数据，分析了城市低保制度对贫困和收入分配的影响。其研究表明，如果使用各地低保线作为贫困线后，那么就全部样本而言，低保制度将使得城市贫困发生率下降了42%。而贫困距和加权贫困距下降的幅度更大，分别下降了57%和63%。这意味着低保收入不仅使得相当一部分城市贫困人群脱离了贫困，其收入高出了贫困线，而且即使对于那些没有脱离贫困的人群来说，改善了他们的生活水准，缓解了他们的贫困状态。由于陈少华等人以及李实和杨穗的研究都使用各地低保线作为贫困线，因此这两项研究具有较强的可比性。从他们的研究结果可以看出，城市低保制度的减贫效果在逐渐增强。

邓曲恒和李实（2010）则使用2008年农村贫困监测调查，考察了农村低保制度的减贫效果。表7.8报告了相关结果。为了检验结果的稳健性，邓曲恒和李实采用了1196元/年和1773元/年两条贫困线。其研究表明，如果使用1196元/年的贫困线，农村低保对象在未得到低保补贴时的贫困发生率、贫困距、加权贫困距分别为0.2392、0.0723、0.0357。低保制度的实施使得农村低保对象的贫困发生率、贫困距、加权贫困距降低为0.1886、0.0487、0.0223。可以计算得出，农村低保制度对低保对象贫困发生率的缓解幅度达到了21.15%。如果以贫困距和加权贫困距来衡量，低保补贴的作用对农村低保对象而言更为明显。如果采用1773元/年的贫困线，可以得到大致类似的结果，但此时低保制度对农村贫困的缓解幅度要略微减少。由于农村低保对象仅占样本中全部农村居民的7.28%，因此对所有农村居民而言，低保制度的减贫效果相对有限。即便如此，农村低保制度依然对缓解贫困做出了一定的贡献。如果以1196元/年为贫困线，农村低保制度对贫困发生率的缓解幅度为2.46%。值得注意的是，农村低保制度对贫困距的缓解幅度要大于对加权贫困距的缓解幅度，两者分别为3.68%、2.49%。这说明，此时农村低保制度对贫困线附近的贫困人群更为有利。而如果将1773元/年作为贫困线，低保制度对全部农村居民的加权贫困距的缓解幅度要大于贫困距。

表7.8　2008年农村低保户和农村非低保户的贫困状况

行号	贫困线	1196元			1773元		
	FGT指数	贫困发生率	贫困距	加权贫困距	贫困发生率	贫困距	加权贫困距
	低保户						
1	扣除低保补贴	0.2392	0.0723	0.0357	0.4710	0.1611	0.0788
2	加上低保补贴	0.1886	0.0487	0.0223	0.4154	0.1278	0.0571
3	低保制度对贫困的缓解幅度（%）	21.15	32.64	37.54	11.80	20.67	27.54
4	非低保户	0.1433	0.0442	0.0405	0.3185	0.1015	0.0575
	所有农村居民						
5	扣除低保补贴	0.1503	0.0462	0.0402	0.3296	0.1059	0.0590
6	加上低保补贴	0.1466	0.0445	0.0392	0.3256	0.1035	0.0575
7	低保制度对贫困的缓解幅度（%）	2.46	3.68	2.49	1.21	2.27	2.54

资料来源：邓曲恒和李实（2010），表8。

注：第三行是由第一行的数字减去第二行的数字除以第一行的数字，再乘以100得到。类似可得第七行的数字。

一般而言，低保制度对贫困的缓解作用与县均低保补贴、县低保覆盖率、低保的瞄准误差这几个因素有关。很明显，县均低保补贴越多、县低保覆盖率越高、低保的瞄准误差越低，低保制度的减贫效果越好。邓曲恒和李实（2010）对此进行了计量分析。他们使用了县级层面的数据考察了县均低保补贴、县低保覆盖率、低保的瞄准误差对低保减贫幅度的影响。表 7.9 的估计结果表明，县均低保补贴和县低保覆盖率对减贫幅度有着显著为正的作用，而且其估计系数随着贫困指标对穷人偏向而递增。低保瞄准的弃真误差对贫困率的缓解幅度没有影响，但能显著加强贫困深度和加权贫困距的缓解幅度。这说明了，由于低保补贴的金额相对有限，即使低保制度包括了应保未保的人群，最终也不会对贫困发生率有显著影响。但低保补贴能够在一定程度上缓解应保未保人群的贫困深度和加权贫困距。而低保瞄准的纳伪误差对低保的减贫幅度没有影响。这意味着，低保制度所纳入的不符资格的低保对象，在收入上与某些非低保户并不存在差异，因此在控制了县均低保补贴和县低保覆盖率的情况下，低保瞄准的纳伪误差对低保的减贫幅度没有显著影响。这也从一个侧面说明了农村低保对象在核定上的难度。

表 7.9　减贫幅度的影响因素：县级层面的分析

	贫困率的缓解幅度	贫困深度的缓解幅度	加权贫困距的缓解幅度
县均低保补贴	0.080***	0.109***	0.151**
	(0.028)	(0.036)	(0.067)
县低保覆盖率	0.409***	0.704***	1.129***
	(0.057)	(0.071)	(0.133)
低保瞄准的弃真误差	-0.097	-0.215*	-0.692***
	(0.103)	(0.129)	(0.243)
低保瞄准的纳伪误差	-0.085	-0.071	-0.124
	(0.069)	(0.087)	(0.163)
常数项	-0.002	-0.003	-0.002
	(0.005)	(0.006)	(0.012)
Adj. R^2	0.2286	0.3658	0.2593
观测值	592	592	592

资料来源：邓曲恒和李实（2010），表 9。

低保制度对处于收入底层的人群进行转移支付，不仅能够起到缓解贫困的作用，而且也能改善收入分配状况。李实和杨穗（2009）评估了城市低保制度对缩小收入差距的作用。李实和杨穗使用了基尼系数、变异系数、十等分组中最高

10%人群组平均收入与最低10%人群组平均收入的比值作为收入差距的度量指标，考察了收入不平等指数在城市居民获得低保收入前后的变化，以估计低保收入对城市整体收入差距的影响。

表7.10 城市收入不平等指数：水平与变动

省份	基尼系数			变异系数			最高10%人群组平均收入/最低10%人群组平均收入		
	低保后	低保前	变化%	低保后	低保前	变化%	低保后	低保前	变化%
北京	0.2648	0.2650	-0.10	0.5146	0.5150	-0.09	5.98	6.00	-0.40
山西	0.3006	0.3026	-0.66	0.6399	0.6430	-0.49	7.30	7.54	-3.21
辽宁	0.3130	0.3161	-0.98	0.6784	0.6832	-0.70	7.20	7.54	-4.59
上海	0.3141	0.3155	-0.44	0.6114	0.6136	-0.36	7.51	7.61	-1.31
江苏	0.3459	0.3478	-0.54	0.7100	0.7128	-0.39	9.54	9.91	-3.75
浙江	0.3285	0.3308	-0.69	0.6642	0.6677	-0.52	9.13	9.70	-5.92
安徽	0.2457	0.2468	-0.46	0.4891	0.4907	-0.32	5.18	5.24	-1.11
福建	0.2989	0.2997	-0.27	0.6198	0.6211	-0.21	7.22	7.35	-1.73
河南	0.2813	0.2816	-0.12	0.5445	0.5451	-0.10	6.91	6.97	-0.78
湖北	0.2548	0.2561	-0.53	0.4670	0.4693	-0.49	5.43	5.56	-2.47
湖南	0.3309	0.3338	-0.87	0.6932	0.6975	-0.61	8.79	9.39	-6.42
广东	0.3494	0.3499	-0.13	0.7384	0.7391	-0.09	10.28	10.40	-1.16
重庆	0.2682	0.2701	-0.70	0.5507	0.5535	-0.51	5.89	5.99	-1.75
四川	0.3312	0.3333	-0.63	0.6622	0.6653	-0.47	8.70	9.05	-3.95
云南	0.3296	0.3330	-1.00	0.6457	0.6506	-0.75	8.77	9.46	-7.27
甘肃	0.2988	0.3026	-1.23	0.5632	0.5692	-1.04	6.67	7.21	-7.50
总计	0.3459	0.3475	-0.46	0.7239	0.7263	-0.34	9.66	9.98	-3.19

资料来源：李实和杨穗（2009），表2。

表7.10报告了李实和杨穗的相关估计结果。从表7.10可以得出，低保政策对缩小城市收入差距的贡献极为有限。城市居民家庭人均收入的基尼系数在低保前后分别为0.3475和0.3459，低保制度仅使得基尼系数下降了0.46%。低保政策的收入分配效应在各个省份之间也有所不同。例如，城市低保政策的收入分配效应在甘肃和云南两省较为明显，低保制度使得这两个省的城市基尼系数分别下

降了 1.23% 和 1%。而城市低保制度在北京、河南和广东等地对收入分配的调节作用相对有限，基尼系数仅下降 0.1% 左右。表 7.10 还报告了变异系数以及十等分组中最高 10% 人群组平均收入与最低 10% 人群组平均收入的比值这两个收入不平等指标在低保前后的变动。

由于各地的地方财政状况、人民生活水平和收入状况都存在差异，因此，各地的低保标准和低保对象的规模也不尽相同。尽管低保收入在执行同一低保标准的地区内部会起到缩小地区内部收入差距的作用，但对地区之间的收入差距的影响却不明朗。如果低收入地区享受低保的人群高于高收入地区，那么低收入地区中低保收入占人均收入的比例要高于高收入地区，此时低保制度能够起到缩小地区间收入差距的作用。反之，如果高收入地区的低保收入过高，那么低保制度反而会扩大地区之间的收入差距。李实和杨穗（2009）利用泰尔指数的分解方法分别计算了低保前后省份之间的收入差距和省份内部的收入差距，以考察城市低保制度是否导致了省份之间收入差距的扩大。表 7.11 报告了相关计算结果。从表 7.11 可以看到，加入低保收入后，泰尔指数将比剔除低保收入时下降 1%，其中组内差距下降 1.15%，组间差距下降 0.48%。由此可见，因低保制度而导致的组内差距的下降幅度超过了组间差距的下降幅度。这一方面意味着低保收入对缩小地区内部收入差距的作用大于对于缩小地区间收入差距的作用，另一方面意味着低保收入能够在一定程度上起到缩小地区之间收入差距的作用。

表 7.11　低保前后城市收入差距的分解分析

样本分组	低保前后变化	泰尔指数	组内差距	组间差距
省份	低保前（比重,%）	0.2072（100）	0.1657（79.98）	0.0415（20.02）
	低保后（比重,%）	0.2051（100）	0.1638（79.87）	0.0413（20.13）
	变化率（%）	-1.01	-1.15	-0.48

资料来源：李实和杨穗（2009），表 3。

三、低保对劳动供给的负激励

低保制度在保障基本生活水平的同时，也降低了低收入人员寻找工作的激励。由于低保补助在本质上是一种补差收入，因此低于低保线的收入都面临着 100% 的边际税率。如果扩大劳动供给并不能获取的相应水平的收入，那么低保对象就没有扩大劳动供给的激励。

为了直观地分析低保制度在保障和激励之间的平衡和折中，我们可以对低保标准与工作收入进行简单的比较。根据我们的计算，2007 年第四季度的城市低保线大致相当于城市普通劳动者工作 50 个小时所获得的收入。① 如果该普通劳动者在当月全职工作，那么所得到的收入能够使自己以及另外 2 个家庭成员的收入高出低保线。这一简单的计算很清楚地显示，对大部分城市工作者而言，放弃工作转而依赖低保不是一个有吸引力的选择。

除了简单的计算以外，我们也可以用回归的方法检验低保的负激励现象是否存在。我们将农村人均低保补助作为因变量，自变量包括农村家庭人均收入、省份虚拟变量。表 7.12 报告了相关回归结果。OLS 回归结果表明，农村家庭人均收入的提高的确会减少农村人均低保补助，但其幅度非常之小。由于低保补助的额度在各省之间存在着差异，第 2 列的回归还控制了省份虚拟变量。加入省份虚拟变量之后，农村家庭人均收入的估计系数基本没有变化。考虑到大部分农村居民并没有获得人均低保补助，因此存在着数据删截（censoring）问题，我们也使用了 Tobit 模型进行了估计。第 3 列的估计结果表明，家庭人均收入的估计系数显著为负，其幅度虽有所增加，但仍非常小。加入省份虚拟变量之后的 Tobit 模型给出了类似的估计结果。表 7.12 的回归结果表明，低保的负激励问题在中国农村并不严重。究其原因，一方面在于农村居民收入来源的多元化和隐蔽性导致了收入难以被低保管理部门所监控；另一方面，也反映了农村低保标准较低，人均低保补助相应较少，有劳动能力的低保对象依赖低保的情况并不多见。

表 7.12　农村低保的负激励

人均农村低保补助	(1)	(2)	(3)	(4)
	OLS	OLS	Tobit	Tobit
家庭人均收入	-0.001***	-0.001***	-0.036***	-0.026***
	(0.000)	(0.000)	(0.002)	(0.002)
是否控制省份虚拟变量	No	Yes	No	Yes
常数项	15.105***	5.122***	-446.072***	-679.289***
	(0.469)	(1.050)	(8.862)	(21.345)
Adj./Pseudo R^2	0.0018	0.0283	0.0049	0.0473
观测值	53270	53270	53270	53270

资料来源：邓曲恒和李实（2010），表 7。

① 这些数字都是作者根据 2002 年城镇住户调查数据自行计算得到的。当然，需要注意的是，低收入人员的小时工资可能要低于全体城镇居民的平均水平。

第四节　完善最低生活保障制度

自城乡低保制度逐渐建立以来，低保对象迅速增加。低保制度的实施和扩展反映了中国政府应对转型期间贫困现象的政策努力。低保制度不仅使得部分城乡居民摆脱了贫困状态，而且对仍然陷入贫困状况的城乡居民而言，低保制度能够有效地减轻贫困深度。因此，低保制度成功地缓解了贫困状况，同时也在一定程度上起到了缩小收入差距的作用。

完善低保制度有助于低保制度更好地发挥缓解贫困和平抑收入差距的作用。首先，目前低保制度的保障水平较低，这限制了低保制度进一步发挥其缓解贫困的作用。对许多低保户而言，低保金并不足以使他们摆脱贫困状态。由于保障制度覆盖规模的不足，并不是所有的穷人都能获得低保。随着经济增长和农民收入水平的提高，低保标准也应随之提高，使得低保人群能够得到基本的生活保障。其次，尽快解决地区之间低保保障水平差距过大的问题。受到地方财力的影响，低保人均支出的地区差异较为明显。一些相对比较落后的地区的低保水平明显偏低，而一些经济发达地区甚至出现保障过度的问题。为此，中央政府应该加大统筹协调力度，通过增加对落后地区的转移支付以缓解其低保资金不足的压力，同时，对低保保障水平过高的地区做出限高的规定。再次，在低保实施过程中，通过完善制度设计，建立及时有效的信息系统，扩大居民在核定低保对象过程的参与力度，以最大限度地减少低保的瞄准误差。最后，居住在城市的农村居民并没有被城镇低保制度所覆盖，而这部分人群更容易陷入贫困状态。研究制定流动人口的低保制度，不仅有利于劳动力流动，而且有助于促进社会和谐。

参考文献

[1] Chen, Shaohua and Martin Ravallion. 2008. China is Poorer than We Thought, But No Less Successful in the Fight against Poverty. Policy Research Working Paper Series 4621, The World Bank.

[2] Chen, Shaohua, Martin Ravallion and Wang Youjuan. 2006. Di Bao: A Guaranteed Minimum Income in China's Citiesş. World Bank Policy Research Working Paper 3805.

[3] Gustafsson, Björn and Quheng Deng. 2011. Di Bao Receipt and Its Importance for Combating Poverty in Urban China. Poverty & Public Policy, 3 (1).

[4] John Knight and Li Shi. 2006. Three Poverties in Urban China. Review of Development Economics, Vol. 10, Issue 3, pp. 367 – 387.

[5] Khan, Aziz. 2008. Growth, Inequality and Poverty: A Comparative Study of Chin's Experience in the Periods before and after the Asian Crisis. in Björn Gustafsson, Li Shi and Terry Sicular, eds. , Inequality and Public Policy in China, Cambridge: Cambridge University Press, pp. 145 – 181.

[6] Meng, Xin, Bob Gregory and Youjuan Wang. 2005. Poverty, Inequality and Growth in Ur-

ban China 1986 - 2000. Journal of Comparative Economics, 33 (4), 710 - 729.

[7] 邓曲恒，李实. 农村社会保障进展及其减贫效果评估：以低保制度为例. 中国农村扶贫开发纲要（2001—2010年）实施效果的评估报告，2010.

[8] 贵州省民政厅. 贵州省城市居民最低生活保障工作操作规程（试行），2004.

[9] 国家统计局. 中国统计年鉴2003. 中国统计出版社，2003.

[10] 国家统计局. 中国统计年鉴2007. 中国统计出版社，2007.

[11] 国家统计局. 中国统计年鉴2013. 中国统计出版社，2013.

[12] 国家统计局. 中国统计年鉴2013. 中国统计出版社，2013.

[13] 国务院. 城镇居民最低生活保障条例，1999.

[14] 湖南省人民政府. 湖南省实施《城市居民最低生活保障条例》办法，2003.

[15] 李实，罗楚亮. 中国城乡居民收入差距的重新估计//李实、史泰丽、古斯塔夫森主编. 中国居民收入分配研究III. 北京：北京师范大学出版社，2008.

[16] 李实，杨穗. 中国城市低保政策对收入分配和贫困的影响作用. 中国人口科学，2009.

[17] 民政部. 2007年4季度全国县以上低保情况，2008.

[18] 人民日报. 保障城市居民基本生活权益——民政部副部长范宝俊谈《城市居民最低生活保障条例》出台（专访），1999，10 - 21（10）.

[19] 世界银行. 从贫困地区到贫困人群：中国扶贫议程的演进，2009.

[20] 郑功成. 社会保障学——理念、制度、实践与思辨. 北京：商务印书馆，2000.

第八章　住房保障制度思考

衣食住行与每个人的生活息息相关，尽管每个人对其的需求存在不同。然而，当这些基本需求不能得到基本保障时，生活质量是低的，进而其生产也是低效的，特别是由此带来的收入差距将会对社会稳定带来负面影响。因此，为了保障人们的基本需求，各样的社会保障体系被提出。中国也不例外，在新中国成立初期，为了降低城镇居民的生活成本，对城镇居民提供了全面的社会保障，包括就业、养老、医疗、教育、住房等多个方面。尽管只是对城镇居民提供这些福利，但是依然给国家财政带来了巨大负担。随着经济改革的深入，城镇居民社会保障获取方式在不断发生改变，住房改革是其中的一个重要组成部分，从福利分房逐渐过渡到住房商品化，通过住房保障制度来保障居民的住房需求。住房保障是对没有能力通过市场购买商品房的居民提供的一种福利，这种福利依然需要政府为其提供财政支出，是一种对收入的二次分配。由此引发的一个问题是，住房保障是否缩小了收入差距？如果住房保障缩小了收入差距，那么其将会对社会稳定产生积极正面的影响；如果住房保障没有缩小收入差距，那么财政支出反而不利于社会稳定，这与收入二次分配以公平为重背道而驰。鉴于此，我们对住房保障是否缩小了收入差距进行分析。首先对住房保障的覆盖范围进行梳理。其次，针对不同群体所面对的不同的住房保障问题进行讨论，主要是城镇职工面临的公积金制度、城镇中低收入居民的住房保障，以及农民工的住房保障。

第一节　我国住房保障的改革历程及覆盖范围

我国的住房保障主要是针对城镇居民，农村居民的住房与城镇居民存在很大差异，从福利分房到住房改革都是针对城镇居民提出的。鉴于此，我们主要对城镇住房保障的改革历程进行梳理，并对现有住房保障政策覆盖的范围进行整理。

（一）住房保障的改革历程

在中华人民共和国成立以来，城镇居民的住房保障大概经历了以下三个阶段：福利分房阶段；福利分房与住房私有化并存，其中分为试点阶段和全国铺开阶段；住房市场化与住房保障，其中分为多层次住房保障阶段、住房保障缺失阶段和加快住房保障发展阶段（见图 8.1）。

第一阶段，福利分房阶段（1949—1978 年）。1978 年之前，我国实行的是“统一管理、统一分配、以租养房”的公有住房实物分配制度。在该阶段，城镇居民的住房主要是通过福利分房获得，城镇职工可以从单位无偿或者是低租获得住房。此时的住房属于公共住房，由政府统一供给。由于住房供给有限，城镇职工的住房需要根据资历等因素进行排队等候。在新进厂职工没有获得分配住房之前，只能与其父辈居住在一起，甚至几代人共同住在一起。住房拥挤是当时普遍存在的现象。

第二阶段，探索住房商品化，福利分房与住房商品化并存阶段（1978—1998 年）。1978 年是中国经济发展的重要转折点，以农村家庭联产承包责任制为开端的改革使中国从计划经济逐渐向市场经济转变。住房制度也逐渐从公有住房实物分配向商品化转变。首先对住房制度改革的方案进行试点（1978—1988 年），包括三三制和提租补贴。1982 年开始实行补贴出售住房的试点，也就是三三制，政府、单位、个人各负担房价的 1/3。但是福利分房阶段的低房租使得买房成本远高于租房成本，个人缺乏买房意愿，从而，三三制这种补贴出售的改革难以为继。针对此情况，1986 年开始对提租补贴在烟台市等几个城市进行试点。主要是根据公房成本提高租金，按折旧费、维修费、管理费、投资利息、房产税五项因素的成本租金计租，抑制不合理的住房需求，促进职工个人买房。提租补贴在烟台市等城市取得预期效果的情况下，1988 年国务院印发了《在全国城镇分期分批推行住房制度改革实施方案的通知》，由此，住房改革从试点向全国推进（1988—1998 年）。随着住房改革的不断进行，1994 年国务院出台了《关于深化城镇住房制度改革的决定》，住房制度改革的目标在于建立与社会主义市场经济体制相适应的新的城镇住房制度，实现住房商品化、社会化。住房改革的主要内容被概括为“三改四建”。“三改”包括：投资方改革，从国家、单位统包改为国家、单位、个人三者共同负担；管理体制改革，从单位管理改为社会化、专业化管理；分配方式改革，从实物福利分配改为货币工资分配。“四建”包括：建立供给体制体系，以中低收入家庭为对象的社会保障性住房，即经济适用住房，和以高收入家庭为对象的商品房；建立住房公积金制度；建立政策性和商业性并存的住房信贷体系；建立房地产交易市场和管理市场。

第三阶段，住房商品化与住房保障并存（1998 年以后）。1998 年国务院印发了《进一步深化城镇住房制度改革加快住房建设的通知》，明确提出从 1998 年下半年开始停止住房实物分配。福利分房制度到此结束，住房商品化、社会化成为住房供给的主流。虽然住房商品化和住房保障自 1998 年以来一直并存，但是从保障性住房的范围来看，却存在一定差异，基于此可以将这个阶段分为三个不同的子阶段。一是保障性住房覆盖中等收入以下的城镇居民（1998—2003 年），城

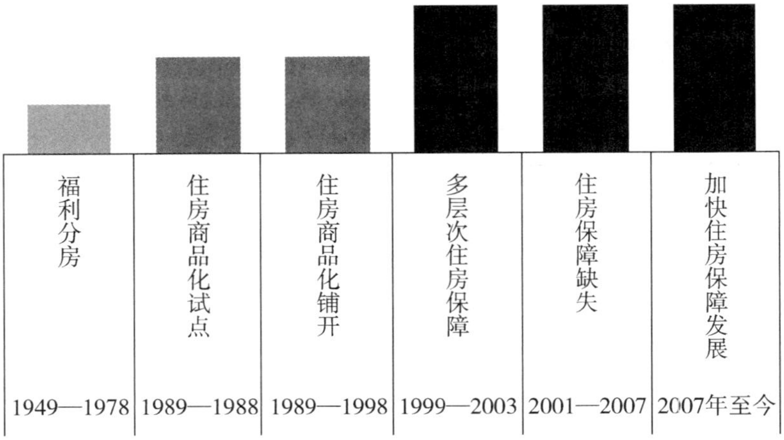

图 8.1　城镇居民住房改革及住房保障变化历程

镇住房供给根据家庭收入实行多层次供给。最低收入家庭租赁由政府或单位提供的廉租房；中低收入家庭购买经济适用房；其他高收入家庭购买、租赁市场价商品住房。二是经济适用房逐渐缩减（2003—2007 年），逐步实现多数家庭购买或承租普通商品住房。2003 年印发的《国务院关于促进房地产市场持续健康发展的通知》中将房地产业视为国民经济的支出产业，在住房供应政策方面提出调整住房供应结构，逐步实现多数家庭购买或承租普通商品住房。从收入结构来看，高收入家庭是少数家庭，那么实现多数家庭购买或承租普通商品住房意味着中等收入家庭的住房供给从经济适用房转向商品房，也就说从保本微利转向市场定价。三是保障性住房政策调整，逐步加快住房保障的步伐（2007 年至今）。商品房如火如荼发展的同时，城市廉租房、经济适用房却相对滞后，城市低收入家庭存在住房困难。基于此，2007 年国务院发布了《关于解决城市低收入家庭住房困难的若干意见》重新重视住房保障问题，将廉租住房的范围从最低收入人群扩大到低收入人群，低收入家庭依然可以申请购买经济适用房。经济适用住房的价格以保本微利为原则，房地产开发企业实施的经济适用住房项目利润率按不高于 3% 核定，市、县人民政府直接组织建设的经济适用住房只能按成本价格销售，不得有利润。与此同时，重点发展中低价位、中小套型普通商品住房。明确规定：城市新审批、新开工的住房建设，套型建筑面积 90 平方米以下住房面积所占比重，必须达到开发建设总面积的 70% 以上；廉租住房、经济适用住房和中低价位、中小套型普通商品住房建设用地的年度供应量不得低于居住用地供应总量的 70%。2009 年住房和城乡建设部、国家发展和改革委员会和财政部三部门共同出台了《2009—2011 年廉租住房保障规划》主要解决 747 万户现有城市低收入住房困难家庭的住房问题。2010 年进一步出台了《关于加快发展公共租赁住房的指导意见》，首次将“公共租赁房”（即公租房）纳入住房保障的提供方式，并且提出逐步使公租房成为保障性住房的主体。2013 年发布的《关于公共租赁住房和廉租住房并轨运行的通知》提出，从 2014 年起，公共租赁住房和廉租住房并轨运行，并轨后统称为公共租赁房。至此，保障性住房主要包括：公共租赁住房（包括廉租房）、经济适用房、两限房。

（二）住房保障覆盖的范围

住房保障的主要目的在于使居民可以获得基本的住房条件，因此，住房保障存在一定的准入条件。我们在此对廉租住房、公共租赁房、经济适用房、限价房的覆盖范围或获得条件进行梳理。

首先，对廉租住房、公共租赁住房的获得条件和覆盖范围进行梳理。在 1998 年停止福利分房的同时廉租房首次被提出。廉租房的主要目标群体是城镇最低收入家庭，2007 年之后廉租房逐渐将城镇低收入家庭纳入保障范围。2010 年公共租赁住房成为一种新的住房保障方式，主要目的在于解决中等偏下收入住房困难家庭无力通过市场租赁或购买住房的问题。公共租赁房将住房保障的范围从低收入家庭扩展到中等偏下收入。2013 年将廉租住房与公共租赁住房并轨，统称为公共租赁房。也就是说，从 2014 年开始廉租房已经退出住房保障舞台，公共租赁房成为其接班人，保障群体也从最低收入、低收入扩展为中等偏下收入。

虽然 2010 年出台的《关于加快发展公共租赁住房的指导意见》中提出，有条件的地区，可以将新就业职工和有稳定职业并在城市居住一定年限的外来务工人员纳入公共租赁住房的供应范围。以北京为例，北京市 2011 年出台的《北京市公共租赁住房申请、审核及配租管理办法》中已经将外省市来京工作的人员和其家庭成员纳入公共租赁住房的覆盖范围。与北京市城镇户籍人员相比，外省市来京工作人员需要满足的条件包括：连续稳定工作一定年限；能够提供同期暂住证明；本人及家庭在北京市均无住房。与此相对应，北京市城镇户籍人员的条件包括：具有北京市城镇户籍，家庭人均住房使用面积在 15 平方米（含）以下。两者所面对的年收入约束是一致的。然而，同时需要注意的是，对于外省市来京工作人员的申请条件可以由各区县人民政府根据实际情况确定。可以预见，在这种约束力比较低的管理办法下，外省市来京工作人员获得公共租赁住房的可能性依然比较低。

其次，对经济适用房的获得条件和覆盖范围进行梳理。经济适用房与廉租住房被同时提出，在 1998 年停止实物分配住房后，经济适用房和廉租住房成为解决城镇居民住房的两条途径。经济适用房的目标群体主要是中低收入家庭的城镇居民。也就是说中等收入家庭也在住房保障范围之内，只有高收入人群直接通过市场购买商品房。2003 年住房供给政策调整之后，中等收入家庭不再是经济适用房的覆盖范围，而是直接面对商品房，经济适用房的覆盖范围变为城镇低收入家庭。

2007年出台了《经济适用住房管理办法》，其中明确规定了申请经济适用住房的条件，包括：具有当地城镇户口；家庭收入符合低收入家庭收入标准；无房或现住房面积低于住房困难标准。由此可以看出，经济适用住房只覆盖当地城镇户口，外省市人员没有在当地申请购买经济适用住房的条件。

最后，对限价房的获得条件和覆盖范围进行梳理。限价房是指“限套型、限房价”的商品房，一般被称为“两限房”。这种具有一定保障性质的商品房是2006年国家九部委出台的《关于调整住房供应结构稳定住房价格的意见》中提出的。与一般商品房不同的是，限价房在土地挂牌出让时就已被限定房屋价格、建设标准和销售对象，政府对开发商的开发成本和合理利润进行测算后，设定土地出让的价格范围。限价房的价格虽然高于经济适用房，但是依然低于商品房，所以在一定程度上具有保障性住房的含义。从同时期的住房供给来看，低收入家庭可以承租廉租住房或者购买经济适用住房，高收入家庭可以直接购买商品房，因此，限价房的主要对象是中等收入家庭。因为中等收入家庭一方面不满足申请经济适用住房的条件，另一方面没有能力购买商品房，为了在一定程度上满足中等收入家庭的需要，限价房应运而生。

限价房是一种保障性商品房，当地政府以较低的土地出让金和规定的房产开发企业较低的利润为前提，向中等收入家庭提供的一种价格低于市场商品房价格的保障性住房。限价房的提供依然主要是以当地政府财政作为支撑，因此，与经济适用房相似，申请两限房依然需要当地城镇户口，外来人员无权申请。

对上述住房改革和住房保障的梳理可以将保障性住房概括为住房改革之后，为中低收入家庭住房提供的一种保障，保障的范围主要是具有当地城镇户籍的居民，只有公共租赁住房中覆盖了外来人员。

第二节　住房保障的国际经验

欧美发达地区采用了不同的住房保障措施，虽然美国和德国都是高收入国家，但是他们采用的住房保障措施却存在很大不同。以下分别对美国、德国的住房保障政策进行介绍。另外，新加坡的住房保障几乎覆盖了全民，在此对新加坡的住房保障政策进行介绍。

（一）美国的住房保障政策

1860—1920年，伴随着美国工业的快速发展，出现了人口的大量流动，主要是农业人口向城市转移，从事工业，进而扩大了城市人口规模。1860年美国人口规模为3140万，其中城市人口为621.7万人，占全部人口的19.8%；1920

年，美国人口超过1亿，城市人口占总人口的比例超过一半，达到51.2%，城市人口规模达到5425万[①]。大量人口涌入城市，对城市住房也产生了巨大需求。虽然1940年之前，美国人口普查中关于住房的调查信息有限，但是从当时贫民窟的形成以及新闻报道可以从侧面证实住房的紧缺。由于城市低收入者大量集中、过度拥挤的居住情况使贫民窟大量形成。1879年纽约市有贫民窟住宅2.1万个，1900年增加至4.3万个，纽约市不足400万的人口中有150万住在贫民窟，也就是说，在纽约有接近40%的人口住在贫民窟（杨生茂等，2002）。

“一战”时期美国工业快速发展，工业对劳动力的大规模需求，造成了劳动力短缺。改善工人的居住条件成为提高工人生产效率的一项措施。虽然“一战”时期的公共住房建设主要是为了解决战时工人的住房问题，但是这项措施对美国联邦公共住房的推进具有重要作用。1929年经济大危机爆发，使美国经济受到重创，为了摆脱经济危机的影响，罗斯福政府对经济发展的态度从自由主义转向政府干预。在大萧条中，劳动力失业率大幅提高，工资大幅下降，工人对住房的支付能力下降，由此带来了更加严峻的住房问题，联邦政府开始介入住房领域。一方面大规模的建筑投资，推动了建筑业发展，解决大萧条带来的就业问题；另一方面，公共住房的建设改善了劳动力的居住环境。此后，针对住房问题，1937年美国出台了首部联邦公共住房法，即《瓦格纳—斯特高尔国有住宅法》。根据此法，建立了美国住宅管理局，资金100万美元，有权借贷5亿美元。它确定建筑成本和建筑标准，并可以发放高达全部住宅建筑成本的长期贷款。该法案采用“政府拨款资助—地方具体实施”的公共住房运作方式。覆盖范围是收入排序中最低的1/3家庭（刘绪贻等，2002）。这是美国公共住房的首次尝试，其中存在一些问题。一是住房供给存在断层。公共住房居民的收入一旦超高规定标准，将不得不搬离公共住房，但是因为市场中房价很高，他们的经济状况反而不如从前。由此降低了这些居民提高收入的积极性。二是加剧了居住区隔离和种族歧视。

随着“二战”的爆发，公共住房的推行让位于战时的其他需要。但是随着战后大量退伍军人集中于城市，以及军工企业缩减带来了大量失业，由此引发了战后对住房的巨大需求。公共住房再一次被提上日程。然而，由于住房改革者与房地产商之间的争论，直到1949年新的住房法才出台，即《瓦格纳—艾琳德—塔夫脱住房法》（*Wagner-Ellender-Taft Housing Act*），也被称为1949年住房法。此住房法在1937年住房法的基础上对征地权和开发用途采用了新的措施，一是联邦政府授权地方政府可以使用征地权来获得贫民窟、衰败地区、空地等地产；二是开发商可以将这些土地进行商业开发，不再要求其每拆除一套贫民住房必须建

① 数据来源：美国统计署，http：//www.census.gov/population/www/censusdata/files/table－4.pdf.

一套公共住房。虽然这两项新的措施提高了开发商参与衰败地区清理和建立公共住房的兴趣，但是开发商更加关注土地的商业开发，公共住房的用地被大量压缩，高层公共住房成为一个显著的特征。另外，种族隔离问题依然存在，白人拒绝高层建筑，高层建筑成为黑人的聚集区，贫民窟从横向变为纵向。

20 世纪 60 年代美国爆发了以种族骚乱为标志的城市危机。该危机的爆发诱发了城市公共住房的变化，由政府激励开发商清理贫民窟并建设公共住房的政策逐渐淡出，取而代之的是房租补贴计划。房租补贴计划最早出现在 1965 年住房法当中，但是其真正发挥作用是在 1974 年住房法出台之后。中高收入群体向郊区流动，贫困人口滞留城市中心，一方面使中心城市的税收大幅缩水；另一方面，为低收入人群提供公共住房需要大量财政支出。在这两方面共同作用下，使美国城市出现了财政危机，无力大规模建设公共住房。为了应对该问题，1974 年出台了住房法和社区发展法。联邦政府的补贴从向供给方补贴转向向需求方补贴，也就是“砖头补贴”转向“人头补贴”。这种转变具有以下意义，一是房租补贴计划使低收入家庭可以自由选择住房和社区，避免了低收入阶层聚居的现象，减弱了贫民窟的形成和种族隔离。二是减少了联邦政府对住房建设和分配的干预，使房地产的发展更加市场化。伴随着美国的去工业化发展，从 1980 年开始再次出现了人口的大量流动，主要是从郊区向中心城市流动。人口流回中心城市，再一次引发了城市住房危机。在 1974 年住房法的基础上，提出了租金优惠券计划，该计划进一步增加了租房者选择住房的灵活性，可以选择高于 HUD（Department of Housing and Urban Development）确定的租金，但是超出部分需要承租者自负。租金优惠券计划与房租补贴计划一直处于并行状态，直到 1998 年品质住房与工作责任法出台，两者被合并为“住房选择优惠券计划”，主要采取了租金优惠券计划。

公共住房政策以及租金补贴政策都是针对低收入家庭租房的住房保障政策，除此之外，联邦政府还通过金融和税收支持为中低收入家庭购房提供住房保障政策。1986 年出台的《税收改革法》（Tax Reform Act of 1986）对住房投资者和住房购买者提供了税收优惠（施瓦茨，2008）。低收入者住房税收抵免（Low Income Housing Tax Credict，LIHTC）主要是鼓励个人、私营企业投资中低收入住房开发。符合要求的投资开发商可以在 10 年内获得相当于其投资额一定比例的直接课税减免。另外，购买州政府为首次购买住房的中低收入家庭发行的抵押贷款收益债券和为出租房开发发行的多户住房债券获得的利息免征所得税。对购房家庭而言，也可以获得税收优惠。一是家庭用于购买、建造和修缮住房的贷款利息可以减免税收。二是首要住房缴纳的不动产税可以从应纳税收入中扣除，降低其纳税收入，从而获得税收优惠。三是出售首要住房获得的资本利得可以部分或全部免缴联邦资本利得税。另外，联邦政府为低收入家庭购房提供贷款担保，降低银行风险，从而提高银行为低收入家庭贷款的积极性。但是值得注意的是，为低收入家庭提供的次级贷款提高了潜在的危机，虽然联邦政府为其提供担保，但是次贷危机的爆发证明了其潜在的危机。

（二）德国的住房保障政策

美国的公共住房保障经历了联邦政府自行建设公共住房、补贴开发商建设公共住房（砖头补贴）、补贴租房者租金（人头补贴）三种形式，最终以人头补贴即租金优惠券的形式为主。但是德国、瑞典、日本等 OECD 国家则主要采取补贴建设公共住房为主，其中以德国最为典型。

19 世纪德国大量农村劳动力迁向城市成为产业工人，但是难于在城市找到合适的住房。企业主为了获得劳动力，开始为工人建造住房。1874 年德国出现了住房合作社。住房合作社通过吸纳社员入社资金，以及国家和银行的贷款建设住房用于出租给社员居住。在“二战”中德国受到重创，住房受到极大破坏，住房供给严重短缺。西德主要通过补贴公共住房建设的方式来解决战后的住房短缺问题。德国政府通过提供免息或者是低息贷款促进住房合作社建造房屋为社员提供住房，进而解决住房短缺的情况。此外，还通过金融税收等政策鼓励私人构建房，推动私人投资商等开发建设房屋用于出租或出售。但是在兴建住房解决住房短缺的过程中，主要是通过政府对住房合作社的贷款优惠政策来干预住房建设，进而推动公共住房的建设。公共住宅的主要出租对象是多子女家庭、残疾人、低收入者。战后初期，除了补贴建造公共住房之外，德国政府还通过房租管制来制约房租和房价的上涨，不允许私自出租和出售住房，住房由政府住房局负责以低租金分配给住户。1950 年，大约 50% 的德国家庭居住在政府转租的房屋中。

随着公共住房的不断兴建，德国住房的供需矛盾逐渐缓解，从 1960 年开始，德国联邦政府开始逐渐取消租金管制。虽然租金管制取消，房租上涨，在一定程度上可以收回更多的公共住房建设成本，但是房租上涨给低收入家庭带来了巨大负担。鉴于此，德国 1970 年立法实行全国范围的房租补贴。房租补贴制度也是一种人头补贴，德国公民凡是家庭收入不足以租赁适当住房者，都有权享受住房补贴，实际缴纳金额与可以承受租金的差额由政府承担，房租补贴的资金由联邦政府和州政府各承担 50%，其中可承受租金一般为家庭收入的 25%。由此可见，补贴住房建设为公共住房供给提供了保障，房租补贴政策缓解了房租给低收入家庭带来的负担，两方面共同为德国低收入家庭提供了住房保障。

补贴公共住房建设和房租补贴政策涉及的是房屋租赁市场，对于房屋买卖市场而言，主要通过住房互助储蓄银行为购房家庭提供低息贷款。1885 年德国建立了第一家住宅互助储蓄银行，主要目的是共同集资建房购房。这种自愿储蓄的融资方式得到了德国政府的支持，设立了住宅储蓄奖励金、职工资产积累奖金、雇员储蓄奖励金。个人以自愿的方式向住房互助储蓄银行存储用于购买住房使用，国家将会按住宅储蓄额的10%给予住宅储蓄奖励金，并设立最高奖励金额度。另外，雇主需要向雇员的住宅储蓄账户存入一定资金作为职工资产积累奖金，同时国家对职工资产积累奖金给予10%的雇员储蓄奖励金。因此，雇员可以从雇主和国家再次获得奖励，进而间接地起到鼓励就业的作用。

（三）新加坡的住房保障政策

新加坡在1819年成为英国殖民地，之后成为马来西亚联邦的一部分，1965年从马来西亚联邦中独立出来，成为独立主权国家。在新加坡建国初期，住房短缺问题十分严重，但是目前已经有超过80%的居民拥有现代化公寓或者是自建的私宅，基本实现了1964年住房发展委员会（Housing and Development Board，简称HDB）提出的“居者有其屋”的目标。HDB成立于1960年，成立的目的主要是为了向居民提供充足的住房。HDB在提供住房方面取得了显著效果，1960—1963年，HDB完成了30906套组屋。1965年年底居住在组屋中的人口占全国人口的23%。随着HDB的不断努力，1985年住在HDB公寓中的人口占全国人口的比例超过80%[①]。然而，新加坡对住房的提供与美国等其他OECD国家存在很大不同，其提供方式主要是通过政府来建造公共住房。

新加坡组屋发展的过程可以大致分为两个阶段，第一个阶段是组屋快速建设，扩大供给，进而解决严重的住房短缺问题，集中于20世纪60—80年代；第二个阶段是组屋改善阶段，更加切合不同人群的需求，集中于20世纪90年代以后。

第一阶段（20世纪60—80年代），组屋快速建设时期。1965年新加坡刚独立时，贫困和住房条件简陋随处可见，大约有30%的人口居住在贫民窟和寮屋之中（Yong and Wong，2002）。在当时经济条件较弱的情况下，新加坡政府采用直接提供公共住房的方式来解决住房短缺问题。住房发展委员（HDB）会因此而成立，用以推动各种公共住房政策，主要负责计划、设计、发展可负担的公共住房。在HDB成立的最初10年中，主要建设一房至四房组屋，通过扩大供给来满足居民的住房需求，20世纪70年代开始建设五房组屋，80年代开始建设执行共管公寓及豪宅用来满足对较大组屋的需求[②]。经过这30年组屋的快速建设，到1990年，新加坡全国人口中的87%居住在HDB建设的组屋当中（见图8.2），也就是说，此时新加坡的公共住房覆盖了全国85%以上的人口。

---

① 资料来源：新加坡国家图书馆，http：//eresources.nlb.gov.sg/infopedia/articles/SIP_1589_2009-10-26.html.

② 资料来源：新加坡国家图书馆，http：//eresources.nlb.gov.sg/infopedia/articles/SIP_1589_2009-10-26.html.

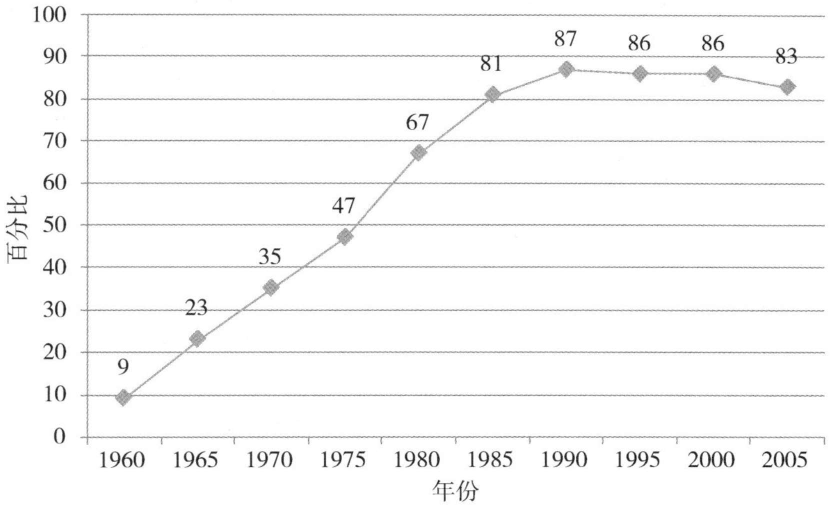

图 8.2 新加坡居民居住在 HDB 组屋中的比例（%）

数据来源：新加坡 HDB 年度报告 06/07，第 78 页.

http：//www. hdb. gov. sg/fi10/fi10221p. nsf/Attachment/AR0607/MYMfile/HDB%20AR06_07_stats_charts. pdf.

第二阶段（20 世纪 90 年代至今），组屋改善及覆盖面扩展阶段。根据图 8.2 可知，新加坡居民居住在 HDB 提供的组屋中的比例在 1990 年达到最高，之后基本保持在这个水平，甚至出现略微下降。在住房基本得到满足，也就是“居者有其屋”的目标基本实现的情况下，从 20 世纪 90 年代开始，新加坡的住房政策开始出现转变，从组屋建设转向组屋更新（Estate Renewal Strategy）。HDB 实施了一系列组屋更新政策，旨在改善居民的居住环境。第一个计划是在 1990 年启动的升级计划（Upgrading Programme），该计划是对各街区的组屋进行组屋内部提升。1995 年 HDB 实施了选择性整个街区重建计划，该重建计划涉及整个街区的拆迁。与此同时，为了解决组屋与私人公寓之间存在的差距，HDB 开始建设新类型的住宅，被称为执行共管公寓，这一类型的公寓提供了私人公寓的标准。尽管其建设和销售是由私人开发商完成的，但是其价格却相对较低。此后，为了应对新加坡的老龄化，1997 年 HDB 开始建设一类特殊的组屋，被称为一室组屋（studio apartments）。一室组屋小于一般的三房组屋，这些组屋的家具设计主要是为了满足老年人的需求。为了能够更好地提供各种类型的公共住房，新加坡在 2005 年实施了设计、建设、销售计划（design，build and sell scheme，DBSS）。

新加坡公共住房的发展与其他国家相比，存在一个显著的不同，就是其组屋以出售为主，虽然购买者对购买的组屋进行转让时存在一定限制，但是购买者拥有组屋的所有权。2012 年新加坡各类住房的平均所有率达到 90.1%，HDB 提供的组屋的所有率达到 91.7%。另外，组屋越大，其所有率越高，一房或两房的所有率为23.1%，三房、四房、五房的所有率分别是93.3%、96.6%、97.0%。[①] 新加坡的高住房所有率与其一系列鼓励住房购买的政策具有密切关系，其中最主要的是公积金制度，称其为中央公积金（Central Provident Fund，CPF）。

新加坡在1955年制定了公积金制度。公积金制度具有强制性，所有新加坡公民和永久居留的居民，都必须参与公积金储蓄。以雇员的薪金为基础，雇主和雇员按照规定的比例将缴费存入雇员的公积金账户。起初缴费比例为5%，1985年达到最高，占雇员薪金的50%，雇主和雇员各承担25%。1986年新加坡经济衰退以及1997—1998年亚洲金融危机期间，雇主缴纳的比例降至10%，雇员依然保持25%。2011年雇主和雇员缴费比例占雇员薪金的35.5%，雇主、雇员缴纳的比例分别是15.5%、20%。[②] 公积金制度设定之初主要是为养老进行储蓄，后来逐渐演变为社会保障体系，包括养老、医疗、教育、住房等其他方面。就住房而言，1968年中央公积金的一部分可以被用于支付购买组屋的首付，以及每月贷款。这一政策对"公共住屋计划"（Homeownership Scheme）起到了积极的推动作用，1968年组屋的销售数量甚至比公共住屋计划自1964年实施以来的总销量都多。虽然还有其他激励组屋购买的政策，例如提高家庭收入上限、降低首付、降低住房的财产税，以及延长贷款还款年限，但是公积金的作用却是最具推动力的。公积金政策直接提高了家庭对组屋的购买力，特别是低收入家庭的购买力（Yong and Wong，2002）。随着住宅产业计划（Residential Properties Scheme）的实施，1981年公积金的使用范围扩展至私人住宅，购买私人住宅的家庭也可以用公积金支付首付以及月贷款额。[③]

通过对美国、德国、新加坡住房保障政策的梳理，可以发现美国、德国、新加坡三个高收入国家的住房保障政策存在很大差异。美国的住房保障政策在制定时尽量减少其对住房市场的干预；德国联邦政府对住房保障的干预要强于美国；新加坡的住房则基本是在政府的完全干预下实现的。然而，值得注意的是，虽然三个国家的住房保障政策存在很大差异，但是也存在三个主要的共同特征。一是住房短缺阶段的住房保障政策都是以大量快速建设住房为主。美国农民涌入城市、"一战""二战"后的退伍军人安置、大萧条时期大量失业阶段，为了解决住房短缺，美国联邦政府通过直接建房或者是补贴建房建设了大量公共住房。德国的大量农民进入城市、"二战"结束后，同样存在严重的住房短缺，德国联邦

---

① 资料来源：新加坡统计局，2013年统计年鉴，http：//www.singstat.gov.sg/statistics/browse_by_theme/housing.html.

② 资料来源：Wikipedia，http：//en.wikipedia.org/wiki/Central_Provident_Fund#Employer_and_employee_CPF_contribution_rates.

③ 资料来源：新加坡图书馆，《中央公积金》http：//eresources.nlb.gov.sg/infopedia/articles/SIP_573_2005-01-05.html？s=central%20provident%20scheme.

政府给予合作社大量的优惠政策鼓励其建设住房。新加坡刚独立时同样面临住房的严重短缺，HDB 成立的首要任务就是建立组屋，满足居民的购房需求。二是住房供需矛盾减弱甚至基本平衡时，住房保障政策从大量建设住房转向补贴人头。当住房短缺不再是主要矛盾时，美国、德国的住房保障政策都向“人头补”倾斜，新加坡的组屋从大量建设转向升级、多样。三是住房保障政策的对象都是中低收入为主，虽然新加坡的组屋覆盖了 85% 以上的居民，但是其低收入者获得补贴的程度相对较高。由此可见，住房保障在为低收入者提供住房的同时，也起到了缩小收入差距的作用。

第三节　我国住房保障的缺陷

根据对我国住房保障改革历程的梳理，本文将我国城镇住房保障的对象分为三类。一是面向城镇职工的住房公积金制度，二是对城镇低收入家庭提供的保障性住房，三是农民工在城镇居住面临的住房问题。以下分别针对这三个方面对我国住房保障中存在的问题进行讨论。

（一）公积金制度存在的问题

1998 年进行的全面城镇住房保障改革，使城镇职工的住房从分配转向市场购买。为了给城镇职工在市场上购买各类住房提供一定的保障，住房公积金制度随之产生，1999 年颁布了《住房公积金管理条例》。然而，从该条例颁布到现在已经经历了 15 年的时间，在这期间，住房公积金制度也暴露出来一些问题。就城镇职工而言，其暴露的问题主要包括三个方面，一是覆盖面问题；二是缴费金问题；三是提取使用问题。

首先，对城镇职工住房公积金的覆盖面问题进行分析。根据 1999 年颁布的《住房公积金管理条例》可知，住房公积金的对象是在职职工，涉及国家机关、国有企业、城镇集体企业、外商投资企业、城镇私营企业及其他城镇企业、事业单位的在职职工。由此可见，城镇所有单位中的在职职工都在住房公积金的覆盖范围之内。但是，从实际缴纳范围来看，不同行业、不同所有制之间存在较大差异。本文根据 2010 年原国家人口和计划生育委员会的调查对城镇本地户籍劳动力缴纳养老保险、医疗保险、工伤保险、失业保险、生育保险、住房公积金（简称“五险一金”）的缴纳覆盖率进行分析。根据工作单位性质，将城镇在职劳动力的工作单位分为机关事业单位、国有及国有控股企业、非国有企业。其中，非国有企业包括集体企业、个体工商户、私营企业、港澳台企业、日韩资企业、欧美国家企业、中外合资企业及其他。不同所有制企业缴纳五险一金的比例见表 8. 1。平均而言，2363 个城镇在职劳动力样本中，缴纳养老保险、医疗保险的比例超过 85%，分别达到 87.73%%、93.65%；缴纳工伤保险、失业保险的比例超过 55%，分别是 60.60%、59.20%；缴纳生育保险、住房公积金的比例低于 50%，分别是 42.62%、49.60%。由此可见，城镇本地劳动力中缴纳住房公积金的比例远低于缴纳养老保险和医疗保险比例。虽然略低于工伤保险、失业保险的比例，与生育保险缴纳比例相当，但是住房相对于工伤、失业、生育而言，住房的支出较高，更需要住房公积金这种住房保障。就不同的单位性质而言，虽然国有企业在职职工中缴纳五险一金的比例高于机关事业单位在职职工的缴纳比例，但是两者之间的差异不大。然而，国有企业与非国有企业在职职工中缴纳五险一金的比例却存在巨大差异。国有企业在职职工中缴纳住房公积金的比例达到 84.36%，但是非国有企业中该比例仅为 29.13%，两者之间相差近 3 倍。虽然非国有企业职工中缴纳养老保险、医疗保险、工伤保险、失业保险、生育保险的比例也大幅低于国有企业的相应比例，但是两者之间的相对差距没有住房公积金如此之大。

表 8.1　城镇职工机关事业单位、国有企业及非国有企业五险一金缴纳比例

	机关事业单位	国有企业[1]	非国有企业[2]	合计
样本量（人）	586	390	1387	2363
养老保险（%）	96.67	85.87	85.87	87.73
医疗保险（%）	98.21	91.93	91.93	93.65
工伤保险（%）	78.72	52.85	52.85	60.60
失业保险（%）	80.51	50.90	50.90	59.20
生育保险（%）	51.54	36.84	36.84	42.62
住房公积金（%）	74.91	84.36	29.13	49.60

注：1 国有企业中包括国有控股企业。

2 非国有企业包括集体企业、个体工商户、私营企业、港澳台企业、日韩资企业、欧美国家企业、中外合资企业及其他。

数据来源：根据 2010 年流动人口动态监测调查整理得到。

根据《住房公积金管理条例》可知，非国有企业在职职工也在住房公积金的覆盖范围之内，然而，其住房公积金的缴纳比例却很低。这可能与住房公积金的用途存在一定关系。住房公积金的主要用途在于购买住房，当没有购买需求时，缴纳住房公积金的激励也比较低。如果非国有单位职工的住房来源结构与机关事业单位、国有企业存在很大差别，特别是，自有住房的差异比较大时，那么可能导致住房公积金缴纳的差别。鉴于此，对机关事业单位、国有企业、非国有企业的城镇职工住房情况进行分析。根据住房的性质将住房分为三类，分别是免费住房、租房、自有住房。其中免费住房包括单位/雇主提供免费单独住房，单位/雇主提供免费集体住房；租房包括政府提供的房源（廉租房和房管所提供的住房），以及个人和企业提供的房源（合租单位/雇主房，独租单位/雇主房，合租私房，独租私房）；自有住房包括自建房、拆迁房、父母的住房、购买商品房、购买政策性保障房。根据表 8.2 可知，非国有企业职工中有自有住房的比例为 85.75%，仅仅略高于国有企业的 81.39% 和机关事业单位的 82.38%。另外，从自有住房的二级分类来看，机关事业单位、国有企业、非国有企业职工的自有住房主要来自于商品房和政府保障性住房，这两种住房占全部住房来源的和分别达到 69.81%、69.69%、62.99%。因此，从住房来源来看，机关事业单位、国有企业、非国有企业职工之间的差别不大，也就是说住房的现状并不是导致其缴纳住房公积金差异的主要来源。

表 8.2 城镇职工住房类型的分布（%）

		机关事业单位	国有企业[1]	非国有企业[2]
免费住房[3]		3.49	4.79	2.08
租房[4]		14.13	15.95	12.16
	政府提供	2.61	4.52	3.66
	个人及单位提供	11.52	11.43	8.5
自有住房[5]		82.38	81.39	85.75
	自建房	9.08	4.79	18.51
	拆迁房	0.87	5.05	0.82
	父母的房	2.62	1.86	3.43
	商品房	43.98	36.44	45.75
	保障性住房	25.83	33.25	17.24

注：1、2 同表 1；

3 免费住房的情况包括：单位/雇主提供免费单独住房，单位/雇主提供免费集体住房；

4 租房的情况包括：个人及单位提供的住房（合租单位/雇主房，独租单位/雇主房，合租私房，独租私房），政府提供的住房（政府提供廉租房，房管所提供的住房）；

5 自有住房的情况包括：自建房，拆迁房，父母的房，商品房，政策性保障房。

数据来源：根据 2010 年流动人口动态监测调查整理得到。

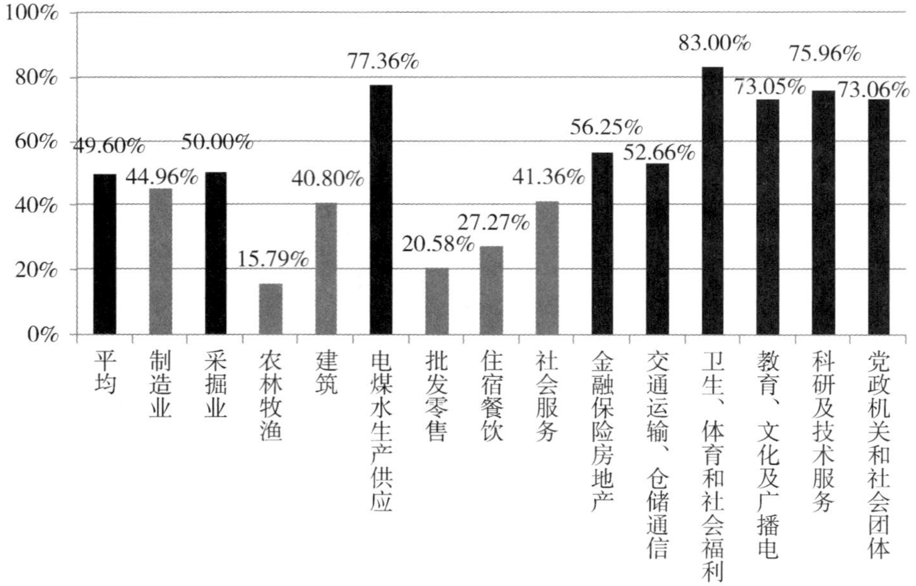

图 8.3　不同行业职工中缴纳住房公积金的比例

数据来源：根据 2010 年流动人口动态监测调查整理得到。

住房公积金的缴纳覆盖面除了在不同所有制之间存在显著差异外，在不同行业之间也存在显著差异。对不同行业城镇职工中缴纳住房公积金的比例进行比较（见图 8.3）。平均而言，城镇职工中缴纳住房公积金的比例为 49.60%。就不同行业而言，从事制造业、农林牧渔业、建筑业、批发零售业、住宿餐饮业、社会服务业的职工中缴纳住房公积金的比例低于平均水平，特别是农林牧渔业、批发零售业和住宿餐饮业远低于平均水平。与此相对应，采掘业、电煤水生产供应、金融保险房地产、交通运输和仓储通信、卫生体育和社会福利、教育文化及广播电影电视、科研及技术服务、党政机关和社会团体的职工中缴纳住房公积金的比例高于平均水平。其中电煤水生产供应、卫生体育和社会福利、教育文化及广播电影电视、科研及技术服务、党政机关和社会团体的职工中缴纳住房公积金的比例远高于平均水平，在 73% 以上。

对不同所有制和不同行业缴纳住房公积金比例的比较可以发现，在国有企业和机关事业单位比较集中的行业，其职工中缴纳住房公积金的比例较高；在非国有企业比较集中的行业，其职工中缴纳住房公积金的比例较低。也说明，这两种分类的重叠性比较强，因此，当所有制至今的差异变小之后，行业之间的差异也将随之减小。

其次，对城镇职工住房公积金的缴费金额进行讨论。一是缴与不缴的差别。1999 年颁布的《住房公积金管理条例》中规定，职工和职工所在单位共同为职工缴存住房公积金，而且职工个人缴存的住房公积金和所在单位缴存的住房公积金，属于职工个人所有。也就是说，一旦职工所在单位为职工缴纳住房公积金，那么该职工将会从单位得到一定的住房公积金补贴。这意味着，缴纳公积金的职工和不缴纳公积金的职工之间将存在很大差异，不缴纳的职工将会损失掉单位的补贴部分。从而扩大了缴纳职工与不缴职工之间的收入差距。二是收入高低的差别。《住房公积金管理条例》中规定：“职工住房公积金的月缴存额为职工本人上一年度月平均工资乘以职工住房公积金缴存比例”，“单位为职工缴存的住房公积金的月缴存额为职工本人上一年度月平均工资乘以职工住房公积金缴存比例”。这说明，住房公积金的缴存额与职工本人的收入具有密切关系，一方面收入越高职工个人缴存的金额也越高，另一方面收入越高所在单位给予的补贴也越高，在这两方面共同作用下，收入高的职工将会获得更高的住房公积金。也是就说，收入越高的人将会从住房公积金这种住房保障制度中获得更高的保障。三是缴纳比例的差别。《住房公积金管理条例》中规定“职工和单位住房公积金的缴存比例均不得低于职工上一年度月平均工资的百分之五；有条件的城市，可以适当提高缴存比例。”该规定中只规定了缴纳的下限，但是没有规定上限，而且允许各城市根据自身情况提高缴存比例。由此带来的问题是，效益较好的单位则倾向于给职工按照较高的比例缴纳住房公积金，而效益较差的单位侧倾向于按照较低的比例缴纳。由此，进一步扩大了不同单位职工之间的收入差距。

最后，对城镇职工住房公积金的提取和使用进行讨论。根据 1999 年《住房公积金管理条例》的规定“住房公积金是……在职职工缴存的长期住房储金”可知，住房公积金是一项在职职工的储蓄存款。另外，该储蓄存款主要有四个用途，分别是购买、建造、翻建、大修自住住房。在职职工缴存住房公积金有两个功能，一是作为一项储蓄，可以对其进行提取用来购买、建造、翻建、大修自住住房；二是作为一种身份识别，缴存住房公积金的在职职工，在购买、建造、翻建、大修自住住房时，可以向住房公积金管理中心申请住房公积金贷款，住房公积金贷款的利率要低于商业贷款利率，从而成为一项在职职工的住房保障。然而，值得注意的是，无论是提取功能还是贷款功能，都需要一个前提，即拥有自住住房，也就是说，只有当购房者缴纳首付获得自有住房之后，才能够申请住房公积金提供的低息贷款，并且提取住房公积金用来偿还购房贷款的本息。由此可见，只有能够支付首付的在职职工才能够享受住房公积金这项住房保障。由此带来的问题是，无力缴纳住房首付的在职职工虽然缴纳住房公积金，但是却无法提取和使用，只能使其的住房公积金沉淀在住房公积金账户中，成为能够购房在职职工的贷款供给源。由此可见，住房公积金成了一种高收入在职职工能够使用的住房保障，对无力购房的低收入在职职工则成为一种可望而不可即的住房保障。

（二）城镇中低收入家庭的住房保障

在住房不断商品化的过程中，房价不断上涨，城镇中低收入家庭的购房能力不断下降。根据国际经验可知，中低收入家庭，特别是低收入家庭，是住房保障的主要对象，对这部分家庭提供一定的住房保障，进而解决其住房条件差的问题。根据我国的住房保障覆盖的范围可知，低收入家庭能够获得的住房保障主要是廉租房和公共租赁住房，中等收入家庭能够获得的住房保障是两限房。另外，在经济适用房设立的起初是为中低收入家庭提供的住房保障，之后其保障对象缩减为低收入家庭。鉴于此，对城镇低收入家庭住房保障的讨论，分为租房和购房两种情况。另外，由于房价在不同城市之间存在巨大差异，因此在讨论过程中针对城市特征，对城市进行分类。2010 年流动人口动态监测对北京、郑州、成都、苏州、中山和韩城进行调查。根据 2010 年《中小城市绿皮书》中对中小城市的划分标准可知[①]，上述六个城市中，只有韩城属于小城市，其他五个城市属于常住人口超过 100 万的大城市。按行政区划划分，北京市是中国首都，而且 2010 年市辖区人口达到 1556. 3 万[②]；郑州和成都是省会城市，其中郑州市 2011 年年末总人口 885. 7 万人，市区人口 437. 4 万人[③]，成都市 2010 年年末总人口 1149. 07 万人，市区人口 535. 15 万人[④]；苏州和中山是地级市，其中苏州市 2010 年年末总人口 1176. 9 万人，市辖区人口 407. 4 万人[⑤]；中山市 2010 年年末总人口 312. 3 万人，市辖区人口 80. 1 万人[⑥]。2010 年流动人口动态监测调查中，北京、郑州、成都、苏州、中山和韩城本地非农户籍的样本量分别是 1374 人、599 人、554 人、493 人、372 人、韩城 50 人。基于对样本规模的考虑，本文舍弃对小城市韩城的居民住房情况分析。鉴于住房问题主要存在于大中型城市的事实，虽然舍弃了对小城市住房情况的分析，但是并不会对住房问题的分析产生很大偏差。结合行政区划和流动人口动态监测调查的特征，本文将城市类型分为首都（北京）、省会城市（郑州和成都）、地级市（苏州和中山），三种城市类型的本地城镇居民样本量分别是 1374、1153、865。

首先，对不同类型城市的租房情况进行讨论（见表 8. 3）。就北京市而言，

---

① 市区人口 50 万人以下为小城市，50 人－100 万人为中等城市，100 人－300 万人为大城市，300 人－1000 万人为特大城市，1000 万人以上为巨大城市。

② 资料来源：2010 年人口普查数据，http：//www. stats. gov. cn/tjsj/pcsj/rkpc/6rp/index-ch. htm.

③ 资料来源：郑州统计信息网，http：//www. zzstjj. gov. cn/tjww/tjgb/zzs/webinfo/2012/03/1332732094260357. htm.

④ 资料来源：成都统计信息网，http：//www. cdstats. chengdu. gov. cn/detail. asp？ ID = 67369&ClassID = 020703.

⑤ 资料来源：苏州统计调查公众网，http：//www. sztjj. gov. cn/Info_Detail. asp？ id = 19697.

⑥ 资料来源：中山统计信息网，http：//www. zsstats. gov. cn/tjzl/tjnj/2011nj/ziliao/2_04. htm.

低收入组中居民租房的比例超高三分之一，达到35.60%，其中有35.96%是由政府提供的。随着收入水平不断提高，北京市城镇居民中租房的比例不断下降，其中来自政府提供的占比也呈现下降趋势。以郑州、成都为代表的省会城市中，城镇居民当中租房的比例要低于北京。省会城市低收入组中居民租房的比例仅为11.41%，其中政府提供的部分占26.91%。随着收入提高，省会城市城镇居民中租房的比例也不断下降。以苏州、中山为代表的地级市中，城镇居民当中租房的比例同样低于北京，低收入组中居民租房的比例为16.07%，但是这其中政府提供的比例高于北京和省会城市，超过一半，达到59.24%。随着收入提高，地级市城镇居民中租房的比例同样呈现不断下降的趋势。这种随收入下降的趋势体现出，城镇低收入居民可以从政府提供的保障性租房中获得更多的收益。

然而，值得注意的是，虽然各类型城市低收入组居民所租的住房中由政府提供的比例最高，但是中低收入组、中等收入组、甚至中高收入组中依然有人获得政府提供的廉租房，而且随着行政区划级别的提高而提高，特别是北京更加明显。在北京城镇居民中，低收入、中低收入、中等收入、中高收入组中租房居民的房屋来源中政府提供的比例分别是35.96%、22.47%、31.27%、20.01%，甚至高收入组中租房居民的房屋来源中有7.08%是由政府提供的。在以郑州和成都为代表的省会城市中，低收入、中低收入、中等收入、中高收入组中租房居民的房屋来源中政府提供的比例分别是26.91%、33.33%、33.21%、11.11%。由此可见，政府为低收入组提供的廉租房中，有相当一部分并没有分配给低收入居民，反而被中等收入及以上的居民获得，在北京这样的大城市这种错配更加严重。如果将廉租房的目标群体定位于低收入组，那么北京廉租房的错配率达到64.84%，也就是说廉租房中有64.84%提供给了低收入以上的居民，只有35.16%的廉租房租给了低收入居民。如果将廉租房的目标群体扩大为低收入组和中低收入组，那么北京廉租房的错配率达到45.05%，有将近一半的廉租房租给了中等收入及以上的居民。廉租房的错配使廉租房保障低收入群体住房的目标大打折扣，与此同时加剧了居民收入不平等。

表8.3 按收入组分不同城市居民的租房结构（%）

		低收入	中低收入	中等收入	中高收入	高收入
北京	租房比例	35.60	30.66	28.75	21.64	12.71
	政府提供	35.96	22.47	31.27	20.01	7.08
	个人及单位提供	64.04	77.53	68.73	79.99	92.92
省会	租房比例	11.41	9.12	2.71	3.15	2.33
（郑州	政府提供	26.91	33.33	33.21	11.11	0.00
成都）	个人及单位提供	73.09	66.67	66.79	88.89	100.00

续表

		低收入	中低收入	中等收入	中高收入	高收入
地级市	租房比例	16.07	4.92	3.65	0.68	0.00
（苏州	政府提供	59.24	41.67	20.00	0.00	—
中山）	个人及单位提供	40.76	58.33	80.00	100.00	—

数据来源：根据2010年流动人口动态监测调查整理得到。

其次，对不同类型城市的购房情况进行讨论。我国住房的自有水平偏高，租房群体所占比例比较低，而且保障性住房中的经济适用房、限价房都是面向中低收入和中等收入居民出售的住房。鉴于此，本文对不同类型城市的购房情况进行分析（见表8.4）。就北京而言，低收入组城镇居民的自有住房中有17.20%来自于政府提供的保障性住房，中低收入、中等收入、中高收入及高收入组的相对应比例分别为28.31%、39.82%、45.81%、30.27%。由此可见，政府提供的购买性保障住房与出租性保障住房一样，也存在错配问题。为中低收入及中等收入居民提供的购买性保障住房最终的购买者却是中高收入，甚至高收入居民。若以中低收入居民为购买性保障住房的保障对象，那么其错配率为74.24%，也就是说，北京市提供的购买性保障住房中的74.24%被中等收入及以上居民获得。若保障对象拓展至中等收入居民，则错配率为43.05%，即依然有超过40%的保障性住房被中高收入及高收入居民获得。在北京高房价的背景下，这种保障性住房的错配无疑加大了北京市城镇居民之间的收入差距，与提供保障性住房的初衷背道而驰。

值得注意的是，这种现象不仅存在于北京，而且存在于省会城市，错配的程度甚至更加严重。在以郑州和成都为代表的省会城市中，低收入组城镇居民的自有住房中有33.86%来自于政府提供的保障性住房，然而，中低收入、中等收入、中高收入、高收入组居民相对应的比例分别是42.50%、42.00%、49.06%、40.48%。结合中高收入、高收入组的自由住房比例较高的特征，中高收入组、高收入组居民获得的购买性保障住房更多。如果以中低收入为购买性保障住房的保障对象，那么政府提供的购买性保障住房中有65.35%被中等及以上收入居民购买。如果以中等收入为保障对象，那么将有45.81%的保障性住房被中高收入和高收入居民购买。

相对而言，地级市自有住房的比例较高，但是自有住房中保障性住房占比比较低，自有住房的主要来源是商品房。由此可见，面对大城市的高房价，大城市的居民对保障性住房的需求较高，但是同时大城市保障性住房的错配程度也比较高，保障性住房的供给不仅没有有效地解决中低收入居民的住房问题，而且加剧了收入不平等。

表 8.4 按收入组分不同类型城市居民的自有住房结构（%）

		低收入	中低收入	中等收入	中高收入	高收入
北京	自有住房比例	62.80	66.29	69.16	74.52	84.1
	自建房	32.48	16.19	6.06	3.86	1.08
	拆迁房	0.64	2.90	1.74	0.64	2.16
	父母的房	2.55	5.20	6.93	7.74	7.56
	商品房	47.13	47.40	45.46	41.94	58.92
	保障性住房	17.20	28.31	39.82	45.81	30.27
省会	自有住房比例	82.89	86.96	90.5	93.36	95.32
（郑州	自建房	25.93	22.50	16.00	11.24	12.27
成都）	拆迁房	0.00	0.00	0.00	0.00	0.00
	父母的房	3.70	3.50	2.50	3.75	5.52
	商品房	36.51	31.50	39.50	35.96	41.72
	保障性住房	33.86	42.50	42.00	49.06	40.48
地级市	自有住房比例	83.94	94.68	95.62	99.32	100
（苏州	自建房	28.37	30.30	25.19	23.45	13.84
中山）	拆迁房	0.71	0.87	0.76	2.76	0.00
	父母的房	4.97	1.73	0.00	1.38	0.00
	商品房	59.57	63.64	70.23	68.27	81.76
	保障性住房	6.39	3.46	3.82	4.14	4.40

数据来源：根据 2010 年流动人口动态监测调查整理得到。

（三）农民工的住房保障

随着中国经济的发展，农民不断进城打工，成为在城市工作生活但是不具有城市户籍的农民工。农民工已然成为我国劳动力市场中不可或缺的一部分，2012 年农民工总量为 26261 万人，超过全国就业人员的 1/3，其中，外出农民工 16336 万人，本地农民工 9925 万人。① 根据前文对我国住房保障政策的梳理可以

① 资料来源：《2012 年中国经济和社会发展统计公报》。

发现，农民工并不在城镇住房保障的覆盖范围之内，无论是住房公积金还是城镇低收入居民享有的住房保障都没有将农民工纳入其中。尽管有些省市出台的保障性住房政策中包含了外来务工人员，但是对其获得保障性住房的条件并没有清晰的说明。在实际操作中，完全可以将外来务工人员排除在保障性住房之外。农民工在为城市发展做出巨大贡献的同时，却被排除在城镇住房保障之外，而且农民工的居住环境比较差。2010 年流动人口动态监测调查显示，住房成为本地人觉得其与流动人口的第五大差别，排在生活习惯、语言、观点看法、教育程度之后，城市本地人与流动人口之间的住房差别要大于收入差别和职业差别。对农民工自身而言，他们认为与本地人之间最大的区别在于住房，排在收入、生活习惯、语言、观点看法、教育程度、职业之前。由此，住房对于农民工的重要性可见一斑。对城镇住房有如此强力需求的农民工却被排除在城镇保障性住房之外。

首先，对农民工现住房的特征进行描述性统计。一是农民工现住房的来源。根据表 8.5 可知，农民工在打工地现住房主要是通过独租私房获得。平均而言，农民工的现有住房中有 75.18% 来自于私房，而且北京和省会城市的该比例更高，分别达到 76.37%、81.62%。农民工住房的种类与本地城市人口之间存在巨大反差，城市居民的住房自有化水平在 60% 以上，北京的低收入组中城镇居民住房的自有化水平最低，也达到了 62.80%。城市本地人和农民工都感受到住房上存在的巨大差距。二是农民工现住房的位置。根据表 8.6 可知，农民工现住房的位置主要是在市郊或城乡接合部，占全部住房的 43.93%，其次是住在农村的农民工占 30.87%。就各类型城市而言，在北京打工的农民工中有 60.08% 住在市郊或城乡接合部，在郑州、成都打工的农民工和在苏州、中山打工的农民工的对应占比分别是 42.61%、34.99%。除了市郊和城乡接合部之外，农村也成为农民工在打工地的重要居住地。平均而言，有 30.09% 的农民工居住在打工城市的农村，在北京、省会城市、地级市打工的农民工居住在农村的比例分别是 30.87%、13.19%、61.88%。面对城市的高房价和高房租，外来农民工主要选择居住在住房相对便宜的市郊或城乡接合部，以及农村。三是农民工现住房的设施。根据表 8.7 可知，平均而言，农民工现住房中有独立管道自来水、独立卫生间、独立厨房、独立洗澡设施的住房分别占 78.51%、62.34%、59.81%、35.21%。就不同类型城市而言，在北京打工的农民工现住房的设施最差，均低于平均水平。省会城市和地级市农民工现住房的设施要好于平均水平，而且地级市的设施要好于省会城市。上述农民工现住房的特征说明，农民工的住房条件较差，而且主要是以租住私人住房为主。由此可见，农民工作为城市化的主要对象，应该被逐渐纳入到城镇住房保障体系当中，从而改善其居住环境。

表 8.5 农民工现住房的种类构成

	平均		北京		省会城市		地级市	
	频次	比例	频次	比例	频次	比例	频次	比例
合租单位/雇主房	100	2.22	14	1.47	12	0.56	74	5.26
独租单位/雇主房	268	5.96	91	9.56	82	3.84	95	6.76
单位/雇主提供免费单独住房	87	1.94	19	2.00	36	1.68	32	2.28
单位/雇主提供免费集体住房	71	1.58	6	0.63	28	1.31	37	2.63
政府提供廉租房	28	0.62	0	0.00	0	0.00	28	1.99
合租私房	220	4.89	25	2.63	82	3.84	113	8.04
独租私房	3,380	75.18	727	76.37	1,745	81.62	908	64.58
已购商品房	254	5.65	60	6.30	126	5.89	68	4.84
已购政策性保障房	5	0.11	1	0.11	3	0.14	1	0.07
其他	83	1.85	9	0.95	24	1.12	50	3.56
合计	4496		952		2138		1406	

数据来源：根据 2010 年流动人口动态监测调查整理得到。

表 8.6 农民工现住房的位置

	平均	北京	省会城市	地级市
市区	1168	179	945	44
市郊/城乡接合部	1975	572	911	492
农村	1353	201	282	870
合计	4496	952	2138	1406

数据来源：根据 2010 年流动人口动态监测调查整理得到。

表 8.7 农民工现住房的设施（%）

	平均	北京	省会城市	地级市
独立管道自来水	78.51	52.84	83.40	88.48
独立卫生间	62.34	28.78	69.46	74.25
独立厨房	59.81	35.61	67.59	64.37
独立洗澡设施	35.21	22.69	33.68	46.02

数据来源：根据 2010 年流动人口动态监测调查整理得到。

其次，对农民工住房保障的现状进行描述。根据前文的分析可知，住房公积金的实际覆盖范围非常有限。就农民工而言，平均只有3%的农民工缴纳了住房公积金（见图8.4），在不同类型城市打工的农民工中缴纳住房公积金的比例都非常低，地级市最高，也仅有6.7%。可以认为农民工不在住房公积金提供的住房保障覆盖之内。尽管住房公积金存在一系列加剧收入不平等的问题，对无能力买房的群体而言，目前不缴纳住房公积金反而是有益的。然而，就获得住房保障的权利而言，农民工被排除在外，这本身就是对农民工的以一种歧视。农民工的平均月收入为2645元，该收入低于本地城市居民中低收入组的收入水平。鉴于此，如果农民工是城市本地居民，则其可以获得城市为中低收入居民提供的保障性住房。然而，从实际来看，农民工几乎没有获得城市的保障性住房。平均而言，农民工中只有0.7%获得了城市的保障性住房，北京和省会城市的比例更低，仅为0.1%。农民工获得住房保障的现状不利于我国城市化的发展。针对农民工低收入的特征，应该获得一定的政府转移支付，进而缩小收入差距，但是在住房保障方面农民工并没有获得相应的转移支付。

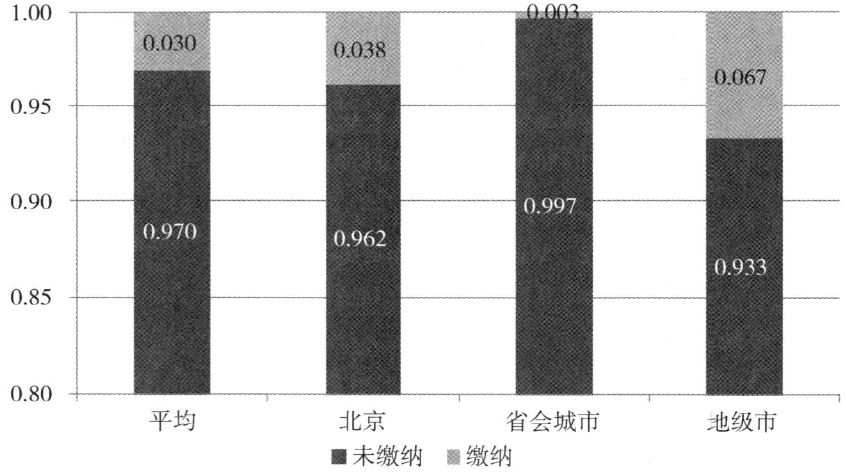

图8.4　农民工缴纳住房公积金的情况

数据来源：根据2010年流动人口动态监测调查整理得到。

（四）夹心层的两难境地

住房保障给予了保障对象一定的财政转移支付，使其可以获得比之前好的住房条件。但是保障对象需要满足一系列的条件，如果不能满足这些条件，则无法获得相应的保障。在这种条件下，难免会出现夹心层问题。在美国住房保障发展过程中就出现过夹心层。当一个获得保障性住房的家庭的收入提高，高于获得保障性住房的收入限制时，该家庭则不得不从保障房中搬出。然而，当该家庭搬出

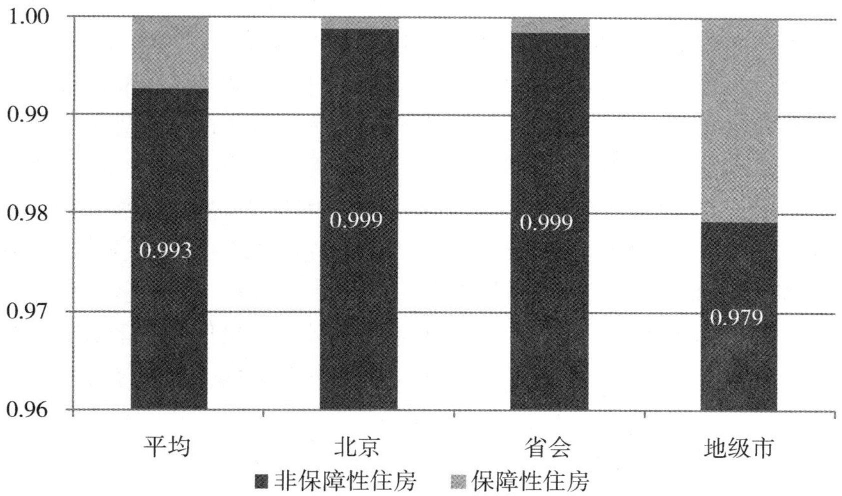

图 8.5 农民工现住房中保障性住房占比

数据来源：根据 2010 年流动人口动态监测调查整理得到。

保障性住房之后，虽然其家庭收入提高了，但是与为搬出时相比，经济条件却恶化了。从而导致了一些获得保障性住房、尚未获得但是无力购买商品房的家庭不断控制家庭收入，以免超过收入限制，丧失了获得保障性住房的条件。那么夹心层的存在，使家庭减少了劳动力供给，或是劳动时间的减少，或是生产率的降低。这种不充分就业对于国民经济发展是一种巨大损失。为了避免国民经济的无谓损失，消除夹心层具有重要意义。

根据我国现有的住房保障体系可知，低收入、中低收入、中等收入家庭申请廉租房、经济适用房、两限房的家庭都需要满足一定的收入、资产等方面的要求。然而，从实际制定的申请条件来看，存在一部分夹心层，即不满足廉租房的申请条件，但无力购买经济适用房的家庭，或者是不满足经济适用房，但无力购买两限房的家庭。这部分夹心层家庭的存在，是由于各类保障性住房之间的申请条件不衔接导致的。通过改善申请条件之间的衔接，就可以将这部分夹心层覆盖到保障性住房当中，形成廉租房、经济适用房、两限房之间的良好衔接。

然而，另一个值得注意的夹心层是，不满足两限房的申请条件，但是无力购买商品房的家庭。这部分家庭不在现有的政策性住房保障体系之内，城市不断上涨的房价使这部分家庭处于两难境地。以北京城八区为例，2008 年限价商品房（两限房）的申请条件为，三人及以下家庭年收入低于 8.8 万元，家庭总资产净值低于 57 万元，人均住房使用面积 15 平方米以下。[①] 一方面，该标准自 2008 年

① 资料来源：北京市住房和城乡建设委员会，http：//www.bjjs.gov.cn/publish/portal0/tab662/info37399.htm.

制定以来一直被使用，从未根据物价、工资做过调整。2011 年北京市城镇单位在岗职工平均工资每年 75834 元是 2008 年 56328 元的 1. 35 倍[①]。就 2011 年的平均工资而言，如果一个家庭中有两个在岗职工，且能达到平均工资，则该家庭则不具备申请两限房的资格。然而，以父母和一个孩子构成的核心家庭，是北京城镇居民家庭的主要构成结构。[②] 另一方面，在两限房申请条件中除了收入之外，还有两项分别是总资产净值和人均住房面积。一般而言，这两项对于刚工作的青年人来说都可以满足。因为刚工作的青年人一般没有很多的存款，同时，在北京拥有住房的可能性更小。特别是通过升学、就业获得北京户籍的外来人口。然而，刚工作的青年人，他们的工资收入不是很低，一般可以达到北京市城镇单位在岗职工的平均工资，但是对于这样一个工资收入不算低，但几乎没有存款和住房的群体而言，购买商品房也只能是望而兴叹。在没有自有住房的情况下，租房成为这一夹心层的主要选择。在北京房价不断攀升的同时，房租价格也随着一路上扬，房租支出也成为夹心层的沉重负担。与此同时，房租支出降低了其储蓄能力，进而降低了购房能力，成为一种恶性循环。

第四节　小结

随着我国城镇住房制度的不断改革，住房保障和住房商品化并存成为我国现阶段住房市场的主要特征。我国住房保障设立之初是为了使无力购买商品房的居民可以获得一定的补贴，从而能够满足其住房的基本需求。同国际经验一致，住房保障的目标群体的中低收入居民，补贴方式也同样包括公共住房建设补贴，即砖头补，通过经济适用房和两限房来实现；同时包括房租补贴，即人头补，通过廉租房和公共租赁房来实现。另外，为了提高城镇职工的住房购买能力，设立了住房公积金，旨在提供低利息的住房贷款来提高其住房购买能力。然而，从住房改革至今，经历了 15 年之后，我国住房保障中的问题也不断暴露出来。本文分别针对住房公积金、城镇中低收入居民住房保障和农民工住房保障对我国现行的住房保障政策存在的问题进行分析。我们发现，现行的住房保障政策虽然使低收入城镇居民获得了一定的补贴，但是却加剧了收入不平等。

就住房公积金而言，住房公积金的覆盖面为 49. 60%，而且国有企业的覆盖面是非国有企业的 3 倍，不同行业之间也存在很大差异，电煤水生产供应、卫生体育和社会福利、教育文化及广播电影电视、科研及技术服务、党政机关和社会团体的职工中缴纳住房公积金的比例远高于平均水平。此外，住房公积金的缴纳

---

① 资料来源：北京统计信息网，2009 年、2012 年的北京统计年鉴。

② 根据北京市统计年鉴中，城镇居民家庭基本情况可知，2011 年平均每户家庭人口规模为 2. 7 人。

金额与提取也不利于中低收入群体。就城镇住房保障来看，保障性住房存在很严重的错配问题，中等收入、中高收入，甚至高收入居民获得了大量中低收入居民应该获得的保障性住房。一方面，使应该获得保障的中低收入居民无法改善其简陋的居住环境，另一方面，加剧了城镇居民之间的收入不平等。就农民工而言，他们被排除在城镇住房保障体系之外，无论是实际的自住房拥有率，还是本地人、农民工自身的判断来看，住房在本地人和农民工之间存在巨大差异。最后，对不满足两限房申请条件，又无力购买商品房的夹心层而言，他们处在两难境地，住房政策应该逐渐关注这个群体的现实处境及需求。

由于数据更新的速度要慢于现期的实际情况，特别是微观调查数据的收集、整理更是存在一定的滞后。本文使用的数据是2010年的微观调查，与相关政策相比，该数据略显滞后。十八届三中全会中，对于住房保障已经提出了新的要求。就住房保障和住房公积金方面，提出“健全符合国情的住房保障和供应体系，建立公开规范的住房公积金制度，改进住房公积金提取、使用、监管机制”。这意味着我国住房公积金存在的问题将逐渐得到解决，使中低收入者不再处于只缴纳不获益的境地。另外，2010年出台的《关于加快发展公共租赁住房的指导意见》指出，公共租赁住房的目标群体是中等偏下收入住房困难家庭、新就业职工和有稳定职业并在城市居住一定年限的外来务工人员。由此可见，公共租赁住房的出台扩大了我国住房保障的覆盖范围，将农民工和夹心层纳入其中。虽然住房保障和住房供应体系仍然需要进一步的健全，但是就新出台的政策来看，这种改变已经逐渐开始。

参考文献

[1] 刘绪贻，李存训. 美国通第5卷：富兰克林·D. 罗斯福时代1929—1945. 北京：人民出版社，2002.

[2] 阿列克斯·施瓦茨. 美国住房政策. 黄瑛，译. 北京：中信出版社.

[3] 杨生茂，刘绪贻. 美国内战与镀金年代. 北京：人民出版社，2002.

[4] HDB, HDB Annual Report 06/07, http://www.hdb.gov.sg/fi10/fi10221p.nsf/Attachment/AR0607/MYMfile/HDB%20AR06_07_stats_charts.pdf.

[5] Yong Tu, Grace K. M. Wong. 2002. Public Policies and Public Resale Housing Prices in Singapore, International Real Estate Review, Vol. 5, No. 1, pp. 115 – 132.

第九章　中国社会保障体系的框架与改革的基本原则[①]

社会保障是中国全面建设小康社会的重要内容，是保障人民生活、调节社会分配的一项基本制度。在党的十八大及十八届三中全会报告中，提出了全面小康社会的社会保障体系建设目标及改革与完善的基本原则。本章及之后的两章将分别就中国社会保障体系建设及改革的目标及政策措施进行阐述。

在本章中，我们首先对现代社会保障的主要内容及中国社会保障的基本框架进行介绍，并对党的十八大及十八届三中全会提出的中国社会保障改革与完善的基本原则进行论述。社会养老保障及医疗保障是中国社会保障体系的重点，也是十八届三中全会提出的改革重点。在后面的两章中，我们将分别就社会养老保障及社会医疗保障的建设与改革进行阐述。

第一节　现代社会保障的产生及主要内容

（一）现代社会保障体系的演变

现代社会保障是适应现代工业社会的产物，是人们应对工业社会风险的一种制度保障形式。在农业社会，人们应对社会风险主要依靠家庭及个人保障，以及在一些地区出现的社区性保障。例如在古代中国，一些地区设立的“义仓”制度[②]，以及在欧洲一些国家，教堂提供的保障性措施。这些保障措施适应农业社会的风险，为生活其中的居民提供基本的保障，但是这些保障措施局限于家庭、个人以及社区范围，缺乏明确的制度安排，没有制度化的社会互济功能。

工业革命以及随之而来的全球范围的工业化，在推动经济发展的同时也极大改变了社会风险的性质。相比于农业社会的风险，工业社会的社会风险具有系统化、集中化的特征，基于家庭、个人及小范围社区的传统保障方式不能适应工业

---

① 本章作者：葛婧，博士，人力资源社会保障部教育培训中心，助理研究员。

② 王文素，《中国古代社会保障研究》，北京：中国财政经济出版社，2009 年版。

社会的风险。在工业革命初期，进入工厂工作并在城镇生活的居民，一方面失去了原有的农业社会的家庭及社区保障，另一方面又面临现代工厂制度产生的系统性社会风险，一旦遇到诸如失业、疾病、老年等风险，即陷入贫困之中。这一点在恩格斯的《英国工人阶级状况》[①] 中有非常深刻的描述与分析。在这种状况下，工人为了保障自己的权益，进行了一系列的社会斗争。迫于工人斗争的压力，以及维护社会稳定的需要，一些欧洲国家在 19 世纪下半叶开始了现代社会保障体系的建设。

现代社会保障的开端，一般认为是德国俾斯麦政府在 1893 年颁布的《疾病保险法》、1884 年的《工伤事故保险法》以及 1889 年颁布的《老年及伤残保险法》。德国建立的社会保障体系，以社会保险为主，通过雇主与雇员共同缴费形成保险基金，当社会成员面临失业、疾病、工伤、老年等风险时，可以获得基金支付，保证基本生活。此后，其他一些国家也在 20 世纪初期，开始了社会保险的立法和制度建设。20 世纪 20 年代末期发生的资本主义世界经济大危机，推生了美国的社会保障体系。1935 年美国实施《社会保障法案》，建立了雇主和雇员缴费的老年及遗属保险体系。美国社会保障体系的建立，标志着社会保障正式成为政府的一项责任。

第二次世界大战后，一些欧洲国家建立了福利国家，并形成了社会保障的福利主义模式。福利国家的社会保障制度主要基于 20 世纪 40 年代英国的《贝弗里奇报告》[②]。该报告提出了社会保障的四项基本原则：一是普遍性原则，社会保障应面向全体居民；二是保证基本生活原则，社会保障要确保每一个居民最基本的生活需要；三是统一原则，社会保障的缴费标准、待遇支付和行政管理必须统一；四是权利和义务对等原则，社会保障的受益与贡献相匹配。在社会保障模式上，《贝弗里奇报告》则确定了福利国家社会保障的模式。根据该报告设计的框架，英国随后制定和实施了《家庭补助法》《国民卫生保健服务法》《工伤保险法》《国民救助法》和《社会保险法》等一系列法律，建立了“从坟墓到摇篮”的福利国家。从“二战”后一直到 20 世纪 70 年代末 80 年代初，福利国家的思潮和实践盛行于欧洲。

（二）现代社会保障的定义及主要内容

第二次世界大战之后，国际社会对社会保障的认识提升到基本人权的高度。1948 年联合国《世界人权宣言》[③] 第 22 条将社会保障作为社会成员的一项基本

① 载中共中央编译局，《马克思恩格斯全集》第二卷。

② 劳动和社会保障部社会保险研究所组织翻译，《贝弗里奇报告——社会保险和相关服务》(*Social Insurance and Allied Services*)，北京：中国劳动社会保障出版社，2004 年版。

③ United Nations, The Universal Declaration of Human Rights.

权利。1952 年国际劳工组织（ILO）在其 102 号公约[①]中对社会保障所包含的内容进行了界定，将此前单个国家的社会保障政策集合为各国政府应共同追求的社会目标和执政理念。国际劳工组织提出的社会保障的定义也成为传统的标准定义：

“社会通过一系列公共措施为其成员提供的保障，以弥补因各种社会风险导致来自工作及收入丧失或收入的大幅下降，这些社会风险主要包括疾病、生育、工伤、失业、残疾、老年以及家庭中承担家计的人的死亡等；这些保障还包括为居民提供医疗服务，为家庭及儿童提供的福利。”[②]

在各国的社会保障建设实践中，基本的社会保障框架主要包括如下几个方面：

（1）非缴费型的社会救助项目。社会救助项目所依据的社会保障理论是所谓“补残模式”（Residual Model），即政府对落入一定收入水平之下的居民提供基本生活保障。这类项目所面对的救助对象一般是社会竞争中的失败者，采取的方式是基于家计和收入调查确定被救助人群（Mean－tested），并提供实物或现金形式的救助。资金来源主要是政府的一般税收，接受救助者无须提前缴费。因为这类项目的目标是为落入贫困中的人提供基本生活保障，因此这类项目又被称为社会“安全网”（Safety－net）。该类项目可以溯源到英国早在 16 世纪和 17 世纪实行的《济贫法》。

（2）缴费型的社会保险项目。现代社会保障体系通常以社会保险为主体。社会保险强调的是社会成员通过保险的方式分散社会风险，其依据是风险分散原理。但与商业保险不同的是，社会保险具有强制参与的特征，符合条件的社会成员必须参加，视为法定义务。强制参加的经济学理由在于弥补商业保险中经常发生的逆向选择与道德风险[③]，社会和政治理由则在于消弭社会冲突，促进和实现社会团结[④]。社会保险一般包括老年和遗属保险、医疗保险、工伤保险、失业保险、生育保险等，其所应对的社会风险则分别为老年风险、疾病风险、工伤风险、失业风险和生育风险等。社会保险的资金来源主要是雇主和雇员缴费，有时政府也会承担一部分费用。与社会救助不同，传统上社会保险一般都与就业关联，覆盖的人群主要是正规就业人员。

（3）社会福利项目。与社会救助项目的资金来源相同，社会福利项目也主

---

① ILO Convention No. 102, Social Security (Minimum Standards) Convention, 1952.

② International Labour Office, 2000, World Labour Report 2000: Income Security and Social Protection in a Changing World, Geneva.

③ Feldstein, M., and J. B. Liebman, Social Security, in A. J. Auerbach and M. Feldstein (eds), Handbook of Public Economics, Vol. 4, pp. 2245－2324, 2002.

④ 周弘，《福利国家向何处去》，《中国社会科学》，2001 第 3 期，第 93－112 页。

要由政府税收支付。但与社会救助项目不同的是，社会福利项目一般是普惠型，或针对某一群体，其目的是提升居民的生活水平，以及满足某一特定群体的需求。例如大部分发达国家提供的家庭福利津贴（Family Allowance/Benefits）或儿童津贴（Child Benefits）等。

（4）其他社会保障项目。社会救助、社会保险及社会福利构成了现代社会保障体系的主要内容。除此之外，一些国家的社会保障体系还包括其他的一些项目。这些项目主要包括住房保障、积极的就业政策、缓解社会排斥项目等。

第二节 中国社会保障体系的演变及制度框架

在社会保障建设实践中，中国社会主义市场经济体制的社会保障制度主要包括社会保险、社会救济、社会福利、优抚安置和社会互助、个人储蓄积累保障等内容[①]。在党的十七大报告中，对中国社会保障体系的框架安排，又进行了系统的界定，“以社会保险、社会救助、社会福利为基础，以基本养老、基本医疗、最低生活保障制度为重点，以慈善事业、商业保险为补充，加快完善社会保障体系”。[②]

（一）计划经济时期的社会保障

中国当前的社会保障体系源于计划经济时代的社会保障制度安排。计划经济通过政府的指令性计划对整个社会的经济活动进行调配与控制。要实现行政性、指令性计划对经济活动的调配与控制，需要背后一整套的制度支持。新中国成立以来，在重工业优先发展的计划目标下，为了将资源集中到工业部门，逐步形成以户籍制度为主体的城乡二元分割体制[③]。与城乡二元分割体制相对应，计划经济时代的社会保障体系主要特征也体现为城乡二元分割：农村居民主要以家庭自我保障及集体经济组织提供的保障为主，政府对农村社会保障并无财政支付责任；城镇居民则又根据就业身份区分为不同的社会保障类型。

在农村，20 世纪 50 年代中期之后，随着农村合作化的完成，形成了人民公社制度以及村级集体经济组织。与这一制度相对应，农村形成以“五保”供养及农村合作医疗为代表的社会保障项目。农村“五保”供养规定了农村村级集

---

① 十四届三中全会报告，《中共中央关于建立社会主义市场经济体制若干问题的决定》，1994 年。

② 胡锦涛，《高举中国特色社会主义伟大旗帜 为夺取全面建设小康社会新胜利而奋斗——在中国共产党第十七次全国代表大会上的报告》，2007 年 10 月 15 日。

③ 林毅夫、蔡昉、李周，《中国的奇迹：发展战略与经济改革》，上海：格致出版社，上海三联书店，上海人民出版社，1999 年第 2 版。

体经济组织对丧失劳动能力的成员提供的基本生活保障。这一保障形式实际上通过集体成员之间的互济，在集体经济组织内部建立了一种非缴费型的救助制度。农村合作医疗制度也是当时农村主要的社会保障项目。与“五保”制度不同，合作医疗要求成员缴纳一定的费用，并用这些费用支付医生的服务及药品；与“五保”制度相同的是，合作医疗也嵌入到农村集体经济组织当中。合作医疗中的农村赤脚医生同时也是社员，其医疗服务被纳入到合作社的分配系统中。

在城镇地区，城镇居民根据职业的不同，分别纳入到不同的社会保障项目中。第一类是机关事业单位就业人员，他们实行的财政直接支付的公费医疗及退休制度；第二类是国有企业及集体企业职工，他们实行的是基于企业与职工缴费的劳动保险制度；第三类是非就业城镇居民，他们没有单独的社会保障项目，但可以以机关事业单位及企业职工的家属身份获得部分保障，例如医疗费用的报销等。

图 9.1 给出了计划经济时代基于人群分割的社会保障制度框架。实际上，在计划经济下，这一框架逐渐演变成不同单位的职工福利制度，失去了社会共济的职能。在农村，“五保”供养及合作医疗本就依托村级集体经济组织；在城镇，“文化大革命”时期的企业职工退休费用社会统筹被取消，原来的劳动保险演变成“企业福利”，机关事业单位的社会保障待遇也与本单位的财政支付能力相关。

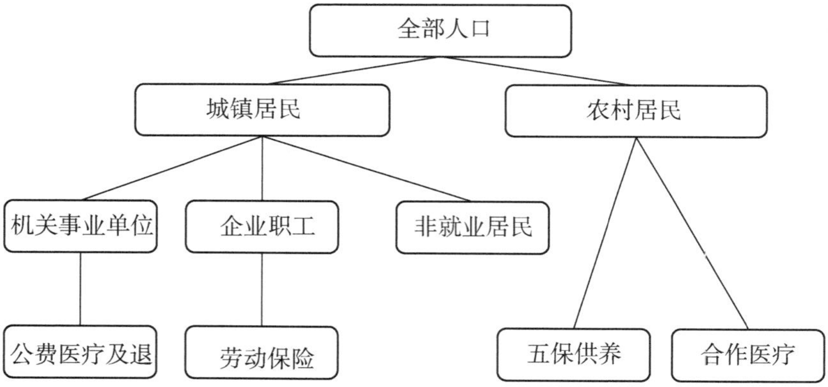

图 9.1　计划经济下中国人群分割与社会保障体系

（二）改革开放初期至 20 世纪 90 年代中期的社会保障改革探索

计划经济时期的社会保障在农村依托于人民公社制度，在城镇则演变为依托单位或企业的职工福利。这两个基础在 20 世纪 70 年代末期开始的改革开放中被打破：首先，在农村，人民公社制度解体，家庭联产承包责任制使集体经济组织失去了大部分经济和社会管理功能；其次，在城镇地区，国有企业也开始了放权让利、承包制、股份制等改革探索。原有的社会保障体系由于失去依托而趋于瓦解。

在农村，随着人民公社制度的解体以及家庭联产承包责任制的推行，农村集体经济组织弱化，逐步失去了为其成员提供保障的能力。在这样的情况下，农村的合作医疗制度逐步瓦解，覆盖率从20世纪70年代中期最高峰的90%左右急剧下降到5%左右（1983年）[①]。直到2003年中国重建新型农村合作医疗，农村的医疗保障基本上处于空白。

五保供养制度对集体经济的依赖更甚，因为五保供养的资金直接来源于生产大队及生产队。而随着集体经济组织的弱化，五保供养的资金来源接近枯竭。为解决这一问题，中央提出农村五保供养的资金来源应从农民直接收费解决，并将其纳入到村提留和乡统筹的范畴中，管理层次也逐步上移至乡镇政府[②]。

在80年代及90年代初期，随着国有企业改革的推进和企业转制、破产的加快，城镇待岗、失业人群大量出现，城镇贫困人口急剧增加，急需在城镇地区建立针对失业、待岗职工及城镇贫困人口的救助措施[③]。在这样的情况下，上海市在1993年建立了非缴费型的城镇居民最低生活保障制度，初步在城镇建立了一道社会“安全网”，并成为未来中国居民最低生活保障制度的雏形。

同时，在原有企业劳动保险制度的基础上，各地也在探索重建企业职工社会保险制度。在中央层面，国务院在《国营企业实行劳动合同制暂行规定》（国发〔1986〕77号）中专门对企业劳动合同制工人的劳动保险统筹进行规定，并提出：“劳动合同制工人退休养老实行社会保险制度。退休养老基金的来源，由企业和劳动合同制工人缴纳。”1991年国务院将统筹的社会保险制度扩展到全部国有企业工人[④]。

这一时期的社会保障制度改革，其主要目的是为国有企业改革提供支持，使国有企业能够摆脱原先承担的沉重的职工福利，成为合格的市场竞争主体。因此，在没有市场竞争、无须成为市场主体的政府及事业单位中，原有的政府财政支付的公费医疗及退休制度没有实行改革，仍保留了原来的制度安排及资金来源渠道。

---

① 王禄生、张里程，《我国农村合作医疗制度发展历史及其经验教训》，《中国卫生经济》，1996第8期，第12–15页。

② 1985年中共中央国务院《关于制止向农民乱派款、乱收费的通知》规定，“供养五保户等事业的费用，原则上应当以税收或其他法定的收费来解决。在这一制度建立之前，实行收取公共事业统筹费的办法”。1991年国务院《农民承担费用和劳务管理条例》规定，“村提留包括公积金、公益金和管理费”，其中“公益金，用于五保户供养、特别困难户补助、合作医疗保健以及其他集体福利事业”，“乡统筹费可以用于五保户供养”。

③ 杨立雄，《中国城镇居民最低生活保障制度的回顾、问题及政策选择》，《中国人口科学》，2004年第3期，第71–80页。

④ 国务院《关于企业职工养老保险制度改革的决定》，1991年。

（三）20 世纪 90 年代中后期适应社会主义市场经济体制的社会保障建设

党的十四大提出了中国经济体制改革的目标模式是建立社会主义市场经济体制；十四届三中全会则对社会主义市场经济体制的制度框架进行了规定，在其中，明确提出了社会保障改革的功能、地位及目标模式。

第一，十四届三中全会提出了中国社会保障体系建设的目标模式是“建立多层次的社会保障体系”，其主要内容包括社会保险、社会救济、社会福利、优抚安置和社会互助、个人储蓄积累保障。

第二，在改革重点方面，将城镇职工养老保险和医疗保险作为重点，并提出了二者在筹资模式上实行“社会统筹 + 个人账户”制度。

第三，确定了社会保险基金保值增值的主要渠道是“用于购买国债”。

从社会保障的功能定位上，十四届三中全会对社会保障的功能定位在为国有企业改革进行配套，强调其在“深化企业和事业单位改革”中的重大意义。

十四届三中全会确定的社会保障建设的基本模式及一些基本原则构成了当前中国社会保障体系制度安排框架的主体。从十四届三中全会以后直至 2000 年，中国依次建立了企业职工生育保险制度①、企业职工工伤保险制度②、城镇职工基本养老保险制度③、城镇职工基本医疗保险制度④，以及失业保险制度⑤；在非缴费型的社会救助方面，则建立了城镇居民最低生活保障制度⑥。

在农村社会保障体系建设上，党的十四大及十四大三中全会确定的农村社会保障的原则，仍强调“农民养老以家庭保障为主，与社区扶持相结合”。20 世纪 90 年代初，民政部以县为单位开展了农村养老保险试点（即老农保），资金以个人缴纳为主，集体补助为辅，国家予以政策支持⑦。这一制度实际上是个人账户形式的养老储蓄，个人账户完全由个人缴费形成，且个人是否参加、缴费多少都可自行选择。个人账户的资金回报率与银行利率相同。由于制度设计存在缺陷，发展动力不足，从而逐渐萎缩。1998 年国务院决定停止该项制度的运行。

党的十五大确立的中国社会保障建设的基本原则，仍强调城镇社会保障建设，并强调其作为国有企业改革配套的重要性，并未认识到社会保障自身的意义。

---

① 劳动部，《企业职工生育保险试行办法》，劳部发【1994】504 号。

② 劳动部，《企业职工工伤保险试行办法》，劳部发【1996】266 号。

③ 国务院，《关于建立统一的企业职工基本养老保险制度的决定》，国发【1997】26 号。

④ 国务院，《关于建立城镇职工基本医疗保险制度的决定》，国发【1998】44 号。

⑤ 国务院，《失业保险条例》，1999。

⑥ 国务院，《关于在全国建立城市居民最低生活保障制度的通知》，国发【1997】29 号。

⑦ 民政部办公厅，《县级农村社会养老保险基本方案（试行）》，民办发【1992】2 号。

（四）覆盖全民的社会保障制度

党的十六大在社会保障建设的原则上发生了本质性的变化，社会保障开始摆脱作为国有企业改革配套的功能定位，社会保障在经济社会发展的重要作用得到重视。同时，在党的十六大的报告中，提出了农村社会保障建设的政策取向，即“有条件的地方，探索建立农村养老、医疗保险和最低生活保障制度。”而2003年的“非典”冲击，也使中国政府认识到建立一个覆盖全面的社会保障制度的重要性。

此后的10年间，中国社会保障建设进入全面覆盖的新阶段。2003年年初，中央开始推动新型农村合作医疗制度。新型农村合作医疗制度首次明确了政府对农村社会保障的财政责任。新农合的筹资结构设计为“政府补贴、集体补助、个人缴费”，政府按照一定比例为新农合提供财政支持。此后，2009年开始建立的新型农村社会养老保险试点也秉承了这一筹资结构，明确了政府对农村居民养老保险的财政支持责任。政府对农村社会保障的财政支持责任还体现在新的农村“五保”供养上。2006年的《农村五保供养工作条例》规定，“农村五保供养资金，在地方人民政府预算中安排”，确定了农村五保供养作为政府非缴费型社会救助项目的地位。

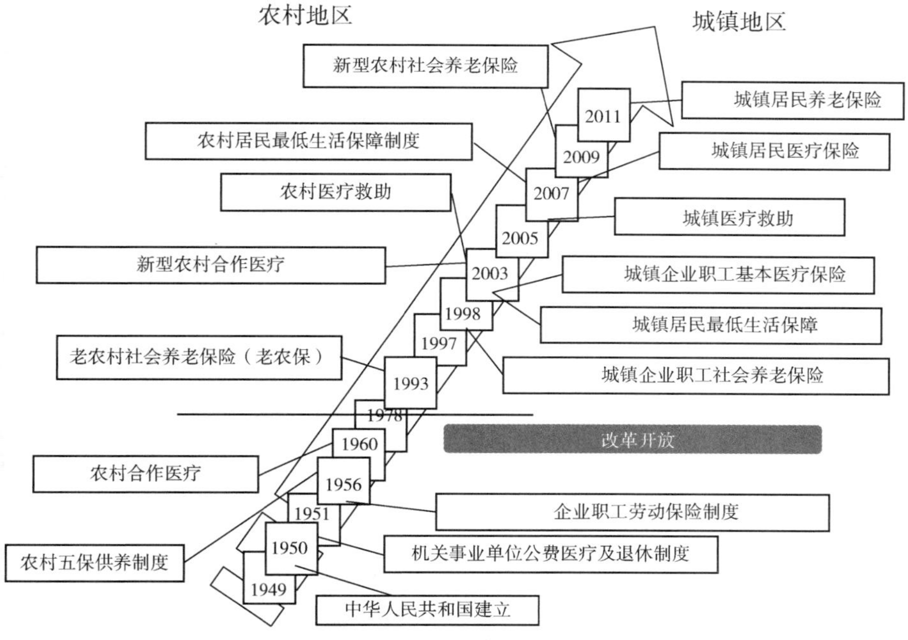

图9.2　中国社会保障体系的演变过程

注：只包括主要的社会保障项目。

在非缴费型社会救助项目方面，这一时期还正式建立了城镇与农村的最低生活保障制度以及城镇与农村的医疗救助制度。在城镇非就业居民方面，除了非缴费型的社会救助项目外，还分别在2007年及2011年建立了城镇居民的医疗保险制度及城镇居民养老保险制度，将城镇未就业人员以及就业不稳定无法纳入城镇职工基本养老（医疗）制度的群体纳入社会保障体系中。

随着城镇居民养老保险制度的建立，中国在社会保障体系建设上实现了全部人群的制度全覆盖（见图9.3）。在农村地区，农村居民的社会保障体系，既有非缴费型的社会救助项目，“五保供养”、农村居民最低生活保障及医疗救助制度，也有社会保险性质的新型农村合作医疗及新型农村养老保险；城镇居民社会保障的主体是城镇职工社会保险制度，包括养老保险、医疗保险、失业保险、工伤保险及生育保险，也包括覆盖城镇居民的非缴费型的城镇居民最低生活保障及医疗救助制度。此外，城镇非就业居民也建立了城镇居民养老保险及医疗保险制度。

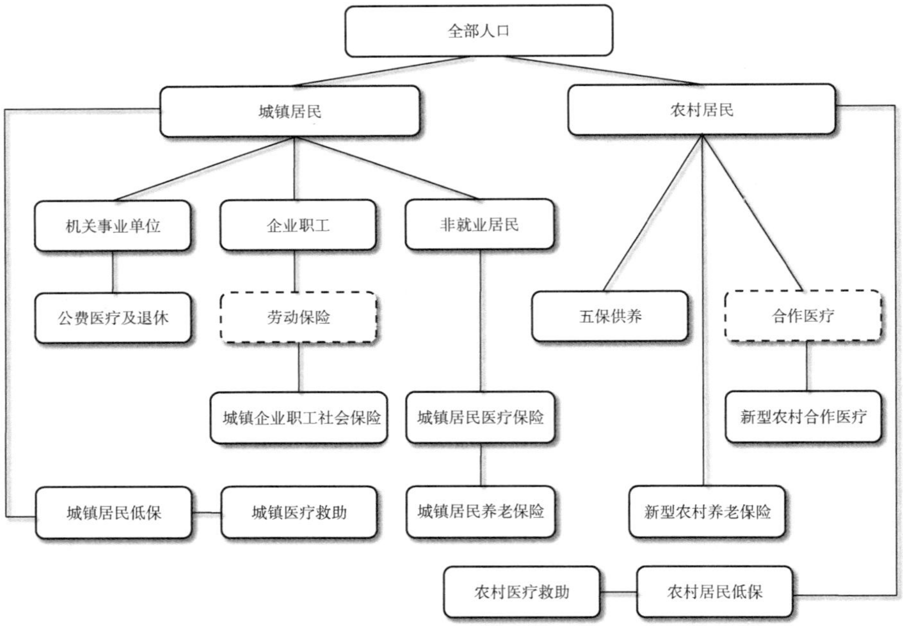

图9.3　分人群的社会保障项目覆盖

注：图中虚线框中为已经取消的项目。

在实现制度全覆盖的同时，中国政府及社会对社会保障功能的认识也发生了变化。自党的十六大之后，社会保障成为民生建设的主要内容，而不仅是企业改革的配套措施。同时，社会保障也成为改革开放发展成果为全民共享的主要政策手段。

在党的十七大报告中，正式提出了建立覆盖城乡居民的社会保障体系的目标，并对中国社会保障的制度框架及模式进行了界定，中国社会保障体系“以社会保险、社会救助、社会福利为基础，以基本养老、基本医疗、最低生活保障制度为重点，以慈善事业、商业保险为补充”。党的十八大报告将社会保障的全民覆盖作为全面建设小康社会的主要目标之一，并提出统筹推进城乡社会保障体系建设的基本原则。

第三节　中国社会保障体系的制度特征及存在的问题

中国社会保障实现制度全覆盖意味着所有人群都被至少一种社会保障项目所覆盖，这是中国社会主义现代化建设取得的伟大成就。但是，中国社会保障体系脱胎于计划经济，在改革过程中又承担了为国有企业改革提供配套的功能，因此形成了一些重要特征。这些特征在全球化的时代背景和中国的特定情境下产生了诸多问题，面临着巨大的挑战。这也是党的十八大及十八届三中全会提出中国社会保障制度改革的基本原则及政策措施的主要依据和背景。

中国社会保障体系存在的诸多问题基本都可以归结到中国社会保障体系的两个主要特征：一是制度分割，社会保障项目之间“碎片化”严重，公平性不足；二是隐性负债沉重，可持续性堪忧。

（一）中国社会保障体系的“碎片化”

中国社会保障体系的一个基本特征是“碎片化”，而“碎片化”则包含着三个层次的分割：一是制度分割，二是地区分割，三是管理部门的分割。这三个层面的分割相互缠绕，形成中国社会保障体系的“碎片化”特征：不同的“碎片”之间待遇差距明显，显失公平；转移接续困难，缺乏便携性，不适应流动性；管理分割导致信息不能共享，不能充分发挥社会保障的整体功能。

（1）制度分割及地区分割：社会保障公平性不足。

在当前中国的社会保障体系下，不同的人群适用不同的社会保障项目。首先是城乡居民之间，城镇居民和农村居民实行不同的社会保障项目。即使实行具有相同制度安排框架的社会保障项目，其间也存在明显的差异。在非缴费型的社会救助项目方面，城镇居民和农村居民都实行了居民最低生活保障制度，制度安排类似，但实际待遇水平却有较大差距。农村平均的低保标准及实际的平均补助水平都仅相当于城镇水平的一半左右。在缴费型社会保险方面，（城乡）居民养老保险的年养老金支付水平仅相当于城镇职工养老保险平均养老金水平的 4% 左右；在医疗保险方面，新型农村合作医疗的人均筹资额在 2012 年只有 308.5 元，低于城镇居民基本养老保险的人均筹资额，更远低于城镇职工基本医疗保险的人均筹资额。

城乡之间在社会保障水平之间的巨大差异有其历史原因，但是这种保障水平的巨大差异有悖于城乡统筹的基本原则，有悖于社会保障收入再分配功能的发挥。

表 9.1 中国社会保障水平的城乡及制度差距（2012 年）

			数额	单位
居民最低生活保障	平均低保标准	城市	330.1	元/月·人
		农村	172.3	元/月·人
	平均补助水平	城市	239.1	元/月·人
		农村	104.0	元/月·人
城镇职工基本养老保险		平均养老金	20900.4	元/年
城乡居民养老保险		平均养老金	879.5	元/年
城镇职工基本医疗保险		人均筹资额	2288.8	元/年
城镇居民基本医疗保险		人均筹资额	322.9	元/年
新型农村合作医疗		人均筹资额	308.5	元/年

数据来源：《中国民政统计年鉴》《中国劳动统计年鉴》。

注：2012 年 8 月城镇居民养老保险与新型农村养老保险合并统计；数据来源于 2012 年《人力资源和社会保障事业统计公报》。养老保险的平均养老金等于该年份基金支出额除以离退休人数；医疗保险及合作医疗人均筹资额等于该年度基金收入额除以该年底参保人数。

其次，即使在城镇居民内部也存在不同人群、不同制度之间的待遇差异，其中社会反响比较强烈的当属机关事业单位与城镇企业职工社会保险之间的待遇差距。机关事业单位与企业职工实行不同的社会保障制度：前者适用机关事业单位的公费医疗及退休制度，且全部由财政直接拨付；后者实行的是雇主及雇员共同缴费的社会保险制度。机关事业单位的社会保障不仅无须个人缴费，且其待遇水平也远高于企业职工的社会保险。以退休后的养老金为例，从机关事业单位退休的人均月养老金为 2508 元，而从企业退休的职工的月平均养老金只有 1528 元，前者是后者的 1.6 倍（表 9.2）。即使在控制了二者之间的教育水平差距后，二者之间也还存在明显的养老金待遇差距①。需要指出的是，在机关事业单位内部，机关公务员与事业单位之间，也存在社会保障之间的显著差距。此外，在城镇职工与城镇居民之间，也存在社会保障之间的差距（表 9.1）。

---

① 中国社会科学院经济研所社会保障课题组，《多轨制社会养老保障体系的转型路径》，《经济研究》，2013 年第 12 期，第 4－16 页。

表 9.2　中国城镇不同就业状况下退休后的养老金差距（2010 年）

		退休金/社保给付养老金		每月总收入	
退休前就业状况	观测值数（人）	均值（元/月）	基尼系数（%）	均值（元/月）	基尼系数（%）
A 非正规就业	2325	260.62	61.65	376.54	65.45
B 机关事业单位	2007	2508.19	29.04	2632.37	30.40
C 企业职工	5605	1528.15	20.83	1600.51	22.42
D 机关加企业	123	2847.91	26.14	2903.97	26.07
B + C + D	7735	1803.43	27.03	1888.97	28.35
全部	10060	1446.86	39.72	1539.43	40.54

数据来源：中国社会科学院经济研所社会保障课题组，《多轨制社会养老保障体系的转型路径》，《经济研究》，2013 年第 12 期，第 4－16 页。

中国社会保障体系不仅存在制度之间的分割，而且还存在严重的地区之间的分割。在社会保险方面，中国社会保险项目基本统筹区域为县级（县级市、市辖区）统筹，不同的统筹区域之间，缴费率有差异，缴费基数不同，保障水平差距明显。以养老保险为例，虽然中央政府制定了养老保险的指导缴费率，但是各地的缴费基数却与本地的平均职工工资相挂钩，缴费上下限与本地的最低工资标准挂钩，导致实际缴费水平存在较大差异。在养老金待遇方面，更是存在明显的地区差距。以企业职工基本养老保险为例，2012 年平均的养老金水平，最高的省份是最低省份的 2.15 倍，次高省份是次低省份的 1.78 倍。

在非缴费型的社会救助方面，也存在地区差异。以城镇和农村最低生活保障为例，2012 年城镇最低生活保障的平均标准及实际补助水平最高省份为最低省份的 2.27 倍、2.45 倍，次高省份为次低省份的 2.06 倍、2.27 倍；农村居民最低生活保障制度的差距更加明显，平均低保标准及实际补助水平，最高省份为最低省份的 3.75 倍、3.96 倍，次高省份为次低省份的 3.72 倍及 2.79 倍（表 9.3）。

社会保障水平要与地区经济社会发展相适应是社会保障建设的一个重要原则；但是，社会保障作为调节收入再分配的重要手段，若不能在不同地区之间实现收入的再平衡，那么社会保障就失去了其本来的含义。而从社会保障分散社会风险的角度，统筹范围过低意味着风险分散的范围过低，其抵御社会风险的能力必然下降。制度分割与地区分割导致的社会保障待遇差异，不仅阻碍社会保障收入再分配功能的发挥，而且其本身的不公平性也已成为引发社会冲突的一个焦点。

表 9.3　城镇企业职工年均养老金及城镇、农村低保的地区差距（2012 年）

地区	企业职工平均养老金（元/年）	城镇最低生活保障（元/人・月）		农村最低生活保障（元/人・月）	
		平均标准	补助水平	平均标准	补助水平
最低	7573	251	189	115	81
次低	7996	253	192	115	82
次高	14212	520	435	427	229
最高	16251	570	463	430	318
基尼系数	10.27%	12.05%	13.92%	22.56%	18.02%
最高/最低	2.15	2.27	2.45	3.75	3.96
次高/次低	1.78	2.06	2.27	3.72	2.79

数据来源：2012 年《中国民政统计年鉴》《中国劳动统计年鉴》。

（2）社会保障便携性不足，不能适应流动性。

“碎片化”的社会保障除了导致不公平外，还存在一个问题，即不同“碎片”之间的转移困难，便携性不足。这种“碎片化”的状态比较适应人口流动较少的社会。随着改革开放以及快速工业化、城镇化，中国出现了大规模的乡－城流动人口（农民工）。外出就业的农民工[①]规模从 2006 年 1.32 亿增长到 2012 年的 1.63 亿，占城镇总就业人员的比重也一直维持在 44% 以上（图 9.4）。也就是说，在城镇就业人口中，接近一半的人是进入城镇就业与生活的农民工。农民工已成为中国“产业工人的重要组成部分”[②]。

农民工进入城镇地区主要从事非农就业，其面对的社会风险性质主要是工业化的社会风险。从保障模式与社会风险匹配的理论上讲，他们应该被覆盖在城镇社会保障体系中。从中国社会保障的制度设计及具体实施细则上，在城镇正规就业的农民工可以参加城镇企业职工社会保险。但是，已有的调查显示，农民工参加就业所在地城镇职工社会保险的意愿低，实际覆盖率低[③]。统计数据显示，2011 年农民工养老、医疗、工伤、失业保险的参保率只有 26.1%、29.3%、43.0% 及 15.1%，远低于同期城镇企业职工社会保险的全部覆盖率（表 9.5）。这其中的一个重要原因就是中国社会保障体系的地区分割及制度分割。

① 根据国家统计局的解释，外出就业的农民工定义为在本乡外从事非农就业的农民工；全部农民工包括外出就业农民工及在本乡（镇）内就业的农民工。

② 国务院《关于解决农民工问题的若干意见》，2006。

③ 顾永红，《农民工社会保险参保意愿的实证分析》，《华中师范大学学报（人文社会科学版）》，2010 年第 49 卷第 3 期，第 14－20 页。

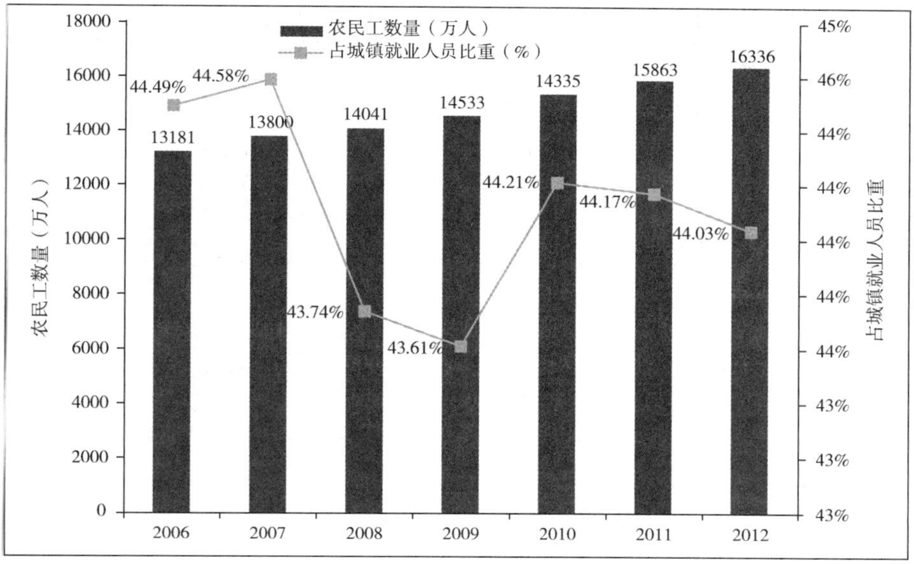

图 9.4　中国农民工数量及占城镇就业人员的比重（2006—2012）

数据来源：2006 年农民工数量来源于国家统计局第二次全国农业普查数据公报；其他年份来源于《人力资源和社会保障事业发展统计公报》。城镇就业人员数来源于相关年份《中国统计年鉴》。

农民工作为流动人口，其流动模式既包括农村—城市流动，也包括城市之间的流动，还包括从城市回流到农村，以及多次农村—城市之间的流动。这就要求他们的社会保障关系能够顺畅的转移，具有足够的便携性。但是，中国社会保障的“碎片化”导致这种转移非常困难。一是地区到地区之间的转移。中国的社会保险基金基本上是地方统筹的，当前主要是区县级统筹以及地市级统筹。农民工社会保险关系的跨地区转移涉及缴费的转移以及缴费年限的确认等问题。转出地不愿转出，转入地不愿接纳，导致一些农民工的社会保险权益受到损失。二是不同制度之间的转移，其中最重要的城镇职工养老保险与居民养老保险之间的转移接续。不同制度之间的转移也涉及不同制度之间的基金转移问题。流动性差导致农民工的社会保险权益受损，从而影响了农民工的参保意愿。这是农民工社会保险覆盖率低的主要原因。

从事非正规就业的农民工在城镇地区基本无法获得社会保障。城镇地区的非正规就业人员可以通过两种途径获得社会保障：一是以自由职业者身份参加企业职工社会保险，自己承担所有缴费；二是以居民身份参加城镇居民社会保险，并有资格获得非缴费型的社会救助。但这两条途径对农民工都不适用。农民工虽然在城镇地区就业和生活，但并不被认可为本地户籍人口。上述两条途径仅对本地户籍城镇人口提供。

中国社会保障体系的分割导致的便携性差、不适应流动性等情况已经成为实现社会保障全覆盖的主要障碍之一。

(3) 管理分割，阻碍社会保障整体功能的发挥。

与制度分割相关的是，不同的社会保障项目还分散在不同的管理部门。具体而言，非缴费型社会救助项目及社会福利项目，包括城乡居民最低生活保障制度及医疗救助制度等，由民政部门主管；缴费型的社会保险项目，包括城镇职工社会保险、居民社会保险及新型农村养老保险，主要由人力资源和社会保障部门主管；而新型农合作医疗则由卫生部门主管。这种部门分割导致了不同社会保障项目之间衔接不畅，阻碍社会保障整体功能的发挥。

在社会保障的制度安排中，非缴费型的社会救助作为社会“安全网”而存在，其主要功能是为失去收入、落入贫困的人群提供“安全网”，不致使其流离失所。缴费型的社会保险制度，其功能一是通过社会共济应对社会风险，二是进行收入再分配，三是强制个人储蓄。非缴费型的社会福利则更着重于居民一般福利及生活水平的提升，以及重点人群，特别是儿童、老人、残障人士的社会福利。这三者之间功能互补，共同构成社会保障的完整体系。但是，在中国目前的管理体制下，不同的社会保障分立在不同政府管理部门手中，导致社会保障的管理效率低下，社会保障的“信息孤岛”效应即突出问题之一。现代社会保障对参保人群的信息极为依赖，不管是救助对象的确定、保险费用的缴纳，还是医疗费用的报销等，都涉及参保人的基本信息及活动信息。但是，不同的社会保障项目分散在不同的管理部门中，信息不能互通，从而导致各种问题的发生。

从国际经验看，多数国家的社会保障都整合在一个职能部门，多数国家设立了诸如社会保障署、人类发展部等部门统筹全国的社会保障项目，使社会保障形成一个整体，发挥整体功能。相对而言，中国社会保障体制还存在改进空间以加强人群的覆盖和功能的发挥。

（二）社会保障隐性负债沉重，缺乏可持续性

中国社会保障体系的另一个特征是隐性债务负担沉重，影响社会保障的可持续性。隐性债务也被称为潜在负债，其含义为虽未体现在账面上，但需要在未来加以偿还的债务。中国社会保障体系的隐性债务主要体现在社会保险项目上。非缴费型的社会救助及社会福利项目，虽然也有人口老龄化带来的未来预期支付增加的问题，但基本处于可控状态。缴费型的社会保险项目则面临着缴费与未来支付之间的不平衡问题。一般的商业保险也存在未来的支付压力问题，但商业保险可以采取多种参数调整的方式消解债务，例如根据精算结果调整保费费率、支付水平等。在社会保障体系内，这些参数调整都受到限制。虽然中国在社会保障的框架设计中表明了基金的自我平衡原则，但现实中基金的自我平衡很难实现。2010 年通过的《社会保险法》规定，县级以上人民政府在社会保险基金出现支

付不足时给予补贴，这从法律上确定了政府作为社会保险的最终偿债人。

中国社会保障体系的隐性债务主要来源于如下三个方面：一是制度转轨产生的历史债务；二是现收现付的制度设计在快速老龄化下产生的隐性负债；三是一些特殊的制度安排导致的隐性债务。

（1）制度转轨导致的历史债务。

制度转轨导致的历史债务主要体现在城镇职工基本养老保险方面。中国在20世纪90年代开始建立与社会主义市场经济体制相适应的社会保障体系。当时设计的筹资模式是社会统筹加个人账户制度。对于新制度建立之后进入制度的职工而言并不存在历史债务问题；对于新制度建立时已经退休的职工，其养老金由原渠道解决，也不构成历史债务问题。但是，对于那些新制度建立时已参加工作、建立后才退休的“中人”，新制度建立前的就业时间的统筹缴费及个人账户缴费则形成历史债务。

按照当时的设计，历史债务主要由政府财政负担。但在当时的情况下，由于地方财政困难，无力补充社会保险基金，因此一些地方开始从个人账户余额中划拨资金至统筹基金。这就导致了所谓的个人账户的“空账运行”问题。在之后的改革过程中，虽然规定不能使用个人账户补充统筹基金，但实际上由于现实支付压力的存在，一些地方仍然将个人账户资金划拨到统筹基金。当前对城镇企业职工社会养老保险的个人账户“空账规模”，不同的估计差别很大，从1.4万亿元到0.5万亿元不等①。

（2）老龄化冲击带来的隐性债务。

中国社会保险制度设计在筹资方面采取的是混合型的制度安排，即现收现付的社会统筹加基金积累制的个人账户②。现收现付制是指年青一代的缴费用于支付已退休一代的受益。这一制度安排在不改变缴费率及受益率的情况下要保持平衡，需要代与代之间的人口保持基本的平衡③。在人口老龄化的状态下，由于退休人口越来越多，而缴费的在职人口越来越少，现收现付制的社会保险面临基金收支平衡的压力。这也是多数实行现收现付制社会保险国家在20世纪80年代以来纷纷改革其社会养老保险制度，尝试建立个人账户制度的主要原因。

---

① 盖根路，《企业基本养老保险个人账户究竟有多少空账》，《中国社会保障》，2012年第6期，第36－37页。

张映芹、校飞，《中国养老保险个人账户空账问题研究》，《宁夏社会科学》，2011年第3期，第63－67页。

② 主要是城镇企业职工养老与医疗保险，其他社会保险都以现收现付制筹资为主。

③ Tongxuan Yang, 2005, Understanding the Defined Benefit versus Defined Contribution choice, Pension Research Council Working Paper, Pension Research Council.

从老龄化程度看，2000年，中国65岁及以上人口占总人口的7.09%[①]，已进入老龄化社会。根据预测，在未来几十年内，中国的人口老龄化会快速发展，60岁以上的老龄人口占总人口的比重在2025年达到19.5%，在2050年接近30%。从老龄化速度上，中国从2000年到2050年，老龄化率将上升19.8个百分点，高于美国、英国，也高于日本的老龄化速度。随着老龄人口快速增加，中国劳动年龄人口不断下降。中国15~59岁劳动年龄人口占总人口的比重，将由2000年的65%下降到2050年的53.8%（表9.4）。这一状况对中国社会保障体系的冲击是巨大的：退休人口高速增长，而缴费的劳动年龄人口不仅不增长，还出现下降，由此导致的隐性负债将成为未来中国社会保障体系可持续性的巨大挑战。

表9.4　中国及其他国家的人口结构变动及预测（单位:%）

	1950	1975	2000	2025	2050	变动情况（百分点）
美国						
0~14岁	27	25.2	21.7	18.5	18.5	10.8
15~59岁	60.5	60	62.1	56.6	54.6	
60岁以上	12.5	14.8	16.1	24.8	26.9	
日本						
0~14岁	35.4	24.3	14.7	12.1	12.5	19.1
15~59岁	56.9	64	62.1	52.8	45.2	
60岁以上	7.7	11.7	23.2	35.1	42.3	
中国						
0~14岁	33.5	39.5	24.8	18.4	16.3	19.8
15~59岁	59	53.6	65	62.1	53.8	
60岁以上	7.5	6.9	10.1	19.5	29.9	
韩国						
0~14岁	41.7	37.7	20.8	16	16.5	22.2
15~59岁	52.9	56.4	68.2	59.9	50.4	
60岁以上	5.4	5.8	11	24.1	33.2	

① 根据《第五次人口普查数据》（2000年）计算。
http://www.stats.gov.cn/tjsj/ndsj/renkoupucha/2000pucha/html/t0301.htm.

续表

	1950	1975	2000	2025	2050	变动情况（百分点）
英国						
0～14岁	22.3	23.3	19	15.2	15	13.4
15～59岁	62.1	57	60.4	55.4	51.1	
60岁以上	15.5	19.6	20.6	29.4	34	

注：（1）“变动情况”是指60岁以上人口占比从2000年到2050年的变动情况，等于2050年60岁以上人口占比减去2000年60岁以上人口占比；表示在这50年间老龄化的速度，这个值越大表明在这50年间老龄化的速度越快。（2）2025年及2050年的数字为联合国的预测值。

数据来源：World Population Ageing：1950—2050，Department of Economic and Social Affairs Population Division，United Nations，New York：2001.

（3）中国社会保障体系特殊的制度安排带来的隐性负债。

除了上述两个隐性负债来源外，中国社会保障体系一些特殊的制度安排也带来隐性负债，其中最严重的是城镇职工医疗保险。城镇职工基本医疗保险除了采取与养老保险相同的社会统筹加个人账户的制度设计外，还采取了“权益积累制”的筹资方式。一般而言，医疗保险在财务制度上主要采取现收现付制，基金主要寻求当期平衡。而中国城镇职工医疗保险规定参保人在退休后，满足一定的缴费年限，即可不用缴费而享受医疗保险待遇。从筹资的角度，这类似于一种名义账户制度或权益的积累制度，即参保人在职期间参保缴费，其缴费遵循现收现付原则，缴费年限作为权益可以积累，在退休后即可无须缴费而获得医疗保险待遇，其资金来源于在职职工的缴费。

在这一制度设计下，随着老龄化的加深，无须缴费而获得医疗保险待遇的人口会越来越多，其效应与社会养老保险的效应相同。但是，与养老保险不同的是，医疗保险面临着医疗费用随年龄加速上涨的压力。从生命周期的角度，人一生中超过90%以上的医疗费用是在生命最后一年支出的。在这种状况下，老龄化对医疗保险基金的冲击会更大。

第四节 中国社会保障体系改革与完善的基本原则

（一）社会保障全覆盖目标的设定及实现

自改革开放以来，党中央对社会保障的认识有一个不断深化的过程。在20世纪80年代及90年代，社会保障的建设被纳入经济体制改革框架，主要的功能定位是为企业改革提供配套，剥离计划经济时期形成的企业负担的职工保障与福利。在此功能定位下，与企业改革相关不大的农村社会保障体系建设并未提上日程，其基本原则还是城乡分割，农村居民主要依靠家庭保障。在当时的条件下，这样的安排也有其必要性：一方面，当时的乡城流动人口规模不大，多数农村居民主要在本地从事农业劳动；另一方面，农村传统的家庭保障和土地保障仍具有较强的保障作用。但是，这种状况在20世纪90年代开始出现了变化：首先，出现了大规模的乡城流动人口（农民工），他们主要在城镇地区从事非农就业，原先农村的传统保障方式不能为他们提供有效的社会保障；其次，即使在农村地区，传统的家庭及土地保障也不适应农村居民的保障需求，农村社会保障亟须重建。适应这种状况，2002年的党的十六大要求“探索建立农村养老、医疗保险和最低生活保障制度。[①]”

党的十七大报告对社会保障建设的意义、功能及地位都有了根本变化，社会保障成为建设小康社会的主要内容，成为社会民生事业发展的重点之一。党的十七大报告提出了社会保障全民覆盖的建设目标：“覆盖城乡居民的社会保障体系基本建立，人人享有基本生活保障”，还对中国社会保障体系的基本框架进行规范，明确提出中国社会保障体系的基本制度框架是以社会保险、社会救助、社会福利为基础。实际上，这三个内容也是多数国家和地区社会保障的基本内容。这三项制度之下包括了多项社会保障项目：社会保险既包括城镇职工基本社会保险的五个险种（养老、医疗、工伤、失业、生育），也包括城乡居民的养老和医疗保险，以及新型农村合作医疗；社会救助方面的主要项目一是城乡居民的最低生活保障，一是城乡居民的医疗救助；社会福利方面则主要包括对老年人、孤儿和残疾人等特殊群体的福利项目等。在社会救助、社会保险和社会福利的具体项目中，党的十七大报告还明确了三个项目作为重点：即基本养老、基本医疗和最低生活保障制度。这三个项目所应对的是居民面临的三项主要社会风险：老年、疾病及丧失收入。此外，党的十七大报告还提出了社会保障体系建设的“第三支柱”[②]：“以慈善事业、商业保险”作为社会保障体系的重要补充。

党的十八大报告仍然延续了党的十七大报告社会保障建设的总目标，即实现社会保险的全民覆盖，要求“统筹推进城乡社会保障体系建设”。同时，党的十八大报告对社会保障的功能及作用的认识也更加深入，指出“社会保障是保障人民生活、调节社会分配的一项基本制度”。

---

① 十六大报告，《全面建设小康社会，开创中国特色社会主义事业新局面》，2002年。

② 世界银行在1994年提出的养老保障的三支柱模式：第一支柱为公共支柱，有财政支持的基本公共养老金；第二支柱为强制性的缴费型社会保险；第三支柱为私人储蓄、企业年金以及商业保险等，为老年生活提供补充的收入来源。详见：World Bank，1994，*Averting the Old Age Crisis*：*Policies to Protect the Old and Promote Growth*，Oxford University Press.

表 9.5　中国不同人群社会保险类项目的覆盖率

		2006	2007	2008	2009	2010	2011	2012
机关事业单位社会保障制度		100.00%	100.00%	100.00%	100.00%	100.00%	100.00%	100.00%
城镇企业职工基本社会保险	养老	49.15%	50.80%	53.71%	55.37%	58.29%	63.29%	65.51%
	医疗	29.69%	34.95%	39.05%	42.27%	44.74%	46.24%	47.12%
	失业	28.15%	28.36%	29.84%	29.65%	30.30%	31.56%	32.90%
	工伤	24.58%	30.32%	34.78%	37.10%	39.41%	42.27%	44.51%
	生育	9.74%	14.00%	18.64%	23.38%	26.90%	30.21%	33.53%
城乡居民养老保险								56.78%
城镇居民医疗保险			29.96%	55.56%	76.10%	78.88%	85.62%	99.12%
新型农村合作医疗		80.70%	86.20%	91.50%	94.20%	96.00%	97.50%	98.26%
外出就业农民工参加城镇职工社会保险	养老	10.80%	13.40%	17.20%	18.20%	21.40%	26.10%	27.81%
	医疗	18.00%	22.70%	30.40%	29.80%	29.90%	29.30%	30.58%
	失业	17.90%	28.80%	35.20%	38.40%	41.10%	43.00%	43.95%
	工伤	8.30%	11.00%	11.30%	13.00%	15.10%	16.54%	—

注：(1) 城镇企业职工基本养老和医疗保险的覆盖率为在职职工覆盖率，不包括离退人员参加城职保的人数；离退人员参加城职保人数加入到居民养老和医疗保险中。(2) 原城镇居民养老保险与新型农村养老保险已经合并为城乡居民养老保险。(3) 城镇企业职工社会保险的分母为非机关事业单位的城镇就业人员；分子为在职职工参加城职保的人数。(4) 城乡居民养老保险的分母为城镇非就业居民加农村居民，分子为城乡居民养老保险参保人数加上参加城职保的离退居民。(5) 农民工参加城镇职工社会保险的人数已经包括在参加城镇企业职工基本社会保险的人数中。

从中国社会保障建设的实际进展看，截至 2011 年，中国的社会保障基本上实现了制度上的全覆盖。实现制度全覆盖的含义是，在中国所有的人群都有资格获得至少一项社会保障项目的覆盖（参见图 9.2、图 9.3）。但是，从实际覆盖率上看，则距离实现全覆盖还有一定的差距。具体来看，在城镇地区，机关事业单位就业人员基本上实现了社会保障的全覆盖。但是，作为中国社会保障主体项目之一的城镇职工社会保险制度远未实现全覆盖（表 9.6）。2012 年，城镇企业职工基本养老保险的覆盖率只有 65.51%，基本医疗保险的覆盖率只有 47.12%。覆盖率最低的是生育保险，只有 33.53%。城乡居民的养老保险由于刚刚推进，覆盖率也比较低。覆盖率比较高的是新型农村合作医疗，在 2011 年已基本实现了全覆盖。

从当前的情况看，实现实际全覆盖最大的障碍来自庞大的农民工群体。农村居民及城镇居民的社会保险由于建立时间不长覆盖率较低，但从新型农村合作医疗的发展状况看，实现全覆盖基本上不存在制度性障碍。但农民工群体则不然，实现全覆盖还存在较大的制度障碍。实际上，农民工群体在户籍身份上仍然是农村户籍，其在农村老家仍然可以农村户籍身份获得农村的各项社会保障。但如前所述，他们在城镇就业和生活，面临的社会风险是工业化的社会风险，而农村社会保障项目的设计主要应对的是农村的社会风险。风险与保障方式的不匹配给原本薄弱的农村社会保障体系带来巨大的支付风险。从实际的利用率上，农民工获得农村各项社会保障的成本也比较高，实际利用率低。以新型农村合作医疗为例，多数农民工实际上在农村地区已参加了新型农村合作医疗，但是其报销比例非常低，尤其是跨省流动的农民工①。

从制度设计上，影响农民工社会保障覆盖率的主要原因在于中国社会保障制度的分割，既包括制度分割，又包括了地区之间的分割。这种分割导致社会保障的便携性差，不能适应流动性。而这也是党的十八大及十八届三中全会提出的中国社会保障制度改革的重点。

（二）中国社会保障制度改革的基本原则

如前所述，中国社会保障体系存在的主要问题一是“碎片化”，制度分割、地区分割、管理分割，导致不同社保“碎片”之间公平性差、便携性差，不能适应流动性，无法发挥社会保障的整体功能；二是隐性负债沉重，可持续状况堪忧。

针对上述问题，从实现社会保障全民覆盖的总目标出发，党的十八大及十八届三中全会提出了中国社会保障体系建设、改革与完善的基本原则。党的十八大将这一基本原则分为两个部分：一是总体的建设方针是“全覆盖、保基本、多层次、可持续”，二是改革重点，“增强公平性、适应流动性、保证可持续性”。十八届三中全会则将社会保障体系改革的基本原则总结为两个：一是实现社会保障的公平性，二是保证社会保障体系的可持续性。

（1）全覆盖、保基本与多层次。

改革开放之后，中国社会保障体系的改革与建设沿袭了计划经济时期分不同人群实行不同制度的特征。这也是导致后来中国社会保障出现制度分割及地区分割的历史原因。在制度分割的情况下，出现了一部分人群保障福利化与另一部分人群保障缺失并存的状态。在城镇地区，机关事业单位人员以及部分国有企业单位职工，享受了过高的福利化待遇，形成了保障福利化的趋势；而在广大农村地

① 根据国家卫计委2013年流动人口监测数据，超过60%以上的农民工在流入地的住院费用未能报销。

区，则缺乏最基本的保障，大多数农村居民只能依靠家庭及个人保障。进入新世纪以来，虽然中国社会保障已经实现了制度全覆盖，但实际覆盖率仍较低，一些生活困难的居民仍然难以获得基本的保障。而实现全部居民“人人享有基本保障”不仅是社会保障的应有之义，也是全面小康社会的重要内容。

与实现全覆盖原则相对应，社会保障的保障水平是要保障基本的生活需求。这一方面是因为社会保障不是普遍性的社会福利，而是社会对脆弱群体提供的一种社会保护（Social Protection）。另一方面，保基本也有利于激发社会活力。从欧洲一些福利国家产生的弊病来看，养“懒人”是高福利不可避免的弊端。从现实角度，保基本也适应了中国当前的经济社会发展水平。对中国这样一个人口规模巨大的发展中国家而言，超过经济发展水平的社会保障不仅给政府财政带来不可承担的负担，而且直接影响劳动市场效率。特别是社会保险项目，其资金来源主要是雇主和雇员缴费，而雇主的缴费实际上也是从雇员劳动报酬中扣除。在现收现付制下，提高保障待遇实际上是提高实际缴费率，提高年轻在职职工对退休职工的代际转移支付，不利于激发劳动市场活力。

在基本保障之上，居民可以根据自身情况通过其他途径获得不同水平的保障。这就要求建设一个保基本之上的多层次的社会保障体系。多层次的社会保障体系与国际社会积极倡导的社会保障“多支柱”模式相呼应，适应了不同层次居民的社会保障需求。多层次的社会保障体系，第一个层次是非缴费型社会救助，第二个层次是强制性缴费型社会保险，第三个层次是自愿的，通过企业年金、商业保险，或社会慈善事业等方式提供的多种方式的保障。

十八届三中全会中对发展“第三支柱”的社会保障也提出了诸多建议：制定实施免税、延期征税等优惠政策，加快发展企业年金、职业年金、商业保险，构建多层次社会保障体系。

（2）增强社会保障公平性。

中国社会保障存在的制度分割及地区分割所导致的不公平，不仅严重损害了社会保障的功能发挥，而且在很大程度上已经成为社会冲突的重要原因。从现实情况看，能力较强、收入较好的群体，例如机关事业职工以及部分国有企业职工，他们的社会保障水平反而越高，而能力较差、收入较低的群体，例如落后地区的农村居民、部分农民工以及城镇失业人员，他们的社会保障水平反而较低。这种状况严重违背社会保障收入再分配的功能。而不同群体的利益攀比直接导致对社会保障制度合法性的质疑，成为诱发社会不稳定的重要因素。

十八届三中全会对提升社会保障的公平性提出了相关的政策建议，一方面是不同制度之间的并轨，包括城乡居民社会保险制度的合并以及整合城乡居民最低生活保障制度，以消弭城乡居民之间的社会保障差别；机关事业单位养老保险及医疗保险制度改革，以消弭机关事业单位职工与企业职工之间的社会保障差别。

另一方面是提升统筹层次，以消弭地区之间的社会保障差异。

（3）提高社会保障的便携性，适应流动性。

与增强社会保障公平性相关的是提高社会保障的便携性以适应人口的大规模流动。制度分割及地区分割带来的社会保障关系转移接续困难已经成为流动人口参保的主要障碍。从政策途径及国际经验分析，提高社会保障关系的便携性主要有两个途径：一是提高统筹层次，在更大范围内实现社会保障资金的统筹；二是建立顺畅合理的社会保障关系在不同制度之间、不同地区之间的转移通道。

十八届三中全会对此有明确要求，一是要推进基本养老金全国统筹，二是要实现城乡居民养老保险、医疗保险的制度合并，三是要完善社会保险关系的转移继续政策。前两个要求实际上是扩大社会保障的统筹范围，既包括地区统筹层次的提高，也包括不同制度之间的合并。第三个则对不同制度之间、不同地区之间社会保险关系的转移接续提出要求。

（4）社会保障的可持续性。

中国社会保障体系面临的另一个大问题是隐性负债沉重，可持续性存在问题。特别是中国正进入一个老龄化加速发展的时期，再加上历史负债以及制度安排导致的负债，中国社会保障体系面临巨大的隐性负债。十八届三中全会对解决社会保障的可持续性问题提出了相应的政策建议：

第一，提出“划拨部分国有资本充实社会保障基金”。这一部分对应的是中国社会保障的历史负债问题。如前所述，在20世纪90年代中后期建立的城镇职工基本养老与医疗保险制度，实际上对当时已参加工作及已退休的职工有一个历史负债问题。这些人在改革之前（特别是计划经济时期）享受“低工资、高福利”制度，其中隐含着政府对他们老年之后的负债。而这笔负债，从理论上形成了国有企业的积累。因此，划拨国有资本充实社会保障基金具有应对历史负债的含义。

第二，坚持和完善基本养老保险个人账户制度，健全多缴多得的激励机制。在养老保险制度中，个人账户制度的筹资实行的基金积累制（Fully - Funded，FF），待遇确定实行缴费确定制（Defined - Contribution，DC）。相对现收现付制，个人账户制度不存在代与代之间的转移，也就不存在隐性负债问题。十八届三中全会明确坚持社会统筹和个人账户相结合的基本养老保险制度，并提出要完善个人账户制度，这是应对未来隐性负债的重要政策选择。

第三，在待遇确定方面，提出要“坚持精算平衡原则”“建立健全合理兼顾各类人员的社会保障待遇确定和正常调整机制。”这是从基金“支出”的角度提高社会保障基金的可持续性。按照一般的社会保险原理，社会保险基金要实现自我平衡，而自我平衡要求基金的支出根据精算平衡原则进行调整。

第四，在“支出”方面的另一个政策建议是延迟退休年龄。延迟退休年龄的根据是居民预期寿命的延长；而在社会保障基金方面，其结果是推迟领取退休金的年龄，有利于保持基金的平衡与可持续。

第五，在“收入”方面，十八届三中全会提出的建议是扩大参保缴费覆盖面，并适当降低社会保险费率。这两个措施相互联系。当前中国城镇企业职工的社会保险缴费率在制度上已达到40%以上，几无可以提高的空间。过高的缴费率增加了企业与个人的负担，抑制了经济发展活力。因此降低缴费率，从其潜在影响看可以降低企业负担，有利于激发经济发展活力。与此同时，扩大参保缴费面使社会保险覆盖更多人群，通过扩大基金收入提高风险共济能力。

第六，提高可持续性的另一个重要举措是提高社会保障基金的投资回报率。社会保障基金，特别是社会养老保障基金，具有未来支付的特征，需要一定的积累。这部分积累的投资收益也成为社会保障基金的重要收入来源。对此，十八届三中全会提出了“加强社会保险基金投资管理和监督，推进基金市场化、多元化投资运营。”

第十章　基本养老保障制度改革[①]

中国的社会保障体系有三个重点，即基本养老保障、基本医疗保障及居民最低生活保障制度。党的十八大及十八届三中全会将这三项制度的改革作为社会保障制度改革与完善的重点，社会保障体系改革的基本原则也主要针对这三项制度。基本养老保障及医疗保障的主体是缴费型的社会保险制度，而居民最低生活保障属于非缴费型的社会救助制度。在本章及下面的一章中，我们主要就基本养老保障及基本医疗保障制度的改革进行阐述。居民最低生活保障制度与贫困减贫紧密相关，其改革与完善将在其他章节进行介绍。

党的十八大及十八届三中全会对基本养老保障制度改革既给出了改革的基本原则与方向，又规定了一些具体的改革措施。在本章中，我们首先对中国基本养老保障的制度框架进行介绍，作为了解和把握三中全会改革措施的背景；之后，我们分别从提升公平性与增强可持续性两个方面对中国基本社会养老保障的改革与完善进行论述。

第一节　中国基本养老保障制度框架

中国基本养老保障的制度特征与中国社会保障体系的总体特征相一致，即不同的人群适用不同的养老保障制度安排。从大的制度框架上分析，基本养老保障可以分为三大块：一是农村居民的社会养老保障制度；二是城镇非就业居民的社会养老保障；三是城镇职工的社会养老保障。下面分别就这三部分的基本制度特征进行介绍。

（一）城镇职工的基本养老保障

城镇职工的基本养老保障制度主要覆盖的是城镇就业人口。根据就业性质，这部分人口的养老保障可划分为两类：一是机关事业单位职工的养老保障制度；二是企业及其他单位的养老保障制度。企业职工的基本养老保险制度构成了中国

---

① 本章作者：王震，中国社会科学院经济研究所，副研究员。

基本养老保障制度的主体，反映了中国社会保障体系的主要制度特征。

（1）城镇企业职工基本养老保险。

企业职工养老保险制度沿袭了计划经济时代的劳动保险制度。十四届三中全会《中共中央关于建立社会主义市场经济体制若干问题的决定》确立了中国城镇职工基本养老保险的制度模式为社会统筹与个人账户相结合的制度。在筹资模式上，社会统筹部分实行现收现付制（PAYG，Pay - As - You - Go），个人账户实行基金积累制（FF，Fully - Funded）；在待遇确定方式上，社会统筹部分实行受益确定制（DB，Defined Benefit）；个人账户制度实行缴费确定制（DC，Defined Contribution）。这一混合模式是在传统的现收现付—受益确定型的社会养老保险模式基础上引入智利、新加坡等国的强制储蓄型的个人账户制度，以应对现收现付制在老龄化冲击下的支付风险。

1997 年，国务院《关于建立统一的企业职工基本养老保险制度的决定》（以下简称《规定》）对中国企业职工的基本养老保险制度的制度框架进行了详细规定。在缴费方面，规定企业费率控制在企业工资总额的 20% 左右；个人缴费费率从 1997 年的最低 4% 开始，逐年提高，最终达到个人缴费工资的 8%。在资金分配方面，按照个人缴费工资的 11% 建立个人账户，个人缴费全部纳入个人账户，不足部分由企业缴费部分划拨。在待遇支付方面，规定了最低缴费年限为 15 年，退休后发给基本养老保金，基本养老金包括两部分：来自社会统筹部分的基础养老金及个人账户养老金。基础养老金标准确定为统筹地区上年度职工月平均工资的 20%；个人账户养老金标准为个人账户余额除以 120。

该《决定》还对历史债务提出了解决办法，即设立一个过渡性养老金。在新制度实施前已退休的“老人”，仍按国家原来的规定发给养老金；新制度实施后新参加工作的职工，不涉及过渡性养老金，直接按照新制度执行；新制度实施前参加工作、并在新制度实施后退休的职工，设立一个过渡性养老金。

2005 年，国务院《关于完善企业职工基本养老保险制度的决定》对城镇企业职工基本养老保险制度进行了完善，在基本制度框架保持不变的情况下，对城镇企业职工基本养老保险的一些参数进行了调整。在缴费费率方面，确定企业和个人缴费分别为企业工资总额及个人缴费工资的 20% 和 8%。企业缴费全部进入社会统筹，支付已退休人员的基础养老金；个人缴费部分全部进入个人账户，取消企业缴费拨付到个人账户的做法。在待遇支付方面进一步完善鼓励职工参保缴费的激励机制，相应调整基本养老金计发办法，基础养老金改为缴费满 15 年计发 15%，以后缴费每满 1 年增发 1%，上不封顶。个人账户养老金改为根据城镇人口预期寿命、本人退休年龄、利息等因素确定。

在覆盖范围方面，2005 年的这一文件将覆盖范围扩展至城镇所有就业人员，既包括城镇各类企业职工，也包括城镇灵活就业人员和个体工商户。截止到 2012

年城镇企业职工基本养老保险覆盖的在职缴费的城镇非机关事业单位的企业、其他单位以及灵活就业人员数量为21361万人，占城镇就业人员（不包含机关事业单位职工）的比重为65.51%。

（2）机关事业单位养老保障。

机关事业单位养老保障制度的计划经济色彩明显。机关事业单位养老保障在1955年确立为机关事业单位的退休制度，其资金直接在政府财政中列支。改革开放后，随着企业职工基本养老保险改革的推进，机关事业单位的养老保障改革也进行探索。1991年，国务院《关于企业职工养老保险制度改革的决定》明确提出了探索机关事业单位养老保险制度改革。1992年，人事部专门印发了《关于机关、事业单位养老保险制度改革有关问题的通知》，提出了机关事业单位养老保险制度改革的任务和基本原则。此后，各地相继开展了机关事业单位养老保险制度改革试点。截至当前，全国除西藏、青海、宁夏等省、区外，其余省份都不同程度地开展了机关事业单位养老保险制度改革试点。[①] 截止到2012年全国共有1620万机关事业单位职工参加了机关事业单位养老保险，占当年机关事业单位全部在职职工4362万人的37.1%。

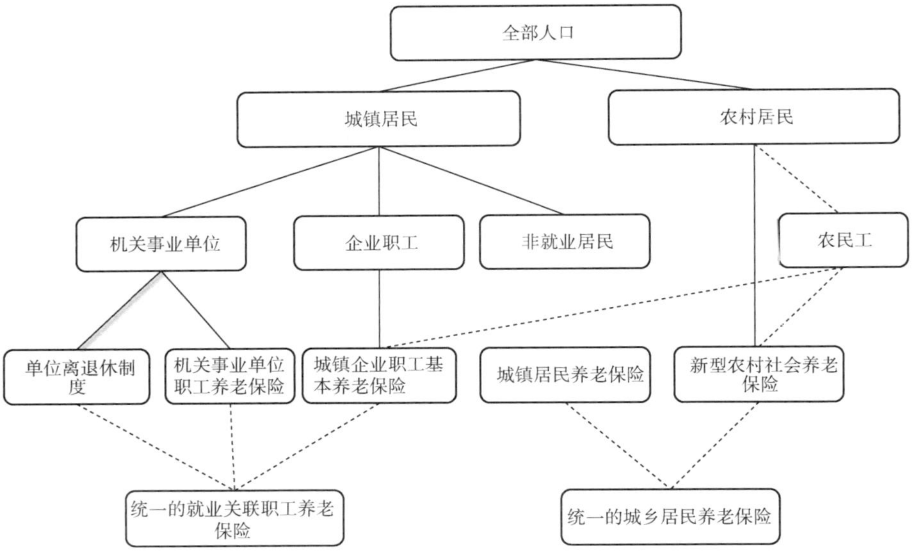

图10.1 中国基本养老保障的制度框架及改革趋向

注：图中实线为不同人群的实际适用的养老保障制度；虚线为农民工有资格参加的养老保障制度；点线为下一步制度并轨改革的趋向。

① 胡晓义主编，《养老保险》，北京：中国劳动社会保障出版社，2011年版，第109－111页。

除去参加了企业职工养老保险的这部分人员外，还有一部分机关事业单位职工仍在原体制下，实行机关事业单位退休制度。这一制度始于20世纪50年代，基本制度框架至今未发生变化，其基本特征是在筹资方面无须职工及单位缴费，资金直接纳入政府财政列支；待遇支付根据本人工作年限计发，机关公务员按照本人退休前职务工资及级别工资之和的50%～90%计发，事业单位职工按照本人退休前岗位工资与薪级工资之和的70%～90%计发。

（二）城乡居民养老保障制度

上述城镇企业职工及机关事业单位养老保障制度覆盖的都是城镇就业人员，其特征为强制性、缴费型、就业关联型的社会保险制度。虽然机关事业单位中的退休制度不涉及缴费，但仍具有上述几个特征，不过其缴费直接来自作为雇主的政府。

现代社会保险制度建立伊始覆盖的是工业社会的就业人群，即在工厂就业，以劳动工资作为主要收入的人群（及其家属）。这是就业关联型社会保险建立的前提。但是，中国农村的小农经济以及部分在城镇从事灵活就业以及个体工商户等人群的就业状态与正规就业人群有明显区别：他们的收入既有来自劳动报酬的部分，又有来自经营性的收入；他们的就业方式灵活，就业时间不固定。这些特征都使得就业关联型的社会保险制度不适应他们的就业状态。而这部分人又占到中国就业人口的多数，特别是广大农村居民。将这部分居民排除在社会保障体系之外，不仅有悖于现代社会保障制度的理念，也不利于社会的稳定与和谐。

中国为这部分居民建立的养老保障制度在刚开始是城乡分立的，针对农村居民建立了新型农村社会养老保险制度，针对城镇非就业居民（包括无业居民、流动就业人员以及工商个体户等）建立了城镇居民社会养老保险制度。2009年，国务院发布《关于开展新型农村社会养老保险试点的指导意见》，对新型农村社会养老保险制度模式进行界定；2011年，国务院发布《关于开展城镇居民社会养老保险试点的指导意见》，确定了城镇居民社会养老保险的基本制度模式。二者的基本制度模式有如下特征：

第一，在资金来源上，实行“个人缴费+集体补助+政府补贴”的模式。参加新型农村社会养老保险的农村居民按照从100元到500元不等的档次自愿选择年度缴费标准，城镇居民的缴费档次增加到100～1000元十个档次；政府根据参保人选择的缴费档次，给予补贴，补贴的最低标准为每人每年30元，各地可根据不同的档次提高政府补贴标准。有条件的集体经济组织以及其他社会组织可以为居民社会养老保险提供补助。

第二，实行完全积累的个人账户制度。个人缴费、集体补助及政府的补贴全部进入个人账户。年满60周岁、未享受城镇职工基本养老保险待遇的老年人，可以按月领取养老金。

第三，在待遇确定方面，除了个人账户养老金外，政府为符合条件的居民[①]提供普惠制的基础养老金。在制度建立之初，普惠制的基础养老金为每人每月55元；有条件的地区可以适当提高基础养老金水平。

不同于城镇职工的基本养老保险制度，城乡居民社会养老保险制度突出了政府的补贴责任。在城镇企业职工基本养老保险中，保险基金单独设立，自求平衡；只有在基金出现亏空时，才由政府财政兜底。而在城乡居民的社会养老保险中，政府财政在开始便介入，通过“补入口”“补出口”对参保居民进行补贴。在“补入口”方面，政府根据参保人选择的缴费档次提供每人每年不低于30元的补贴，并直接进入个人账户；在“补出口”方面，政府为达到退休年龄的居民直接提供普惠制的基础养老金。

2014年，中央决定合并新型农村社会养老保险与城镇居民养老保险，建立统一的居民社会养老保险制度。截止到2012年，统一的城乡居民社会养老保险制度覆盖的缴费人口为35295万，领取养老金待遇人数13075万，缴费人口占应覆盖人口的比重上升到56.78%（上一章表9.5）。

（三）农民工的养老保障

2012年中国外出就业的农民工数量已达1.6亿，占全部城镇就业人口的比重高达44%。他们虽然在城镇就业和生活，却不被承认为城镇居民；虽然具有农村户籍，却与农村的联系越来越少。因此，他们的社会保障处在非常尴尬的地位：作为就业人员，他们可以参加城镇企业职工基本养老保险，但是由于他们的高度流动性以及在城镇的就业预期较短，他们很难满足领取养老金的条件；作为农村户籍人员，他们虽然可以在农村老家获得社会保障，但农村的社会保障无法为他们的城镇生活提供充足的保障。

从当前的情况看，他们已经成为社会养老保险覆盖率最低的人群。截止到2012年，在1.6亿外出就业农民工中，在就业地参加城镇企业职工基本养老保险的人数只有4543万，实际覆盖率只有27.81%。

中国的基本养老保障体系的制度框架已经建立，实现了制度上的全覆盖，实际覆盖率也有了较大提升。这是中国社会保障体系建设取得的重大成就。但是，中国的社会养老保障体系也还存在较多的问题，一些问题还一度成为社会各界关注的焦点，如不妥善解决，不仅影响社会保障体系功能的发挥，而且其本身就成为引发社会冲突的诱因。这些问题与中国整个社会保障体系存在的问题一致：一是制度分割与地区分割并存，导致不同制度之间、不同地区之间的待遇水平有较

---

① 城乡居民养老保险仍按照户籍人口确定。

大差异，显失公平；二是分割导致的社会保险关系便携性差，不能适应人口的大规模流动；三是隐性负债沉重，可持续性不强。针对这些问题，十八届三中全会在坚持社会统筹与个人账户相结合的基本养老保险制度的框架下，提出了基本养老保障制度改革的方向与政策。下面的章节就分别以解决这三个问题为线索，对三中全会提出的社会养老保障体系改革精神进行阐述。

第二节　基本养老保险改革：增强公平性，适应流动性

中国养老保障体系的“碎片化”以及由此导致的不同社保“碎片”之间的待遇差异，已成为社会各界关注的焦点问题。在这些差异中，首先表现为城乡之间养老保障的差异；其次表现为城镇企业职工与机关事业单位之间的养老保障差异。特别是企业职工与机关事业单位养老保障之间的差异，已成为中国社会保障体系的一大诟病。同时，这种制度之间、地区之间的分割以及由此导致的缺乏流动性，也是阻碍流动人口获得养老保障的主要原因。对如何解决不同“碎片”间的保障差异，增强公平性，适应流动性，十八届三中全会确立了改革的基本方向与政策。

社保“碎片”之间形成的待遇差异以及由此导致的便携性差实际上是一个问题的两个方面。因此，解决不公平性的政策措施同时也是提高便携性、流动性的政策措施，而提高便携性的措施同时也是解决不公平性的措施。十八届三中全会对增强养老保险公平性及适应流动性的政策建议可以概括为如下三个方面：第一个方面是制度并轨，一是整合城乡居民养老保险制度，以消弭城乡之间的保障差异；二是推进机关事业单位养老保险制度改革，以消弭机关事业单位与企业职工之间的保障差异。通过这两个“并轨”，基本实现中国基本养老保险制度的两个主体：即覆盖就业人员的统一的职工基本养老保险体系和覆盖城乡非就业人群的居民养老保险体系。第二个方面是提高基本养老保险的统筹层次。提升统筹层次不仅是解决地区间养老金差距过大的措施，也是适应流动性的主要举措之一。第三个方面是完善社会保险关系的转移接续政策。这一政策的主要目的是提升社会保险的便携性。但这一提升便携性、适应流动性的举措也具有提升公平性的意义。

（一）整合城乡居民基本养老保险制度

城乡之间的社会保障差异是中国城乡二元分割体制的体现。在农村居民和城镇居民社会养老保险方面也存在明显的城乡差异。但是，这两项制度的制度设计基本相同，在筹资方式、待遇确定方式、政府补贴方式及额度方面也相似，具有并轨基础。十八届三中全会提出“整合城乡居民基本养老保险”的改革方向后，

2014 年 2 月国务院常务会议决定在全国范围内合并新型农村社会养老保险及城镇居民社会养老保险，建立统一的城乡居民基本养老保险制度。同期，国务院印发《关于建立统一的城乡居民基本养老保险制度的意见》（以下简称《意见》），对二者的并轨提出了具体办法。《意见》坚持了之前两个制度之间的制度安排框架，但是扩大了居民自主选择的缴费档次，由 100 元到 2000 元共 12 个档次。目前，城乡居民养老保险制度的并轨已在多数省份展开。

建立统一的城乡居民基本养老保险制度，在制度上体现城乡之间的“公平性”，意味着向破除城乡二元分割体制迈出了重要一步，是统筹城乡社会发展的重要举措，体现了中央取消城乡二元分割的基本政策方向。

（二）推进机关事业单位养老保险制度改革

如前所述，机关事业单位的养老保险制度改革并没有与企业职工养老保险制度改革同步，其中的一个主要原因在于 20 世纪 90 年代初中期的企业职工养老保险制度改革，其功能定位于为国有企业改革提供配套，使国有企业成为合格的市场主体。而机关事业单位无须成为市场主体，也不存在支付压力，在改革即意味着退休收入下降的预期下受到较大的阻力。机关事业单位养老保险制度的改革内无动力、外无压力，没有实质性的进展。1992 年，原人事部发布《关于机关、事业单位养老保险制度改革有关问题的通知》，要求各地根据企业职工养老保险改革，探索机关事业单位的养老保险制度改革。据此，一些地区也进行了探索。但是，2000 年国务院《关于印发完善城镇社会保障体系试点方案的通知》中又明确提出“公务员（含参照国家公务员制度管理的事业单位工作人员）的现行养老保险制度仍维持不变。全部由财政供款的事业单位，仍维持现行养老保险制度”，机关事业单位的养老保险制度改革的探索也实际上停止了。

在机关事业单位的养老保险改革停滞不前、企业职工基本养老保险改革不断推进的背景下，机关事业单位与企业职工之间养老待遇的差距越来越大①，其引发的社会矛盾也越来越大。在这样的情况下，机关事业单位养老保险制度改革再次被提上议事日程。2008 年，国务院原则通过《事业单位工作人员养老保险制度改革试点方案》（以下简称《试点方案》），确定在山西、上海、浙江、广东和重庆 5 省市先期开展试点工作。其基本的制度框架安排是向企业职工基本养老保险并轨，实行雇主（政府）及雇员（职工）共同缴费的社会保险制度；为了弥补转向新制度后的退休待遇下降，《试点方案》还提出建立企业年金制度②。但

---

① 郭阳，《中国企业与行政事业单位养老待遇差距研究》，《甘肃社会科学》，2008 年第 6 期。

② 蔡向东、蒲新微，《事业单位养老保险制度改革方案刍议》，《当代经济研究》，2009 年第 8 期，第 56 - 60 页。于仲华，《事业单位养老保险改革基本评述》，《劳动保障世界》，2011 年第 6 期，第 9 - 10 页。

是，试点方案的进展并不理想，几乎处于停滞状态[①]。事业单位养老保险制度改革的停滞原因有多种[②]，但其根本原因有二：一是在预期到改革后退休待遇会下降的情况下，事业单位职工本身没有改革动力。虽然在《试点方案》中有设计了职业年金，以弥补因改革带来的退休待遇下降，但是由于职业年金在中国还不普遍，职工对其保障功能还无把握，因此不愿改革。二是此次改革只对事业单位职工进行，而不对机关公务员进行改革，由此引发的“福利攀比”也是导致改革不能落实的重要原因。

十八届三中全会提出社会保障改革要“更加公平”的改革目标，具体到养老保险领域，一个重要内容就是机关事业单位养老保险的改革。如何推进这项改革，目前相关部门正在设计具体的办法。但有三个趋势值得关注，一是改革事在难免，二是改革的目标模式是向企业职工基本养老保险靠拢，实行雇主与雇员共同缴费的社会保险制度，三是机关公务员与事业单位养老保险改革进行联动，以防止一个部门不动、一个部门改革而引发的“福利攀比效应”。

此外，二者之间的并轨还涉及待遇确定及调整机制改革。企业职工养老保险与机关事业单位养老保险之间的待遇确定，前者实行的是社会统筹加个人账户的筹资模式。在待遇确定方式上，企业职工基本养老保险的个人账户实行完全的缴费确定，即个人积累多少，其待遇就有多少；社会统筹部分（现收现付制）虽然也具有一定的收入再分配功能，但基础养老保金的计发与个人的缴费有间接关系。在基础养老金的计发公式中，个人指数化工资的确定即参考了个人在缴费年限内的缴费工资的高低。因此，企业职工养老保险的待遇确定与个人缴费的联系更加紧密。而机关事业单位的退休制度，待遇计发直接以退休前一年的工资为标准工资，根据工作年限按照标准工资的一定比例计发。这一待遇确定方式与缴费贡献联系不大，而与在职时的工资待遇相挂钩。这种待遇确定方式是典型的“受益确定型”。相对“缴费确定型”待遇确定方式，“受益确定型”待遇确定方式与其贡献相关不大。在当前机关事业单位的平均工资高于全社会平均工资的情况下，机关事业单位根据退休前工资计发退休后待遇，而企业职工基本按照社会平均工资计发基础养老金，已经从待遇确定上将企业职工放到不公平地位。

养老金要根据经济社会发展进行及时调整是社会保险的应有之义。从理论上讲，缴费型的社会养老保险的养老金调整机制是固定的，即按照一定的计发公式计算，当计发公式的参数发生变化时，养老金的数额自动发生变化。但是，中国企业职工的基本养老保险以及机关事业单位的养老保障待遇调整机制并没有明确

---

① 卢驰文，《机关事业单位养老保险改革的制约因素与策略选择》，《理论探索》，2011年第5期，第87－90页。

② 成欢、蒲晓红，《事业单位养老保险改革存在的争议及思考》，《经济体制改革》，2009年第5期，第62－65页。

固定下来。对企业职工基本养老金而言，由于当时设计的计发方式确定的基本养老金比较低，在主要参数不变的情况下，基本养老金的增长速度也比较低；而对机关事业单位养老保障而言，其退休金的调整主要参考在职职工的工资。这样就导致机关事业单位的退休金增长速度与在职职工的工资增长速度相差不多。这也是导致企业职工养老金远低于机关事业单位退休金的重要原因。

为了弥合这一不断拉大的差距，中国政府对企业职工基本养老金采取了每年上调10%的策略。但这一调整不仅与企业职工养老金计发办法不相容，而且具有较大的随意性，没有制度化。因此，十八届三中全会提出“建立健全合理兼顾各类人员的社会保障待遇确定和正常调整机制。”这一要求，一是要合理兼顾各类人员，主要是要兼顾企业职工与机关事业单位职工；二是要建立健全“正常调整机制”，所谓正常调整机制，主要还是建立与社会经济发展相适应的基本养老金计发公式，使计发公式中的参数能够自动适应外部环境的变化。

此外，为了减小改革阻力，使改革后机关事业单位的保障水平不至于出现大的下降，还需要相关的配套改革。配套改革的基本思路还是要建立多层次、多支柱的养老保障体系，大力发展职业年金、商业保险等作为基本养老保障的补充。这一点在十八届三中全会中也有明确的表述。

（三）基础养老金全国统筹

中国企业职工基本养老保险的制度设计是以地方为统筹区的，基本的做法是以县（县级市、区）为一个统筹区域。统筹区域设定在县区级层面有其历史原因，也能够适应不同地区间过大的经济社会发展水平。但其弊端也逐步显现。首先，不同地区间的养老保障水平差别巨大，导致不公平；其次，统筹区过多，彼此之间形成分割，阻碍了正常的人口流动，不利于经济发展；第三，统筹层次过低，导致风险分散范围过小，不能有效应对系统性社会风险。

对提高基本养老保险的统筹层次，早在2003年十六届三中全会就提出“建立健全省级养老保险调剂基金，在完善市级统筹基础上，逐步实行省级统筹，条件具备时实行基本养老金的基础部分全国统筹”①。此后，“十二五”规划以及人力资源社会保障“十二五”规划也都对提高统筹层次规定了具体的实施步骤，要求在“十二五”末期基本实现基础养老金的全国统筹。在十八大及十八届三中全会中，再次明确要求“实现基础养老金全国统筹”。

从目前的实施进展看，大约有19省（自治区、直辖市）实现了基础养老金的省级统筹。但是，除了四个直辖市及少数几个省在企业职工基本养老保险制度建立之初就实行了省级（市级）统筹外，其余实现省级统筹的省份实际上实施

---

① 中共中央，《关于完善社会主义市场经济体制若干问题的决定》，2003年。

的是养老保险统筹基金的“省级调剂金”制度，并未实现真正意义上的统筹。省内不同统筹区之间，缴费基数不同、待遇发放的参数不同，基金仍然保持在不同统筹区内。所不同的是省内可以在不同的统筹区之间对基金余缺进行“调剂”。这固然比不进行“调剂”有所进步，但区域之间的分割仍未根本解决。这也是十八届三中全会将基础养老金全国统筹作为改革目标的重要原因。

不同统筹区之间之所以不能实现真正的统筹，一方面是因为不同的地区之间确实存在经济社会发展水平的差异，实现统筹之后，缴费与待遇不好确定；另一方面则是因为地区之间的利益分割。根据《社会保险法》，社会保险基金的兜底责任由政府财政承担，主要县级以上地方人民政府。给定不同地方政府的隐性负债不同，统筹意味着一些地区需要承担另外一些地区的隐性负债。随着老龄化的加深，这一隐性负债还会不断增长，从而给地方财政带来巨大的支出压力。由此看来，实现基础养老金的全国统筹仍面临较大的阻力。

（四）完善社会保险关系转移接续政策

提高社会养老保险关系的便携性，除了提高统筹层次外，另一个主要途径是建立顺畅的社会保险关系转移接续通道，使社会保险关系能够无障碍地跟随人口的就业流动而流动。中国的养老保障体系来源于计划经济时代相对稳定的人口居住格局。改革开放以来，随着大规模的城镇化、工业化而来的是大规模的乡－城人口流动，而且人口的大规模流动和迁移已成为中国经济社会发展的常态。大规模的人口流动与迁移要求社会保险关系具有便携性、流动性。

按照城镇企业职工基本养老保险的规定，在城镇从事正规就业的农民工参加城镇企业职工基本养老保险。但是，城镇企业职工基本养老保险存在地区分割，不适应农民工流动就业的需要，也因此导致农民工基本养老保险的实际覆盖率长期处于较低水平。为了提高农民工养老保险的覆盖率，人力资源和社会保障部在2009年初推出《农民工参加基本养老保险办法（征求意见稿）》及《城镇企业职工基本养老保险关系转移接续暂行办法（征求意见稿）》并向全社会公开征求意见。但是，之后仅后者作为正式文件出台。在《农民工参加基本养老保险办法（征求意见稿）》中，最关键的设计是降低了农民工的缴费费率。这一点因有悖社会保险公平性原则遭到反对。在作为正式文件出台的《城镇企业职工基本养老保险关系转移接续暂行办法》（以下简称《转移接续办法》）中，将农民工与所有企业在职职工一并对待，同等缴费、同等待遇计发办法。为了适应大规模的农民工流动就业，解决地区之间社会保险基金的利益冲突，文件设计了基本养老保险基金的转移方法，规定在基本养老保险关系的转移过程中，个人账户全部转移，所缴纳的统筹部分转移12%。

从实际执行情况看，这一《转移接续办法》取得的成效并不明显。虽然各地都明确了转移办法，也发布了转移流程，但实际能够完成转移的还在少数。究其原因，仍涉及地区之间在养老保险基金之间的利益冲突。转出的地区不愿将已经纳入基金的12%统筹转出，而转入的地区也不愿意在统筹基金未完全转入的情况下，承担未来的养老金支出责任。这种状况也是十八届三中全会在已经出台了《转移接续办法》后，仍强调“完善社会保险关系转移接续政策”的主要背景。

除了企业职工基本养老保险关系的跨地区转移外，社会保险关系转移接续还涉及制度之间的转移接续问题。一些农民工在城镇就业一定年限后，可能回到老家，而在城镇缴纳的企业职工养老保险又未满足最低缴费年限，在这样的情况下，需要将城镇企业职工社会养老保险关系转回到农村的居民社会养老保险体系中，这就涉及社会养老保险关系的跨制度转移。2014 年 2 月份，在国务院《关于建立统一的城乡居民基本养老保险制度的意见》出台同时，人力资源和社会保障部就对城镇职工社会养老保险与居民社会养老保险之间的制度衔接与转移出台了相关规定①。在该衔接办法中，对同时参加职工养老保险及居民养老保险的，若职工养老保险满足最低缴费年限规定，则可以将居民养老保险个人账户资金转入职工养老保险个人账户；若职工养老保险未达到最低缴费年限则只允许将职工个人账户余额转入居民养老保险个人账户，此前城镇职工的缴费年限计入居民养老保险缴费年限。这一接续办法不涉及统筹资金的转移，仅涉及个人账户的资金转移，因而进行得比较顺利。

第三节　基本养老保险改革：可持续性

中国社会保障体系的隐性负债主要存在于基本养老保险制度方面，特别是企业职工基本养老保险方面。在本节中我们将主要论述企业职工基本养老保险的可持续性问题。除了转轨的历史债务外，企业职工基本养老保险的隐性债务主要来源于快速老龄化带来的支付压力。

从当前中国企业职工基本养老保险基金的状况看，支付压力已逐渐显现。从基金收支及基金的累计结余的绝对数上看，企业职工基本养老保险的基金收入仍大于支出，累计结余处于增长状态。但值得关注的问题在于，在制度建立不久，自 2002 年开始，基金累计结余的增长率就呈现下降趋势（图 10.2）。从理论上分析，现收现付制的社会养老保险，在制度建立之初由于缴费人口较多，因此基金的累计结余增长应非常迅速，并持续较长一段时间。但中国企业职工基本养老保险结余的增长率已在 2012 年下降到 22.8%。

从累计结余基金的总量看，也不容乐观。2012 年全国企业职工基本养老保险

① 人力资源社会保障部、财政部，《城乡养老保险制度衔接暂行办法》，2014 年。

的累计结余为23941亿元，当年基金支出为15561亿元。以当年基金支出计算，在没有收入的情况下，当年的累计结余仅能支付大约1.54年（18个月）（图10.3）。而根据预测，中国企业职工基本养老保险的统筹部分的年度现金流将在2037年出现负值，即不再有新增的累计结余；之前累积的结余，将在2048年耗尽①。

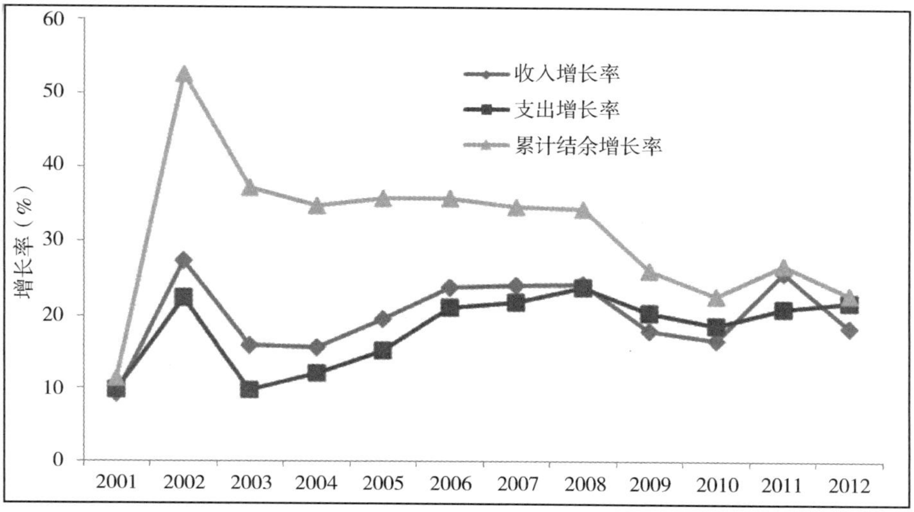

图10.2 企业职工基本养老保险基金收入、支出与累计结余增长率（2001—2012）

数据来源：2013年《中国劳动统计年鉴》。

在基金的累计结余上，还存在严重的地区之间的不平衡（图10.3）。在基金统筹地区分割的状况下，这意味着一些省份将在很短的时间内就进入收不抵支的状态。

基金结余增长率下降的主要原因是背后的人口结构变动。我们以企业职工的制度抚养比来分析企业职工基本养老保险的结构。制度抚养比较高意味着更多的在职人员供养一个离退休人员。中国企业职工基本养老保险的制度抚养比自2000年之后持续下降，虽然在2008年有所上升，但基本的下降趋势是明显的（图10.4）。在2012年制度抚养比只有3.09，即3.09个在职缴费人员供养一个离退休领取养老金人员。

① 郑伟、陈凯、林山君，《中国养老保险制度中长期测算及改革思路探讨》，中国社会保障论坛组委会，《第五届中国社会保障论坛文集》，2013年。

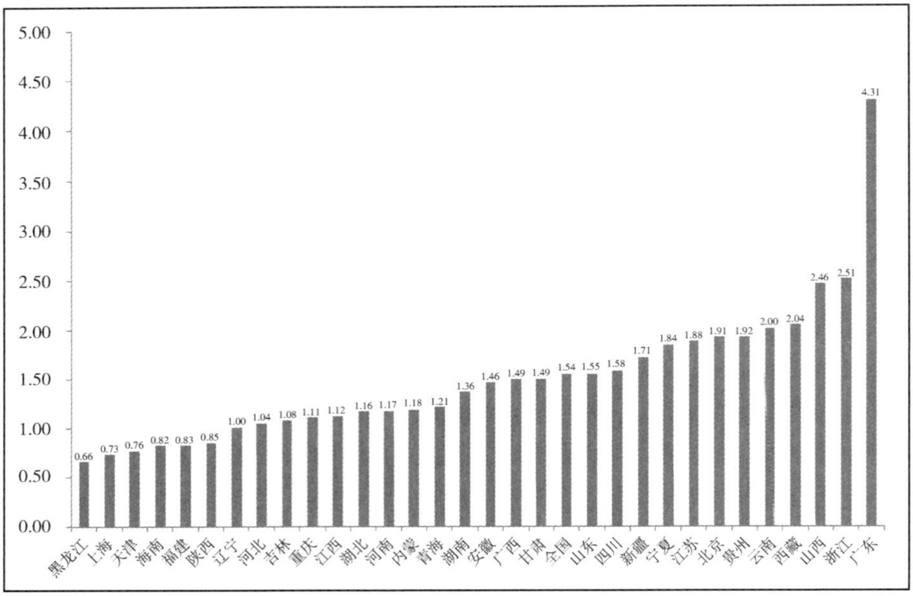

图 10.3 企业职工基本养老保险累计结余可以支付的年数（2012）

注：累计结余可以支付的年数等于当年累计结余除以当年基金支出，其含义为累计结余以当年的支出量计算，在没有新的结余的情况下能够支付的时间。

数据来源：2013 年《中国劳动统计年鉴》。

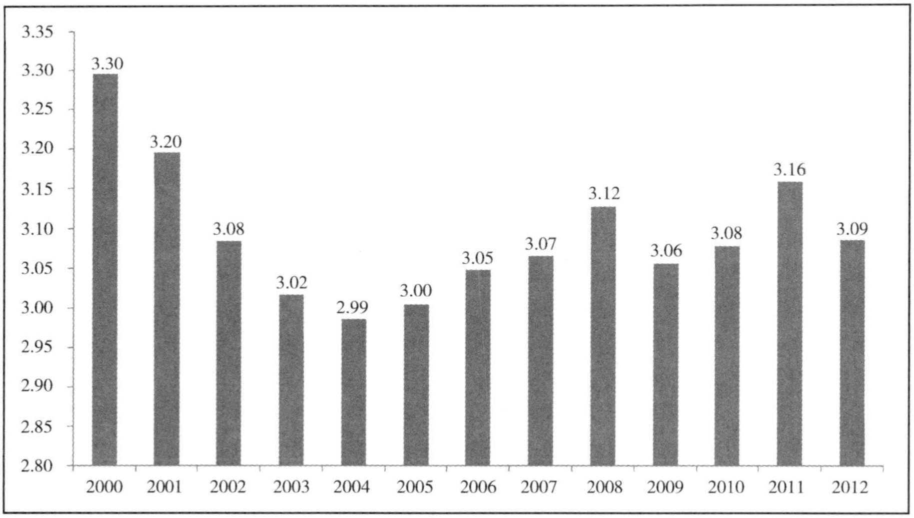

图 10.4 企业职工基本养老保险的制度抚养比

注：制度抚养比等于在职缴费职工数除以领取养老金的离退休人员数，其含义为多少个缴费人口供养一个领取养老金人员。

数据来源：2013 年《中国劳动统计年鉴》。

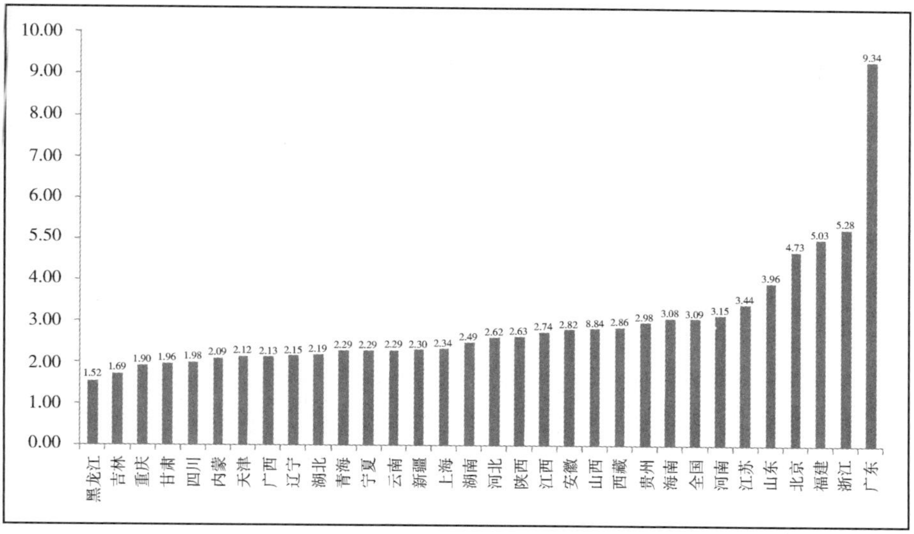

图 10.5　企业职工基本养老保险分省（市、区）的制度抚养比（2012）

注：制度抚养比等于在职缴费职工数除以领取养老金的离退休人员数，其含义为多少个缴费人口供养一个领取养老金人员。

数据来源：2013 年《中国劳动统计年鉴》。

此外，由于企业职工基本养老保险的地区分割，不同地区面临着不同的制度抚养比，且具有明显的差异（图 10.5）。这意味着一些地区面临比其他地区更严重的支付压力。

基于此，党的十八大及十八届三中全会对保持企业职工基本养老保险基金的可持续性高度重视。十八届三中全会从基本的制度模式、基金运营原则、制度参数调整以及增加政府财政支持等几个方面进行了部署。

（一）在制度模式上，完善个人账户制度，健全多缴多得的激励机制

在企业职工基本养老保险制度的模式选择上，中国吸收了一些国家强制储蓄型个人账户制度的经验，建立了社会统筹加个人账户的制度模式。个人账户属于“基金积累制—缴费确定型”养老保险制度，其实质是对个人生命周期的收入和消费进行平滑，年轻时预先进行积累，退休后进行消费。个人账户制度不具有人群的收入再分配性质，但具有非常强的激励机制，因为个人退休后的退休金与缴费直接相关。个人账户制度对解决现收现付制下由于人口老龄化带来的隐性负债具有非常强的政策含义。在个人账户下，不存在年轻一代对年老一代的隐性负债。特别是一开始就建立个人账户制度的国家和地区，不存在隐性负债问题。例如新加坡的中央公积金制度，从建立之初就属于典型的个人账户制度，因此新加坡的社会保障体系不存在隐性负债问题。一些由现收现付制改制为个人账户制度

的国家和地区，以及在原有的现收现付制制度基础上引入个人账户制度的国家和地区，前者如智利，后者如美国的401K账户等，都对缓解原有制度的隐性负债起到了积极作用。

十八届三中全会仍坚持了社会统筹与个人账户制度相结合的基本养老保险制度模式，并强调要进一步完善个人账户制度。自企业职工基本养老保险制度建立以来，个人账户制度的空账运行一直是个突出的问题。这其中很大程度上是历史负债的问题。十八届三中全会提出完善个人账户制度，也包含了解决个人账户空账的问题，特别是提出划拨国有资本充实社会保障基金的决定，其背景就是针对社会保障的历史负债。从现实的政策路径来看，可以有如下两种方式，一是通过财政支付或统筹基金拨付的方式做实空账；二是借鉴一些国家和地区的名义账户制度，将个人账户转为仅记录个人缴费的名义账户，其资金仍与统筹基金混合，其支付则以名义账户的缴费记录为计发基础，资金从统筹账户中划拨①。

（二）在基金运营上，坚持精算平衡原则

保险基金的精算平衡是商业养老保险运营的基本原则。精算平衡的基本含义是保费的收缴与支付的现值相等，或终值相等，或期中值相等。精算平衡是确定保费费率以及确定待遇支付的基本原则。在社会养老保险的基金运营中，为保持基金的基本平衡，不致出现过多结余或出现基金亏空，也需要根据精算平衡原则对缴费及待遇进行调整。

中国企业职工基本养老保险制度在设计原则上也遵循了精算平衡原则。但是在实际运行过程中，经常出现一些地区或群体不考虑长期平衡，随意增加待遇支付，或为弥补当前基金运营压力，提高缴费基数及缴费率的情况，从而破坏了精算平衡的原则。这是这次十八届三中全会再次明确精算平衡原则的一个主要背景。坚持精算平衡原则，实际上是将基本养老保险的缴费与待遇确定纳入到可计算、可预测的规范化轨道内，排除因为一些个别原因而造成的基金支付压力。

（三）扩大参保缴费面，并适时适当降低社会保险费率

在保持基本制度框架不变的条件下，缓解养老保险基金支付压力的最常用方

---

① 作为典型的北欧福利国家，瑞典于1994年在社会养老保险中引入了“名义个人账户（Nominal Account）”制度。在此之前，瑞典实行的是典型的社会养老保险制度，但是政府对社会养老保险提供了多项补贴。而随着瑞典老龄化程度的加深以及经济增长疲软，财政压力逐渐增大，瑞典开始对现收现付制的社会养老保险制度进行改革。瑞典在社会养老保险中设立了个人账户，但是这个个人账户并没有资金的注入，而仅仅是个人缴费及贡献的一个记录。与此相对应，退休后参保者的养老金由原来的“权益确定型”转向“缴费确定型”。参见：Palmer，E.，The Swedish Pension Reform Model：Framework and Issues，www. oecd. org/finance/financial－markets/2638200. pdf.

式还是对制度参数进行调整。制度参数既包括“收入”参数，也包括“支付”参数。十八届三中全会在“收入”参数调整方面提出要扩大缴费面，并适时适当降低社会保险费率。这两个措施实际上是紧密联系在一起的。扩大参保缴费面实际上是增加在职缴费人数；但是，扩大缴费面面临的一个重要问题，即居高不下的缴费费率对企业及个人形成较为沉重的负担，从而影响参保积极性，不利于覆盖面的扩大。因此，需要在扩大参保缴费面及降低社会保险费率两个方面进行权衡。

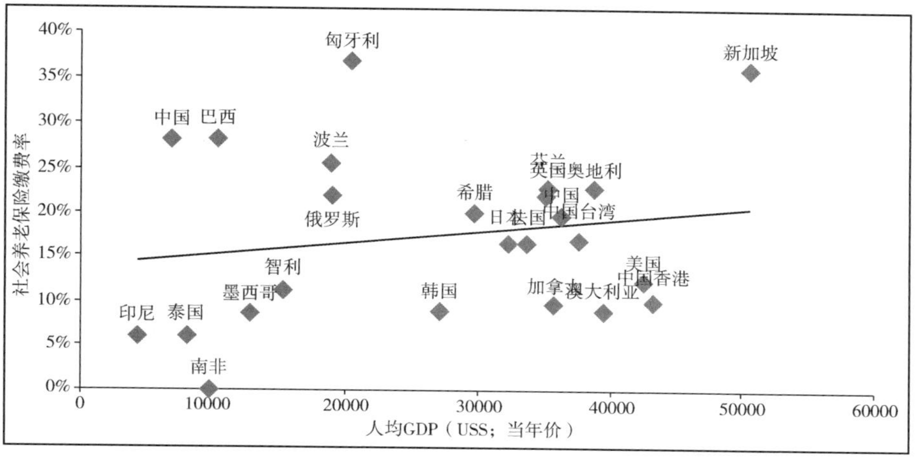

图 10.6　一些国家和地区社会养老保险的缴费率

注：南非、巴西、加拿大、智利、墨西哥、美国为 2013 年数据；其余国家和地区为 2012 年数据。

数据来源：USA Social Security Administration（SSA），Social Security Programs throughout the World.

中国企业职工基本养老保险当前的缴费率为缴费基数的 28%（雇主 20% + 个人 8%）。这一缴费率不仅高于发展中国家的平均水平，也远高于一些老龄化程度非常高的发达国家（图 10.6）。例如，日本的老龄化程度远高于中国，但其社会养老保险的平均缴费率只有 16.68%；韩国的缴费率只有 9%，英国和美国的缴费率只有 21.85% 和 12.4%。过高的缴费率，从短期看，直接影响企业及职工的参保积极性，产生大量的规避社保缴费的行为，降低参保覆盖面；从长期看，则严重影响企业竞争力，不利于经济的长期增长。

（四）研究制定渐进式延迟退休年龄政策

企业基本养老保险“支付”方面的参数调整，主要是退休年龄的规定。退休年龄直接决定了参保者能够领取养老金的年限，而领取养老金年限长短，则又对基金的隐性负债大小有直接影响。中国企业职工的退休年龄（领取养老金）

的年龄仍执行20世纪70年代的规定[1]，即男性60岁，女工人50岁，女干部55岁。这一退休年龄与当时人们的预期寿命是相关的。但是，随着生活水平的提升，中国人均预期寿命有了长足增长。2012年，中国男性出生时的预期寿命为72.1岁，女性为75.6岁，虽低于一些发达国家，但要比发展中国家的一般水平要高。将预期寿命减去法定退休年龄之差，就是平均的领取养老金的年限。从这一年限来看，中国在2012年男性为12.1年，女性为20.6年，高于一般的发展中国家水平，而与一些发达国家和地区接近（表10.1）。这意味着养老保险基金支付年限的加长，这对基金支付形成了非常大的压力。

因此，十八届三中全会提出要推迟退休年龄。但是，在推迟退休年龄的政策方式上，则要求制定渐进式延迟退休政策。之所以提出渐进式改革的思路，一是考虑到一些从事体力劳动的职工，他们的职业周期较短，延迟退休年龄后，实际缴费年限增加，对他们形成较大的负担；二是考虑到当前中国的就业形式，延迟退休可能会增加年轻人的就业难度[2]。但是，从发展趋势看，延迟退休是一个必然趋势。

表10.1　一些国家的老龄化程度及预期寿命、退休年龄情况

	65以上老龄人口占比	总抚养比	出生时预期寿命		退休年龄		预期寿命与年龄之差	
			男性	女性	男性	女性		
澳大利亚	13.4%	48.0%	79.9	84.3	65	64.5	14.9	19.8
中国	8.2%	38.2%	72.1	75.6	60	55	12.1	20.6
中国香港	12.7%	32.0%	80.2	86.4	65	65	15.2	21.4
印度尼西亚	4.9%	55.1%	64.4	67.6	55	55	9.4	12.6
印尼	5.6%	48.3%	68.3	78.1	55	55	13.3	23.1
日本	22.7%	56.4%	80.1	87.1	65	65	15.1	22.1
新加坡	9.0%	35.9%	78.9	83.7	55	55	23.9	28.7
韩国	11.1%	38.1%	77.3	84	60	60	17.3	24
中国台湾	11.3%	35.2%	75.7	81.5	60	60	15.7	21.5
泰国	8.9%	41.7%	71.1	77.8	55	55	16.1	22.8
奥地利	17.6%	47.8%	78.4	83.6	65	60	13.4	23.6

① 国务院，《关于颁发国务院关于安置老弱病残干部的暂行办法和国务院关于工人退休、退职的暂行办法的通知》，国发〔1978〕104号。

② 蒋延辉，《渐进式延迟退休的三个先决条件》，《中国社会保障》，2014年第2期，第43-44页。

续表

	65以上老龄人口占比	总抚养比	出生时预期寿命		退休年龄		预期寿命与年龄之差	
			男性	女性	男性	女性		
芬兰	17.2%	51.0%	77.2	83.3	65	65	12.2	18.3
法国	16.8%	54.2%	78.5	84.9	60	60	18.5	24.9
德国	20.4%	51.2%	78.2	83	65.08	65.08	13.12	17.92
希腊	18.6%	49.5%	77.6	82.6	65	62	12.6	20.6
匈牙利	16.5%	45.3%	70.8	78.5	62.5	62.5	8.3	16
波兰	13.6%	39.7%	72.2	80.6	65	60	7.2	20.6
俄罗斯	12.8%	38.6%	63.3	75	60	55	3.3	20
英国	16.6%	51.4%	78.3	82.4	65	61	13.3	21.4
南非	5.2%	53.7%	54.9	59.1	60	60	-5.1	-0.9
巴西	6.9%	47.9%	70.2	77.5	65	60	5.2	17.5
加拿大	14.2%	44.1%	79.3	83.5	65	65	14.3	18.5
智利	9.2%	45.6%	77	82.6	65	60	12	22.6
墨西哥	6.0%	56.3%	74.9	79.7	65	65	9.9	14.7
美国	13.1%	49.0%	76.4	81.2	66	66	10.4	15.2

注：南非、巴西、加拿大、智利、墨西哥、美国为2013年数据；其余国家和地区为2012年数据。退休年龄为各国法定领取养老金的年龄。预期寿命与退休年龄之间的差距表示平均而言，个人领取养老金的年限。表中的总抚养比等于14岁以下人口及65岁以上人口占劳动年龄人口（15～64岁）的比例。

数据来源：USA Social Security Administration（SSA），Social Security Programs throughout the World.

（五）增加政府投入，进行稳健投资

应对基本养老保险基金的隐性负债，提高基金的可持续性，还需要从资金来源上建立可靠的途径。除了缴费之外，企业职工基本养老保险还有两个资金来源渠道：一是政府投入，二是通过稳健的投资获得的投资回报。

从政府投入方面，如前所述，企业职工基本养老保险的历史负债有一部分形成了国有资产，因此，国有资产有责任对基本养老保险基金进行转移支付，以支付历史负债。基于此，中国政府在2000年就成立了全国社会保障基金，其资金来源主要是中央财政拨入资金、国有股减持或转持所获资金和股权资产，以及投资收益，其中，中央财政每年的划拨构成其经常收入的一部分。全国社会保障基

金并不对现有的养老保险基金提供支付，其作用在于为未来支付提供储备。截至2012年，社保基金管理的基金资产总额为11060.37亿元[①]。在十八届三中全会报告中，对划拨国有资产补充社会保障基金也提出了明确的要求，指出“划拨部分国有资本充实社会保障基金”。

除了国有资本的划拨外，根据《社会保险法》的规定，政府负有对社会保险基金的兜底责任。但自《社会保险法》颁布实施以来，并未形成规范化、制度化的财政投入社会保险基金的制度。从保持基金的长期可持续性的角度，财政对社会保险基金隐性负债的支付需要提前规划、建立和完善制度。因此，十八届三中全会要求健全社会保障财政投入制度，并完善社会保障的预算制度。

从理论上讲，现收现付制的社会保险基金不需要投资，也不需要过多的积累，因为当期的支付来自当期的缴费；而基金积累制的制度安排会在当期形成较多的资金积累，这需要通过稳健的投资获得回报以应对通货膨胀对基金的侵蚀。中国企业职工基本养老保险制度中的个人账户属于基金积累制，需要有稳健的投资；但是，除此之外，基本养老保险中的社会统筹部分也形成了一笔较大的积累。这笔积累有其合理性，也是为应对未来支出压力所做的储备。这两部分积累都需要有一个稳健的投资回报率以实现保值增值。根据企业职工基本养老保险制度的投资原则，基本上只能投资于风险小、回报低的国债，这导致基金的不断贬值。从国际上实行基金积累制的国家和地区的经验看，一些国家和地区的个人账户养老金投资也取得了较好的投资回报，这对中国基本养老保险基金的保值增值提供了借鉴[②]。对社会保险基金投资，十八届三中全会也明确提出要突进基金的市场化、多元化投资，从保值增值的角度提升基金的可持续性。

---

① 2012年全国社会保障基金理事会基金年度报告。

② Apte, V. and McFarland, B., 2011, DB versus DC Plan Investment Returns: The 2008 - 2009 Update", Towers Watson.

第十一章　基本医疗保障制度改革[①]

医疗保障是现代社会保障体系中的重要内容。养老保障对失去收入的老年人提供收入补偿；医疗保障所保障的则是可获得的医疗服务。

由此，医疗保障需要面对医疗服务提供过程中的诸多问题。在医疗服务供给过程中，核心问题是供需双方信息不对称导致的问题。在医疗服务过程中，供给方（医生和医院）掌握了在医疗领域中还存在信息不对称以及由此引发的“供给诱导需求”“道德风险”“逆向选择”等问题，面临的问题更为复杂，也更具挑战性。在十八届三中全会关于社会保障改革的政策建议中，除了在社会保险改革部分包含医疗保险改革的内容外，还在医药卫生体制改革部分对医疗保障体制改革进行了规定。因此，在本章对中国医疗保障体制改革的阐述中，还需要对医药卫生体制改革进行一些必要的介绍。实际上，在医疗保障体制的现实改革过程中，也离不开医药卫生体制改革的配合。

本章首先介绍中国医疗保障体制的基本框架，之后在中国医药卫生体制改革的框架内，对医疗保障体制改革进行论述。

第一节　中国医疗保障的基本框架

中国医疗保障包括两个大的体系：一是缴费型的医疗保险体系，二是非缴费型的医疗救助体系。这两个体系也具有“碎片化”的特征，不同的项目分别覆盖不同人群，且存在地区间的分割。这一点与中国社会保障体系的基本特征相吻合。

（一）社会医疗保险制度

中国医疗保障体系的主体是缴费型的医疗保险制度。在社会医疗保险制度的框架下，根据不同的人群建立了不同的制度。在城镇居民内部，根据职业与就业状况分为覆盖在职职工的城镇职工基本医疗保险制度，以及覆盖非就业居民的城镇居民医疗保险制度。农村居民则适用新型农村合作医疗制度。

（1）城镇企业职工基本医疗保险。

---

① 本章作者：王震，中国社会科学院经济研究所，副研究员。

城镇职工基本医疗保险的建立与城镇职工基本养老保险的建立过程类似。计划经济时期，中国企业职工医疗保障是企业劳动保险制度的一部分，并演变成为企业负担的职工福利的一部分。改革开放后，为配合国有企业的改革，逐步建立企业职工的基本医疗保险制度。十四届三中全会确立的社会统筹加个人账户的社会保险制度模式也包括了城镇企业职工基本医疗保险。

1998 年，《国务院关于建立城镇职工基本医疗保险制度的决定》（以下简称《决定》）从制度上确立了城镇职工基本医疗保险的基本原则。首先，在覆盖人群上，要求所有单位及职工，包括企业、机关、事业单位、社会团体、民办非企业单位的职工都要参加。其次，在基本医疗保险基金的统筹范围上，确定了地级以上行政区为统筹单位，也可以县（市）为统筹单位，实行属地管理原则。第三，在筹资方式上，实行社会统筹加个人账户制度，缴费费率为缴费基数的 8%，其中 6% 为雇主缴费，2% 为个人缴纳；2% 的个人缴费直接进入个人账户，雇主缴费部分的 30% 左右也划拨进入个人账户。这些原则构成了当前城镇职工基本医疗保险制度的主要框架。

与机关事业单位养老保险改革缓慢不同，机关事业单位的医疗保险改革顺利推进。在计划经济时期以及改革开放初期，机关事业单位实行的是无须缴费的公费医疗制度，资金直接来源于政府财政。按照 1998 年《决定》的要求，机关事业单位也要加入职工基本医疗保险。当前，除了一些中央国家机关工作人员外，大多数地方政府及部分中央国家机关单位职工都参加了职工基本医疗保险。截至 2012 年，城镇职工医疗保险覆盖人群 2.65 亿人，实际覆盖率 47.12%，当年基金收入 6061.9 亿元，基金支出 4868.5 亿元，累计结余 6884.2 亿元。

（2）城镇居民基本医疗保险。

在计划经济时期，城镇非就业居民没有单独的医疗保障。他们作为职工家属也可以在一定程度上获得医疗保障。改革开放之后，随着国有企业改革的推进，这种以家属身份获得医疗保障的途径逐步消失。因此，在改革开放之后相当长一段时间内，城镇非就业居民实际上处于医疗保障的真空中。为解决非就业居民的医疗保障，一些地区开始试点城镇居民的医疗保险制度。在总结各地经验的基础上，国务院在 2007 年印发《关于开展城镇居民基本医疗保险试点的指导意见》（以下简称《指导意见》），提出在全国推进城镇居民基本医疗保险制度。

城镇居民基本医疗保险的覆盖范围为不属于城镇职工基本医疗保险覆盖范围的非就业居民，包括少年儿童、中小学阶段的学生及其他非从业城镇居民。在筹资模式上，城镇居民医疗保险的制度框架与新型农村合作医疗相类似，采取个人缴费、集体补助及政府补贴的方式。2007 年的《指导意见》规定政府补贴的最低标准为人均 40 元。2008 年，国务院办公厅印发《关于将大学生纳入城镇居民基本医疗保险试点范围的指导意见》，至此，城镇居民基本医疗保险制度覆盖了城镇居民全体非从业人员。截至2012年城镇居民医疗保险覆盖人群2.72亿，人均筹资额323元。

（3）新型农村合作医疗。

农村合作医疗制度早在计划经济时期就在农村普遍存在，其基本的制度特征是依托于集体经济组织，村民缴纳部分费用，或直接由生产大队（生产队）的收入中支付费用，由村集体统一支配，并安排农村赤脚医生为全体村民提供基本医疗服务。旧的农村合作医疗制度基本上属于村民依托集体经济组织的医疗互助，政府没有筹资责任，保障水平低、风险分散范围小，但它毕竟为农村居民提供了医疗保障及医疗服务。但是，随着人民公社制度的解体，农村合作医疗制度在20世纪80年代中期基本解体，农村居民处于医疗保障的真空中。2003年年初，国务院办公厅转发了卫生部等部门《关于建立新型农村合作医疗制度的意见》的通知，提出在农村建立新型农村合作医疗制度并展开试点。2004年1月，国务院办公厅又转发了卫生部等部门《关于进一步做好新型农村合作医疗试点工作指导意见的通知》，确定了新型农村合作医疗试点推进的几个原则。总结起来，这两个文件确定的新型农村合作医疗，一是坚持了农民自愿参加的原则。二是提出了政府的补助责任，将新型农村合作医疗的筹资模式确定为“个人缴费、集体补助、政府补贴”的模式。该模式也成为此后城镇居民医疗保险的筹资模式。第三，在筹资标准上，确定个人缴费最低标准为10元，政府补贴的最低标准也为10元。第四，在资金管理上，坚持以收定支、量入为出的原则。

截止到2012年，新型农村合作医疗制度覆盖8.05亿农村居民，参合率实现97%以上，人均筹资额308.5元。

（二）城乡医疗救助制度

医疗救助制度是中国非缴费型社会救助制度的主要项目之一，是中国社会医疗保障的重要组成部分。相对医疗保险，医疗救助主要起到“安全网”作用，其目的是对贫困人口的疾病预防及治疗提供帮助。2003年随着新型农村合作医疗制度的开展，出现了一些贫困农户无力参加合作医疗的情况，以及一些罹患大病，虽经合作医疗报销后，仍无力承担自付部分医疗费用的农户。针对这些情况，2003年11月，民政部、卫生部、财政部联合下发了《关于实施农村医疗救助的意见》，提出要在2005年在全国全面展开农村医疗救助。农村医疗救助的对象是农村的五保户、农村贫困户家庭成员以及其他符合条件的农村贫困农民。医疗救助主要分为三个部分：一是资助贫困农户参加新农合，即农户参加新农合的个人缴费部分，若贫困农户无力承担，则由医疗救助承担；二是因患大病，合作医疗补助后个人负担医疗费用过高，影响家庭基本生活的，可以获得适当的医疗救助；三是尚未开展新农合的地区，对因患大病个人负担费用难以承担，影响家庭基本生活的，给予适当医疗救助。资金来源主要由地方政府承担，纳入地方财政预算。2012 年全年累计救助贫困农村居民 5974.2 万人次，其中资助参加新农合 4490.4 万人次，人均资助参合水平 57.5 元；直接救助农村居民 1483.8 万人次，人均救助水平 721.7 元；全年各级财政共支出农村医疗救助资金 132.9 亿元。[①]

在城市地区，2005 年 7 月，国务院办公厅转发了民政部、卫生部、劳动保障部和财政部《关于建立城市医疗救助制度试点工作的意见》，要求在全国建立城市医疗救助制度。城市医疗救助制度与农村医疗救助的制度安排相一致。救助对象主要是城市居民最低生活保障对象中未参加城镇职工基本医疗保险人员、已参加城镇职工基本医疗保险但个人负担仍然较重的人员和其他特殊困群众。但是在具体的救助标准上，实行城乡两套标准，城市救助的平均水平高于农村。2012 年全年累计救助城市居民 2077 万人次，其中民政部门资助参加城镇居民基本医疗保险 1387.1 万人次，人均救助水平 84 元；民政部门直接救助城市居民 689.9 万人次，人均医疗救助水平 858.6 元。全年各级财政共支出城市医疗救助资金 70.9 亿元，比上年增长 4.9%。[②]

（三）农民工的医疗保障

在城镇居民及农村居民之间，还有一个规模庞大的农民工群体。农民工虽然在城镇地区就业和生活，但由于户籍在农村，不被城镇政府认可为城镇居民[③]。他们的医疗保障可以通过如下几个渠道解决：一是参加户籍所在地的新型农村合作医疗，并获得农村医疗救助资格；二是参加城镇职工的医疗保险；三是参加一些城市建立的独立于本地城镇职工基本医疗保险之外的农民工医疗保险或外来工医疗保险。但是，他们不能参加城镇地区的居民基本医疗保险，也没有资格获得城镇地区的医疗救助。

从现实情况看，大部分农民工虽然在户籍所在地参加了新型农村合作医疗，但是由于交通成本等问题，他们在就业所在地患病后的费用只有很少比例回去报销。另一方面，由于新型农村合作医疗主要面对农村居民，保障水平过低，不能也无法对在城市就医的农民工的医疗费用提供较多报销。这都导致农民工对新型农村合作医疗的实际使用率很低。虽然他们也有获得农村医疗救助的资格，但与合作医疗面临的问题相似，实际使用率非常低。

---

① 民政部，《2012 年社会服务发展统计公报》。

② 民政部，《2012 年社会服务发展统计公报》。

③ 虽然从 2000 年第五次全国人口普查报告开始，我国把在城镇中生活超过 6 个月的流动人口登记为城镇人口，但在获得城市公共服务方面，这部分农民工并没有获得真正的户籍市民相同的待遇。

不论从理论上还是从现实运作中，由新农合承担农民工的医疗保险缺乏可持续性。理论上，保险模式需与风险特征相匹配。新农合设计的初衷是应对农村居民和农业社会的医疗风险。流动人口在城镇就业和生活，面对的是工业社会的医疗风险。由此，由新农合来承担流动人口的医疗保险将导致风险与保险的错配。从现实运作上，新农合为了管控基金支付压力，在设计之初就确定了异地报销比例低、异地门诊不予报销的原则。即使如此，流动人口在城镇罹患需要住院治疗的疾病后，还是要回到新农合报销。这实际上是通过流动人口将城市医疗风险转嫁到了新农合，势必给新农合带来较高的支付压力。

尽管政策上允许正规就业农民工参加城镇职工医疗保险，但他们的参保意愿低，实际覆盖率低。外出就业的农民工的人口学特征是年龄较轻，身体状况较好，由此产生的逆向选择导致他们本就不愿参保。除此之外，当前城镇职工医疗保险实际上的“权益积累制”及由此产生的医保资金转移接续等问题也不适应农民工频繁流动的特征。根据规定，参加城镇职工医疗保险并达到法定缴费年限的个人，退休后不再缴费，可享受相应的医保待遇。这一“权益积累制”带来农民工医保转移接续中的利益分割问题，流出地有激励截留统筹账户资金，统筹账户资金无法随人口流动而转移；农民工因工作地点发生变化而出现缴费中断或新地点不承认原有缴费年限，使其前期缴费年限被清零，因而他们参保意愿低。

（四）实现医疗保障全民覆盖

截止到 2007 年，随着城镇居民基本医疗保险制度的建立，中国的医疗保障实现了制度上的全覆盖：城镇职工参加城镇职工基本医疗保险，非就业居民参加城镇居民基本医疗保险，农村居民参加新型农村合作医疗。这三项制度构成了中国当前医疗保障制度的主体。在这三项社会保险制度之外，则是具有“安全网”性质的医疗救助制度。(见图 11. 1)

从实际覆盖率上，中国的社会医疗保障也基本实现了全覆盖（表 11. 1）。2012 年城镇职工基本医疗保险覆盖人口 2. 65 亿，城镇居民基本医疗保险覆盖人口 2. 72 亿，新型农村合作医疗覆盖人口 8. 05 亿，三项相加共覆盖人口 13. 4 亿，实际覆盖率达到 99. 07%。

虽然中国社会医疗保障实现了全民覆盖，但医疗保障不同于养老保障，其最终效果要看是否有效缓解了居民的“看病难、看病贵”。而解决居民“看病难、看病贵”问题，不仅需要医疗保障的全覆盖，还需要整个医药卫生体制的改革。这也是党的十八大以及十八届三中全会将医疗保障与医药卫生体制改革放到一起论述的原因。

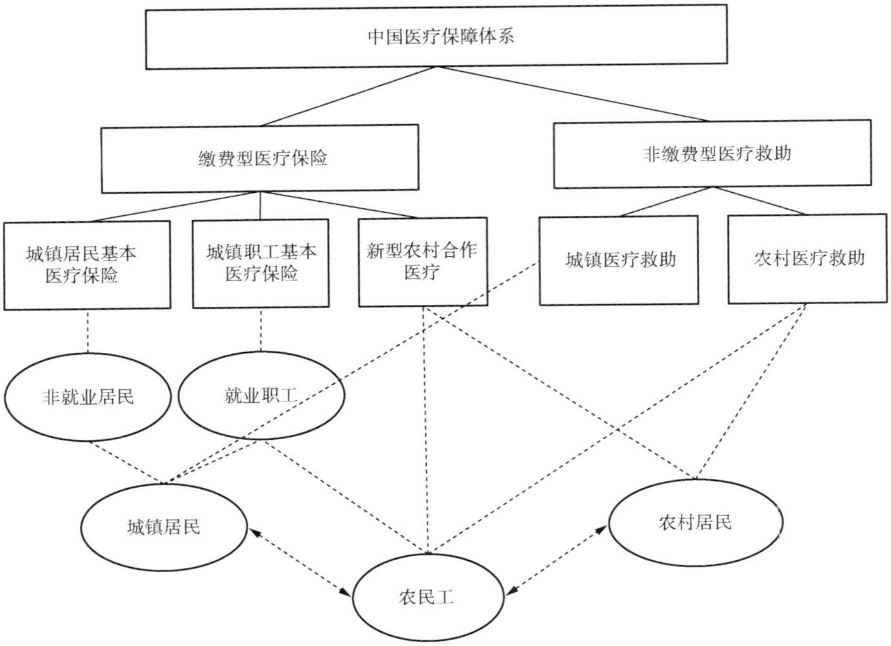

图 11.1　中国社会医疗保障的制度框架

注：机关事业单位人员除少数外，都已基本参加城镇职工医疗保险，故未在此处单列。

表 11.1　中国社会医疗保障制度的实际覆盖率

年份	参保人数			总参保人数	总人口	覆盖率
	城镇职工医疗保险（A）	城镇居民医疗保险（B）	新农合（C）	D = A + B + C	E	F = D/E
2004	12403.6		8000	20403.6	129988	15.70%
2005	13782.9		17900	31682.9	130756	24.23%
2006	15731.8		41000	56731.8	131448	43.16%
2007	18020.3	4291.1	72600	94911.4	132129	71.83%
2008	19995.6	11826	81500	113321.6	132802	85.33%
2009	21937.4	18209.6	83300	123447	133450	92.50%
2010	23734.7	19528.3	83600	126863	134091	94.61%
2011	25227.1	22116.1	83200	130543.2	134735	96.89%
2012	26485.6	27155.7	80500	134141.3	135404	99.07%

数据来源：历年《中国劳动统计年鉴》和《卫生统计年鉴》。

第二节 新一轮医药卫生体制改革与医疗保障体制改革

医疗保障体制改革需要放到医药卫生体制改革的大框架中进行分析，这是医疗保障与养老保障的不同之处。中国政府在2009年启动了新一轮医药卫生体制改革，医疗保障体系的建设与完善成为本次改革的主要内容之一。

（一）2009年医药卫生体制改革

实际上，改革开放之后，针对计划经济时代形成的医药卫生体制及医疗保障体制，中国曾进行过几次医药卫生体制改革。例如1997年中共中央、国务院《关于卫生改革与发展的决定》，以及2000年国务院体改办发布的《关于城镇医药卫生体制改革的指导意见》等。但是，这些改革都未在解决居民“看病难、看病贵”方面起到实质性作用①。而其中的“医疗保障制度不健全”亦成为重要原因。这是引发新一轮医药卫生体制改革的主要背景。

2009年《中共中央、国务院关于深化医药卫生体制改革的意见》开启中国新一轮医药卫生体制改革。新医改的基本思路是通过四项基本制度的建设，有效缓解并最终解决居民“看病难、看病贵”问题。这四项基本制度涉及供给方的公共卫生服务体系、医疗服务体系和药品供应保障体系，以及需求方（筹资方）的医疗保障体系建设。

在医疗保障体系建设中，要求“加快建立和完善以基本医疗保障为主体，其他多种形式补充医疗保险和商业健康保险为补充，覆盖城乡居民的多层次医疗保障体系。”新医改还确定了中国基本医疗保障体系的主要制度框架：“城镇职工基本医疗保险、城镇居民基本医疗保险、新型农村合作医疗和城乡医疗救助共同组成基本医疗保障体系，分别覆盖城镇就业人口、城镇非就业人口、农村人口和城乡困难人群。”

新医改文件发布后，国务院随即出台《医药卫生体制改革近期重点实施方案（2009—2011年）》（以下简称《实施方案》），对推进医药卫生体制改革做出具体部署。在加快推进基本医疗保障制度建设方面，《实施方案》提出，一是要扩大基本医疗保障的覆盖面，实现基本医疗保障全面覆盖；二是逐步提高基本医疗保障水平，特别是城镇居民基本医疗保险和新型农村合作医疗，一方面提高政府补贴水平，另一方面也要适当提高个人缴费标准；三是重申基本医疗保障的基金管理原则，即以收定支、收支平衡、略有结余，并要求合理控制城镇职工医保基

① 葛延风、王晓明，《中国医疗服务体系改革反思》，《中国卫生产业》，2005年第9期，第19－21页。

金和城镇居民医保基金的年度结余和累计结余；四是要完善城乡居民医疗救助制度；五是提高基本医疗保障的管理服务水平。

上述要求的核心实际上有三个：一是扩大覆盖面，实现基本医疗保障的全民覆盖；二是提高筹资水平；三是控制城镇职工医保及城镇居保的结余。这三个要求的基本指向就是实现全覆盖，提高医疗保障的支付水平。从新医改的推进及效果看，这也成为新医改取得的最大成就之一。

（二）医药卫生体制改革与医疗保障体系建设的成效

2009 年新一轮医药卫生体制改革在基本医疗保障方面取得了显著的成就。首先，基本医疗保障的全民覆盖基本实现，全口径的覆盖率在 2012 年达到 99%以上。

其次，医疗保障的保障水平大幅度提高。从基本医疗保险的人均筹资水平看，2009 年之后，城镇医疗保险（职工医保与居民医保）的人均筹资额逐年上升，从 2009 年的 914.6 元上升到 2012 年的 1293.5 元；新型农村合作医疗的人均筹资额虽然低于城镇医疗保险，但也有了明显增长，从 2009 年的 113.4 元上升到 2012 年的 308.7 元。在城乡医疗救助方面，根据新医改的意见，民政部等四部门在 2009 年发布《关于进一步完善城乡医疗救助制度的意见》，提出进一步增加医疗救助的保障水平。在这一要求下，城乡医疗救助的直接补助水平也有了明显提高。人均的直接补助水平从 2009 年开始大幅上升。农村的直接补助水平从 2008 年的 360.3 元增长到 2009 年的 676.6 元，增长了将近 1 倍；城市的直接补助水平从 2008 年的 483.5 元增长到 2009 年的 764.7 元。此后医疗救助水平也不断上升，2012 年城市和农村的直接补助水平分别达到 858.6 元和 721.7 元。

第三，卫生总费用中个人自付部分所占比例明显下降，这与医疗保障体系的全覆盖及保障水平提高直接相关。卫生总费用是一个国家或地区在一定时间内花费在医疗卫生方面的总支出，主要包括三个部分：一是个人直接支付的医疗卫生支出（Out - pocket），不包括参加医疗保险缴纳的保费；二是社会医疗卫生支出，其主要部分为社会医疗保险方面的支出，但不包括非缴费的医疗救助支出，以及其他非政府非个人的医疗卫生支出，例如商业健康保险、社会办医支出、社会捐助以及行政事业性收费收入等；三是政府财政对医疗卫生的直接支出，包括政府投入到公立医疗机构的支出、财政对社会医疗保险的补助以及直接的医疗救助，还包括卫生及医疗保障的行政管理支出以及人口与计划生育的事务性支出等。改革开放以来，中国卫生总费用增长非常快，从 2003 年的 6584.1 亿元增长到 2012 年的 27846.8 亿元，增长了 4.23 倍，年均增长率 17.4%。特别是在新一轮医改之前，中国的卫生总费用增长率达到了顶点，2008 年的增长率高达 25.9%（图 11.5）。

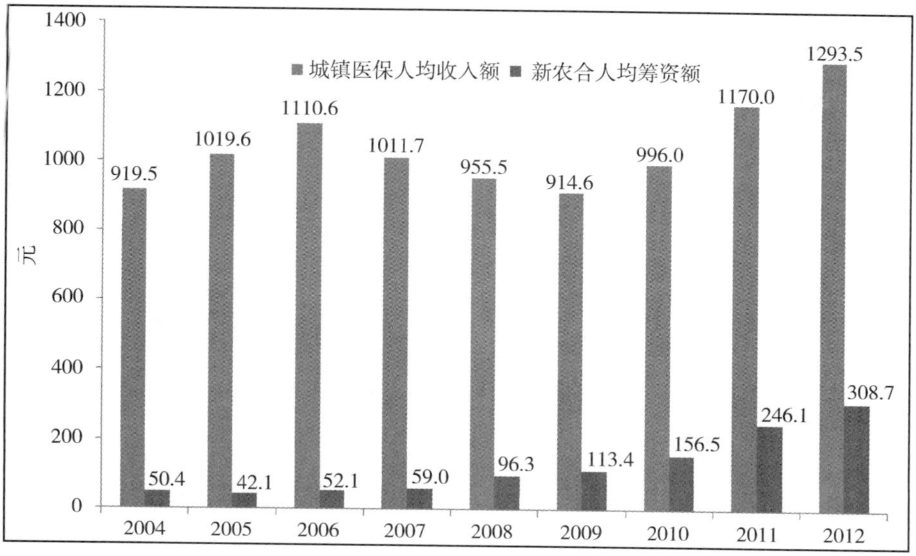

图 11.2　城镇医疗保险与新型农村合作医疗人均筹资额情况（2004—2012）

数据来源：历年《中国劳动统计年鉴》。

注：城镇医疗保险包括城镇职工医保与城镇居民医保。

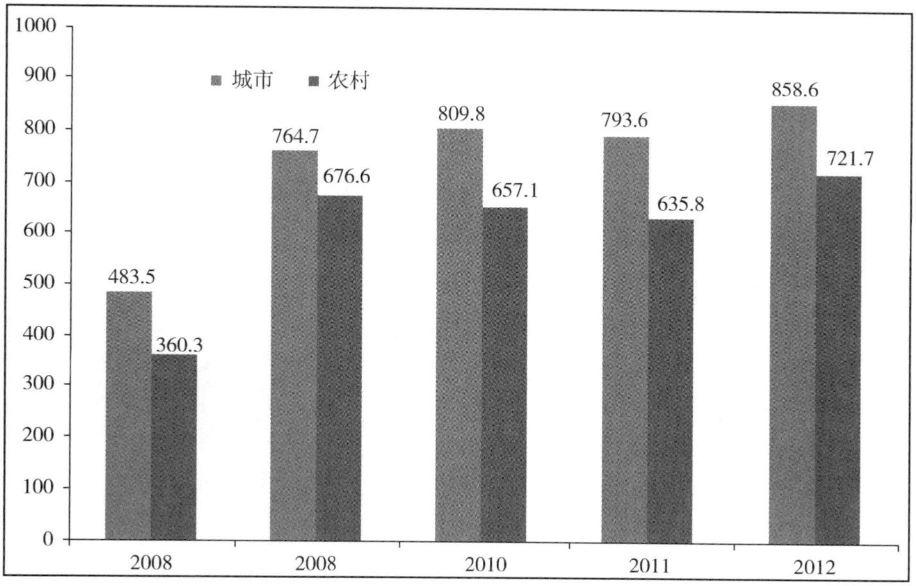

图 11.3　城乡医疗救助直接补助水平情况（2008—2012）

数据来源：历年《中国民政事业统计公报》。

注：此处仅为民政部门直接补助的医疗费用，不包括民政部门资助参加新型农合作医疗及城镇居基本民医疗保险的费用。

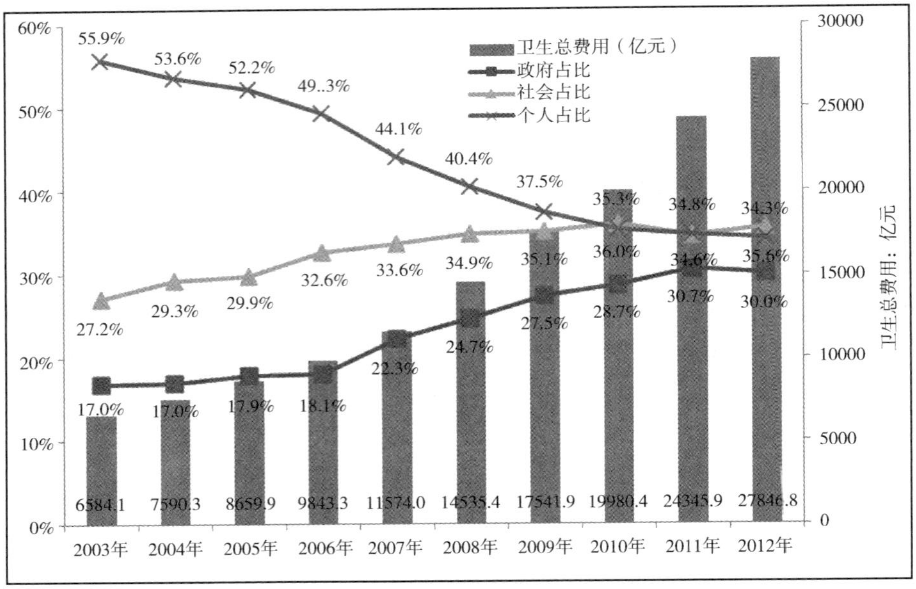

图 11.4　卫生总费用增长及不同支出的占比情况（2003—2012）

数据来源：相关年份《中国卫生统计年鉴》。

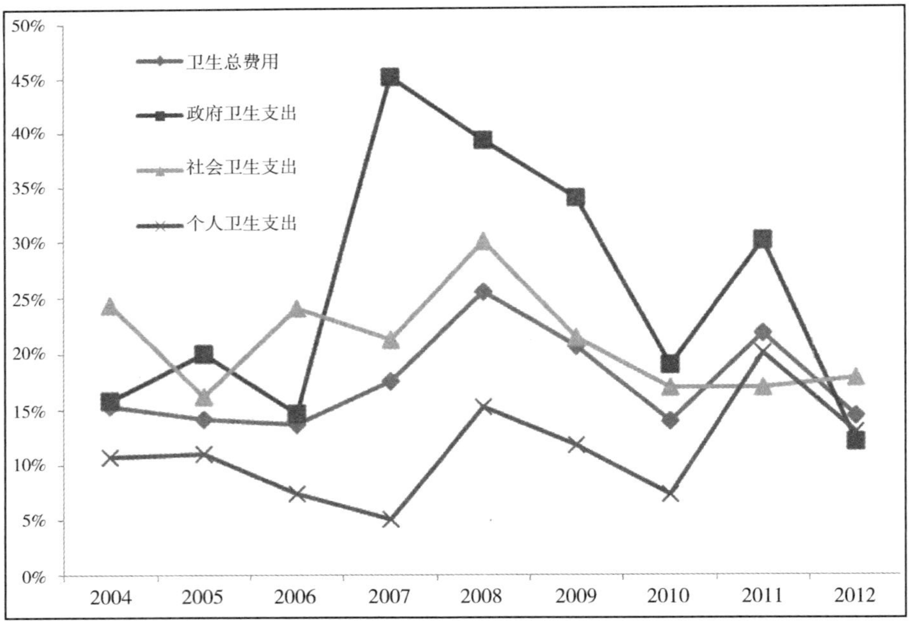

图 11.5　卫生总费用及各分项的年增长率（2004—2012）

数据来源：相关年份《中国卫生统计年鉴》。

新一轮医改的一个重要目的就是缓解卫生总费用的过快增长，特别是降低个人自付医疗卫生支出。降低个人自付医疗卫生支出的重要途径就是提高医疗保障的支付水平。从卫生总费用的变动情况看，新一轮医改这一目的基本实现，一方面卫生总费用的增长得到了控制，自2009年以来卫生总费用的增长率出现下降趋势（图11.5）；另一方面，个人自付的医疗卫生费用占卫生总费用的比例也出现了明显的下降趋势（图11.4）。在2003年中国卫生总费用的构成中，个人自付支出占比高达55.9%，此后则一路下降，2009年降低到40%以下，2012年继续下降到34.3%。而个人自付比例的下降，与社会支出（主要是社会医疗保障支出）的同步快速增长相关。中国自2003年开始重建农村合作医疗并实行农村医疗救助，2005年推开城市居民医疗救助，以及2011年开展城镇居民医疗保险，实现了医疗保障的全民覆盖。在个人自付比例下降的同时，社会支出占比则由2002年的27.2%上升到2012年的35.6%，超过个人自付支出占比及政府支出占比。

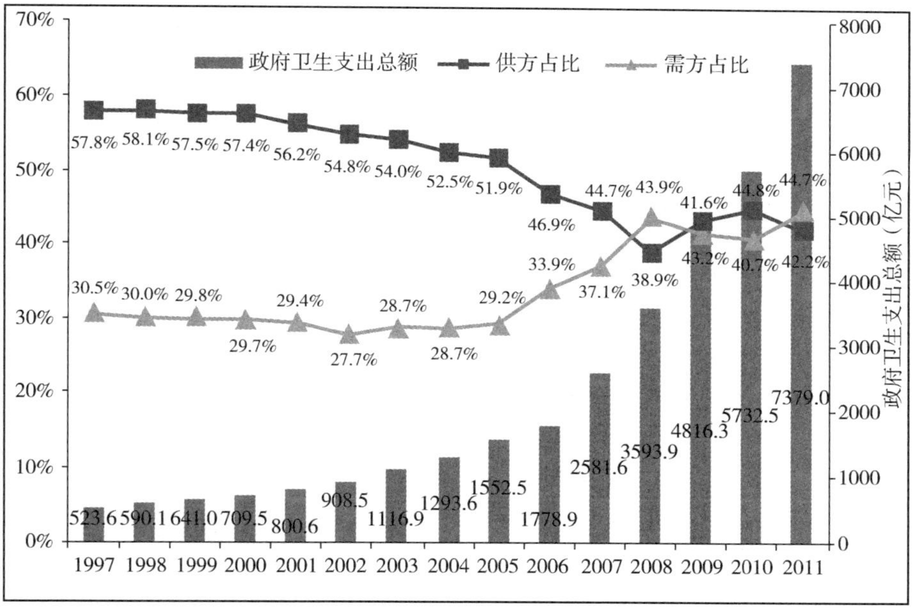

图11.6 政府医疗卫生支出及其结构变动情况（1997—2011）

数据来源：相关年份《中国卫生统计年鉴》。

与个人自付支出占比下降相关的还有政府卫生支出占比的增加。改革开放之后，随着卫生总费用的增长，政府卫生支出所占的比例不仅没有上升，而且出现了下降的趋势。政府卫生支出占比重新恢复增长是在2003年“非典”之后。2003年卫生总费用中政府支出占比为17.0%，此后一直维持不断上升的趋势，到2012年政府卫生支出占卫生总费用的比例超过30%。

随着政府卫生支出总量的上升，政府卫生支出的结构也发生了变化，由以前的补供方为主，即直接拨付到医疗卫生服务的提供机构，逐渐演变为补供方与补需方并重，并重点补贴需方。政府的卫生支出去向主要包括四个方面：一是直接拨付至医疗卫生服务机构，例如医院及基层医疗卫生机构等；二是对社会医疗保障的补贴，包括两个方面：（1）对非缴费型的医疗救助的支出；（2）对新型农村合作医疗、城镇居民基本医疗保险的参保补贴；（3）对城镇职工基本医疗保险的拨付；第三和第四个部分是行政管理事务的支出以及人口与计划生育的支出。在这四部分支出中，后两者属于行政性支出，且所占比例低于20%，因此前两部分，即补供方的部分与补贴需方的部分构成了政府卫生支出的主要部分。新一轮医改也极大改变了政府卫生支出对供方及需方的结构。在计划经济时期以及20世纪80年代及90年代，政府的医疗卫生支出主要投入各级公立医疗卫生服务机构，及至1998年城镇职工基本医疗保险在全国展开，政府卫生支出中补供方的比重高达58.1%（图11.6）。随着中国医疗保障体系建设的大规模展开，政府卫生支出的结构也开始发生变化，政府卫生支出补供方所占比例一路下降，自2008年之后，政府卫生支出补供方的比例一直维持在40%～43%之间。与此同时，政府卫生支出对需方的补贴呈明显上升趋势，到2011年政府卫生支出中补需方的比例上升至44.7%。

与卫生总费用结构变化及政府卫生投入的结构变化相关的是医疗卫生服务机构的收入来源结构也发生了明显变化，医疗保障支付成为医疗机构业务收入的主要来源（表11.2）。2011年医疗卫生服务机构的业务总收入为1.2万亿元，其中三项医疗保险的支付为6736亿元，占医疗卫生服务机构业务总收入的56.1%。

表11.2　医疗卫生服务机构的收入来源及结构变动

	医疗机构业务收入（亿元）	医保支付总额（亿元）	城镇职工医保基金支出（亿元）	城镇居民医保基金支出（亿元）	新农合基金支出（亿元）	医保支付所占的比重（%）
	A	B = C + D + E	C	D	E	F = B/A
2004	4194.7	888.6	862.2		26.4	21.2%
2005	4694.9	1140.5	1078.7		61.8	24.3%
2006	5196.9	1432.5	1276.7		155.8	27.6%
2007	7016.3	1918.5	1561.8	10.1	346.6	27.3%
2008	8181.4	2745.9	2019.7	63.9	662.3	33.6%
2009	10132.7	3720.3	2630.1	167.3	922.9	36.7%

续表

	医疗机构业务收入（亿元）	医保支付总额（亿元）	城镇职工医保基金支出（亿元）	城镇居民医保基金支出（亿元）	新农合基金支出（亿元）	医保支付所占的比重（%）
2010	11634.7	4725.9	3271.6	266.5	1187.8	40.6%
2011	12000.0	6736.0	4100.0	546.0	2090.0	56.1%

数据来源：相关年份《中国卫生统计年鉴》。

（三）医疗保障体系存在的问题

新一轮医药卫生体制改革及医疗保障体系建设取得的直接效果，可以总结为两个方面：一是实现了医疗保障的全民覆盖，二是居民个人自付医疗卫生费用所占比例下降。但是，也存在一些问题，这些问题既与中国社会保障体系的整体特征有关，也与医疗卫生服务的供方相关。

首先，与中国社会保障体系的整体特征相同，医疗保障体系也存在制度分割及地区分割。在制度分割方面，农村居民与城镇居民适用不同的制度，城镇居民与城镇职工适用不同的制度；在地区分割方面，既有省市级的统筹（直辖市），也有地市级的统筹，更多的是县级和区级统筹。当前全国大约有 2600 多个医疗保险的统筹区①。

制度分割与地区分割导致的问题，一是不同制度、不同统筹区域之间的医疗保险缴费不同、待遇不同带来的不公平性，例如城乡医疗保障、居民与职工医疗保险之间的巨大待遇差异②；二是不适应流动性。这两个问题与社会养老保险的分割带来的问题一致。而医疗保险的制度与地区分割，还会带来一个非常严重的问题，即由于统筹范围过小，导致医疗风险的分散范围小，医疗保险抵御风险的能力下降，一旦在过小的统筹区内出现系统性风险，其对医疗保险的冲击将是巨大的。

其次，基本医疗保险也面临着可持续性问题。作为医疗保险体系的主体，中国城镇职工医保在制度设计上有“权益积累制”特征，即参保人员满足一定缴费年限后，在退休后无须缴费即可享受医保报销。而老年人的医疗费用支出远高于年轻人。这一制度设计放大了老龄化对职工医疗保险可持续性的冲击，带来巨大的隐性负债，也是当前城镇化职工医保要持有大量结余的主要原因。从当前医

---

① 贾洪波，《中国基本医疗保险制度改革关键问题研究》，北京：北京大学出版社，2013 年版，第 35 – 40 页。

② 见本书“中国社会保障体系的框架与改革的基本原则”一章。

疗保险的基金收支及结余情况看，当年基金支出计算的累积结余在没有新的收入来源的情况下能够支付16.7个月。

表11.3　医疗保障基金收入、支出与累积结余情况　（单位：亿元；月）

	城镇医疗保险				新型农村合作医疗				总计
	A	B	C	D	A	B	C	D	E
2004	1140.5	862.2	957.9	13.3	40.3	26.4	13.9	6.3	13.1
2005	1405.3	1078.7	1278.1	14.2	75.3	61.8	27.5	5.3	13.7
2006	1747.1	1276.7	1752.4	16.5	213.6	155.8	85.3	6.6	15.4
2007	2257.2	1561.8	2476.9	19	428	346.6	166.7	5.8	16.6
2008	3040.4	2083.6	3431.7	19.8	784.6	662.3	288.9	5.2	16.3
2009	3671.9	2797.4	4275.9	18.3	944.6	922.9	310.7	4	14.8
2010	4308.9	3538.1	5047.1	17.1	1308.3	1187.8	431.2	4.4	13.9
2011	5539.2	4431.4	6180	16.7	2047.6	1710.2	768.6	5.4	13.6
2012	6938.7	5543.6	7644.5	16.5	2484.7	2408	845.3	4.2	12.8

数据来源：相关年份《中国卫生统计年鉴》《中国劳动统计年鉴》。

注：表中A、B、C、D分别为当年基金收入、当年基金支出、累积结余、累积结余以当年支出计能够支付的月数；E栏为全部医疗保险项目的累积结余以当年基金支出计能够支付的月数。表中城镇医疗保险包括城镇职工基本医疗保险与城镇居民基本医疗保险。

与基本养老保险面临的隐性负债问题不同的是，基本医疗保险支付的可持续性压力主要来自医疗费用的不断上涨。如前所述，以社会医疗保障为主的社会医疗卫生支出占卫生总费用的比重已上升到1/3以上，今后还有继续上升的趋势。这对医疗保险的支付形成了巨大的压力。而社会医疗卫生支出不断上升的背后是医疗卫生费用不断上升的事实。医疗保障的全覆盖及保障水平的提高降低了个人自付的医疗费用，但并没有降低总的医疗卫生费用，个人自付费用占比的降低实际上隐含着社会医疗保障支出的增加。新一轮医药卫生体制改革以来，中国医疗卫生机构的均次费用的增长并没有受到遏制。图11.7显示，住院和门诊的均次费用在2008年开始一直维持平稳的增长趋势。住院次均费用从2007年的4973.8元上涨到2011年的7027.7元；门诊次均费用从2007年的128.7元增长到2011年的186.1元。

在实现了医疗保障全民覆盖的条件下，卫生费用的增长意味着社会医疗保障支出的巨大增加。因此，从提高医疗保险基金的可持续性方面，改革还需要医疗卫生体制的整体配合。这也是十八届三中全会将基本医疗保障纳入到医药卫生体制改革的框架，并要求“统筹推进医疗保障、医疗服务、公共卫生、药品供应、监管体制综合改革”的主要背景。

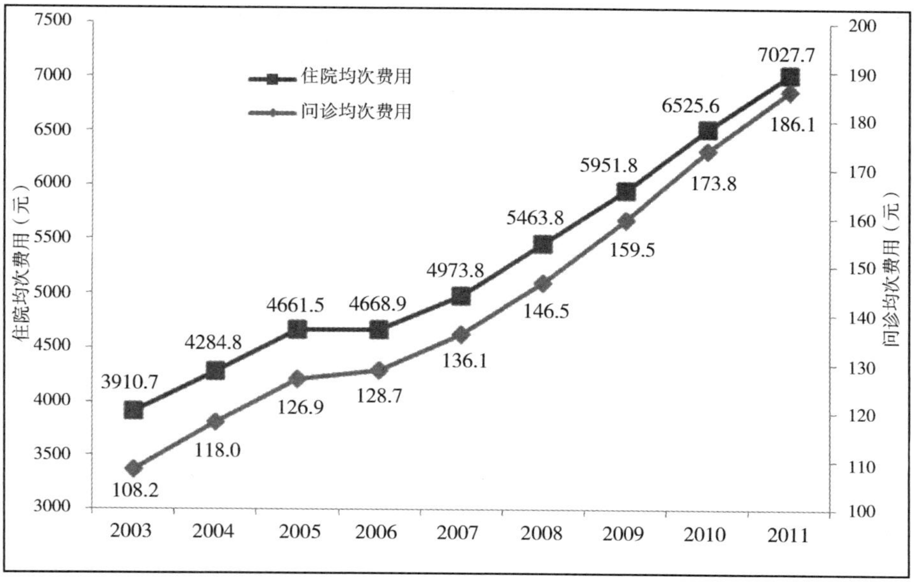

图 11.7　住院、门诊次均费用的变动（2003—2011）

数据来源：相关年份《中国卫生统计年鉴》。

第三节　医疗保障体制改革的原则及政策取向

相比于养老保障的改革与完善，医疗保障体制改革面临的问题更为复杂，一方面需要考虑社会保障体系的整体改革，另一方面也要与医药卫生体制改革联系起来。十八届三中全会把基本医疗保障改革，特别是社会医疗保险作为社会保障体系改革的主要内容之一；同时，医药卫生体制改革的框架中也纳入了医疗保障体系的改革。在深化医药卫生体制改革的框架内，三中全会提出要“统筹推进医疗保障、医疗服务、公共卫生、药品供应、监管体制综合改革。”总结上述两个方面，十八届三中全会提出的医疗保障体制改革仍可从两个维度加以概括：一是增强公平性，适应流动性方面，主要包括制度间的并轨、统筹层次的提高以及提高跨地区转移的便携性；二是增强可持续性方面，除了社会保险方面的改革，如扩大缴费面、延迟退休、增加财政投入、稳健的基金投资等，另外要通过医保付费制度的改革，有效控制医疗费用增长，合理配置医疗资源。

（一）增强公平性，适应流动性

中国医疗保障体系存在的不公平及不能适应流动性的问题与整个社会保障体系的“碎片化”相一致。因此，增强公平性、适应流动性的主要政策取向还是要实现制度的并轨、统筹层次的提高以及社会保险关系的顺畅转移。

（1）制度并轨，整合城乡居民基本医疗保险制度。

不同制度的并轨是解决制度分割、提升公平性和便携性的主要政策途径。在这方面，十八届三中全会明确提出要“整合城乡居民基本养老保险、基本医疗保险制度”。如上章所述，城乡居民之间的基本养老保险已经实现并轨。但是，城乡居民的基本医疗保险仍分处不同的制度安排下。城乡居民基本养老保险的制度安排是类似的，在筹资方式、待遇确定方式方面不存在根本的制度性冲突，差别仅在于制度参数不同，这是二者迅速并轨的前提条件。而实际上，城镇居民基本医疗保险与新型农村合作医疗，虽然前者属医疗保险，后者属合作医疗，但从当初的制度设计以及近年来的实际运作来看也不存在制度性冲突，差别也仅在于参数不同。但是，二者之间的合并至今仍无明确的时间表。

究其原因，涉及中国社会保障体系的管理分割。中国社会保障体系的“碎片化”表现为三个方面：制度分割、地区分割及管理分割。管理上的分割是导致城乡居民基本医疗保险不能顺利完成整合的主要原因。中国在 2003 年重建农村合作医疗，当时的主管部门是卫生部门，也由此，新型农村合作医疗一直属卫生部门管理；城镇居民基本医疗保险自建立之初就属人力资源社会保障部门管理。二者之间的分割所导致的不公平性以及不能适应流动性的弊端早就开始显现。特别是农民工群体，还经常面临双重参保的问题。一方面，作为拥有农村户籍的人口，他们被覆盖到新型农村合作医疗体系中。而新型农村合作医疗以户为单位的参保规定也使那些单身外出打工，而家属仍在农村的农民工必须参加合作医疗才能保证留在农村的家属参保。但是由于报销成本高、报销额度低，即使他们在农村参加了新农合，也很难获得报销。

另一方面，作为城镇就业的职工，他们又在城镇地区参加了城镇职工医保。但是，农民工参加城镇职工医保的利用率很低。一方面，农民工群体的平均年龄较低，患病率也相对较低，因此实际使用率低。另一方面，基于城镇职工医保制度设计中的“权益积累制”特征，即使在城镇参加职工医保，若不能满足最低缴费年限，农民工退休后也无法享受医保的报销待遇。实际上，大部分农民工在城镇地区的就业年限并不能满足这一最低缴费年限。再加上新农合与城镇职工医保之间尚无衔接政策，不能将城镇职工医保的这一“积累权益”转移到新农合，这无疑损害了农民工的医保权益。这也是他们城镇职工医保参保意愿低的主要原因。

从城乡“两保”合一的实际推进情况看，一些地区已经进行了整合，多数地区的做法是将新型农村合作医疗合并到城镇居民基本医疗保险体系中，也有少数地区将城镇居保合并到新型农村合作医疗中。基于中国医疗卫生服务管理体制的现状，卫生部门同时作为医疗服务提供方与医疗服务需求方的管理部门不利于医疗卫生费用的控制，不利于医疗资源的合理配置。将新农合合并入城镇居民医疗保险是合理的选择。但在实际推进过程中，将新农合并入城居保的实践遇到卫生管理部门的极大阻力。这也是十八届三中全会重新强调并着重指出整合城乡居民基本医疗保险制度的主要原因。

（2）提高统筹层次。

统筹层次过低、地区分割以及由此引发的地区间差距及流动性不足等问题是基本医疗保险改革的重点之一。按照 1998 年《国务院关于建立城镇职工基本医疗保险制度的决定》的设计，城镇职工基本医疗保险的统筹层次为地市级统筹以及县级统筹；有些地区在县区级统筹区之外还分部门设立了不同的统筹盘子，例如为市直机关单独设立的医疗保险统筹。新型农村合作医疗的制度设计则为县级统筹；除了几个直辖市及大城市外，城镇居民基本医疗保险也主要以区级统筹为主。这种地区之间的分割不仅有悖于公平性，不适应流动性，而且由于风险分散的范围小，导致医疗保险抵御系统性风险的能力低。

十八届三中全会虽然没有明确提出医疗保险的统筹层次确定在哪一层级，但《社会保险法》曾明确“基本养老保险基金逐步实行全国统筹，其他社会保险基金逐步实行省级统筹”。“十二五”规划及人力资源社会保障“十二五”规划中，提出职工基本医疗保险要在“十二五”末期实现地市级统筹。但在实践中，提高统筹层次遇到的问题同基本养老保险遇到的问题相似，地区间的利益冲突成为最大的掣肘。如何解决地区间在社会保险基金上的利益冲突可能是未来中国整个社会保障体系改革都要面临的问题。

（3）设计医疗保险的跨地区转移办法，提升便携性，适应流动性。

一般来讲，现收现付制的医疗保险不涉及未来支付问题，在何处参保即在何处报销，不涉及跨区转移的问题。但是，中国职工基本医疗保险的制度设计却保留了“半积累制”的特征，即在缴费满足一定年限后，退休后不用缴费即可享受待遇报销。这一制度安排直接引发了未来支付问题，产生了隐性负债。一个职工在第一个地区参保，并缴纳医疗保险费，当他转移到第二个地区就业时，若在当地重新参保，而不随之将医疗保险关系转移，则该职工原先的“积累权益”（缴费年限）损失，对参保人不公平。若随之将医疗保险关系转移，而不将其缴费同时转移，则其“积累权益”的未来支付将由第二个地区承担，这等于为接受地带来一笔巨大的未来支付的隐性负债。对于流出地而言，若将转出职工此前在本地缴纳的医疗保险费转出也是不现实的。

从国家政策上看，城镇职工基本养老保险的跨地区转移接续办法已于2009年出台，但职工医疗保险的转移接续办法迟迟不见动静。在“权益积累制”的制度框架下，为提升医疗保险关系的便携性，适应流动性，有关部门应及早酝酿出台相关办法。十八届三中全会提出的“完善社会保险转移接续政策”，医疗保险关系的转移接续当属应有之义。

（二）基本医疗保险基金的可持续性

基本医疗保险的可持续性压力，不仅来自老龄化冲击、“权益积累制”等带来的隐性负债，还源自医疗卫生费用的快速上涨。医疗卫生总费用的快速上涨已成为一个国际性问题，给一些国家的医疗保险支付带来较大的压力。中国已经实现了全民医疗保险，社会医疗保险支出已成为医疗卫生机构的主要收入来源。在这种情况下，必须考虑医疗保险基金的可持续性以应对快速上涨的医疗卫生费用。在这方面，十八届三中全会提出“改革医保支付方式，健全全民医保体系”，通过医保支付方式的改革，控制医疗卫生费用的过快上涨，实现医疗卫生资源的合理配置。

在传统的医疗服务供给市场中，支付方式一般是医疗服务提供机构（医院/医生）向患者提供医疗服务，而后患者向提供方直接支付费用。在医疗保险出现之后，这种支付方式发生了根本性的改变（图11.8）。居民参加医疗保险后，成为被保险人，向医疗保险机构缴纳保费。当被保险人患病后，医疗服务提供机构向其提供医疗服务，与此同时，医疗保险机构根据某种方式向医疗服务供给方进行支付，这称之为“第三方付费”。在第三方付费的情况下，医疗服务提供方与需求方都没有动力控制费用。同时，由于在医疗卫生服务市场中存在的信息不对称以及由此引发的医疗卫生服务提供方“供给诱导需求”[①]，极易导致医疗费用的上涨。而改革医疗保险的付费机制是在第三方付费条件下控制医疗费用的有效途径。

传统的医疗保险的支付方式是按服务项目付费的后付制（Pay - for - Service）。按服务项目付费即在服务项目完成后，根据服务项目和服务量支付费用。这种支付方式的弊端是无法有效控制医疗服务费用，因为医疗服务提供方不对控制费用负责。这种情况下，医疗保险发展了多种支付方式以控制医疗费用上涨，实现医疗资源的合理配置。这些支付方式主要是基于预付制的支付方式。相对后付制的支付方式，预付制支付方式根据医疗保险机构与医疗服务提供方拟定的合同预先支付，超过合同拟定的医疗费用由医疗服务提供方承担，若有剩余则归入

---

① 【美】富兰德、古德曼、斯坦著，《卫生经济学》（第六版），中译本，北京：人民大学出版社，2011年版。

医疗服务提供方的收入。预付制的特征是引入了成本分担制，将控费责任由医疗保险机构部分转向医疗服务提供机构。

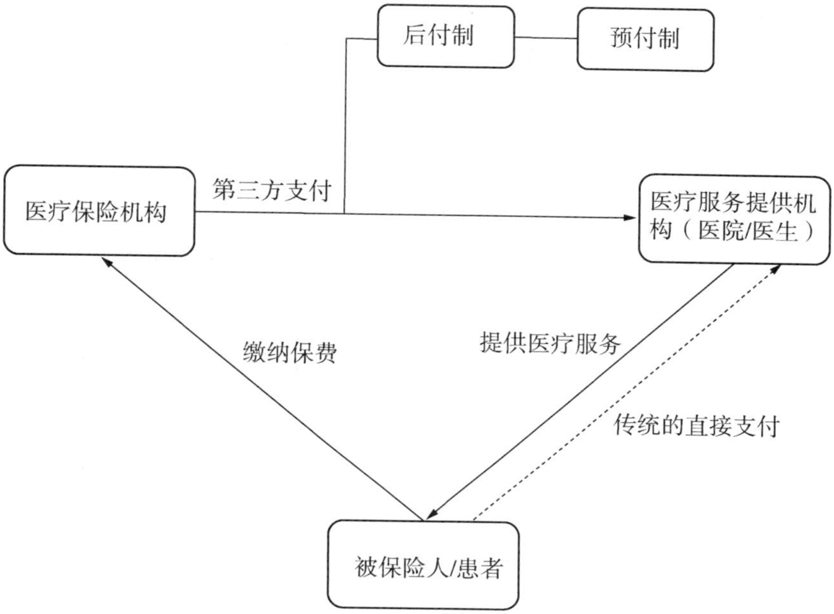

图 11.8 医疗服务供给与支付方式

国际上常用的预付制支付方式有多种，但比较常见的主要包括三种[①]：一是总额预付制（Global Budget），由医疗保险机构根据与医疗服务提供方拟定的年度预算总额预先支付，并实行费用封顶；二是按病种付费（Diagnosis Related Groups，DRGs），根据疾病的轻重程度以及治疗的难易程度进行分级，并对每一组疾病设计和制定价格，按照预先制定的价格对该组疾病的治疗提供标准费用；三是按人头付费（Capitation），在一定时间段内根据医疗服务提供方的服务人数支付固定的费用。表 4 对上述三种医疗支付方式在各个环节发挥效应的强度进行了总结。总起来说，按病种付费对医疗服务提供方的自主性及对医疗技术的促进有较强的效应，但在费用控制效果上稍有欠缺；按人头付费及总额预付的费用控制效果良好，但对医疗服务提供方的专业自主性及医疗技术的促进都有较明显的抑制效应。

---

① Ellis, R. P., and T. G. McGuire, 1993, Supply - side and demand - side cost sharing in health care, *Journal of Economics Perspectives*, Vol. 7, No. 4, pp. 297 - 301.

表 11.4　主要的预付制医疗保险支付方式

支付方式	保险机构的医疗审查	医疗服务提供方的专业自主性	对医疗服务技术的促进	费用控制效果
按病种付费（Diagnosis Related Groups，DRGs）	+ + +	+ + +	+ + +	+ +
按人口付费（Capitation）	+ +	+ +	+ +	+ + +
总额预算（Global Budget）	+	+	+ +	+ + + +

注：“+ + +”“+ +”“+”表示对应支付方式的效应强度。

资料来源：张晓、刘蓉，《社会医疗险概论》，北京：中国劳动社会保障出版社，2004年版。

新一轮医药卫生体制改革中，探索新型的医疗保险支付方式也是重要的内容。在实践中，各地都探索实行了不同类型的预付制支付方式改革。从改革情况看，实施最多的是总额预付制，其次是按病种付费及按人头付费。按人头付费主要是在基层医疗卫生机构及医院门诊中使用。住院医疗服务主要是按病种付费。但是，按病种付费需要一个地区有完整、系统的疾病治疗的统计记录，这是多数地区都很难实现的条件。按人头付费需要首先实现门诊统筹。而中国的医疗保险体系中实行门诊统筹的并不普遍，门诊的医保支付主要通过医疗保险中的个人账户支付，这种状况也决定了总额预付制比较普遍。

但是，预付制改革的实施效果并不理想。以实施较为普遍的总额预付制为例，在多数地区，总额预付都演变成了医疗费用的“总额控制”，医疗保险机构将统筹地区的全部可用医疗保险基金在定点医疗卫生服务机构之间根据之前的数据进行分配，并确定支付封顶线，但是在实际执行过程中又根据医疗服务项目价格对医疗费用进行核算，并据此调整下一年度的支付总额。这样就失去了预付制的基本特征，仍然是按照服务项目及服务量的后付制。此外，在一些实行总额预付制的地区，医院将费用控制额度下发到科室，科室再分配到医生个人。这实际上是将医疗费用的控费风险转移到了医生个人身上，从而导致一些地区发生医院和医生推诿病人的不良现象。

出现上述状况的主要原因在于医疗卫生服务提供方未形成有序竞争格局，公立医院仍然处于提供方的垄断地位。在这样的情况下，医疗保险机构失去了通过竞争选择能够控制费用的医疗卫生服务机构的空间，只能接受处于垄断地位的医疗卫生机构提供的服务以及价格。十八届三中全会提出了加快公立医院改革、取消以药补医、理顺医药价格等改革措施，并提出鼓励社会办医，允许医师多点执业，允许民办医疗机构纳入医保定点范围等，其精神仍在于建立竞争有序的医疗服务供给体系，这正是医疗保障体制改革取得成功的重要前提。

后　记

本书是中国社会科学院经济研究所发展经济学研究室暨中国社会科学院“中国收入分配政策与制度研究设计”创新工程的一个阶段性成果。

中国社会科学院经济研究所发展经济学研究室长期从事收入分配及相关领域的研究工作，从 1988 年赵人伟研究员建立经济研究所的收入分配课题组，到李实研究员带队进行收入分配课题的研究工作，虽几经人员变更，但一直在收入分配领域坚持着自己的研究工作。本书得以完成，首先应该感谢那些曾经在收入分配课题组工作的同事和朋友，正是因为有他们的研究积淀，才有了我们的大树乘凉。

感谢本系列丛书的主编、我们的老所长张卓元研究员对我们的信任与耐心，也感谢广东经济出版社给我们提供这样一个机会，让我们能够将我们近期的一些思考和研究成果编撰成书。但因为写作本书时，本课题组的其他课题研究任务较为繁忙，每位写作者也有各种各样的研究任务需要达成，所以本书肯定还有很多不尽如人意的地方，这些缺憾只能留待以后再补救了。

本书作者及其贡献如下：魏众负责第一至四章的撰写工作并对全书进行统校工作。何伟撰写第五章，王琼撰写第六章，邓曲恒撰写第七章，孙婧芳撰写第八章，葛婧撰写第十章，王震撰写第九章和第十一章。

魏众

2015 年 9 月 8 日